高等学校系列教材

智能交通与控制

汪德才　吴宗远　编著

中国建筑工业出版社

图书在版编目（CIP）数据

智能交通与控制 / 汪德才，吴宗远编著． -- 北京：中国建筑工业出版社，2024．12． --（高等学校系列教材）． -- ISBN 978-7-112-30732-6

Ⅰ．U495

中国国家版本馆CIP数据核字第2024HS0850号

本书共7章，分别是：绪论、智能交通系统关键技术、智能交通控制的基本理论和方法、智能交通控制技术与应用、智能网联车辆控制技术、智能交通系统评价、智能交通控制系统应用案例。本书着重介绍了当前智能交通和智慧交通发展中最先进的数据采集、处理和分析技术，并且详细介绍了以这些数据作为输入的最先进的交通控制理论。另外，由于人工智能、自动驾驶等技术的发展，对车辆的控制也成为交通管理与控制需要考虑的新方向。同时也着重介绍了联网自动驾驶车辆在智能交通系统中的控制与应用，以及车路协同的行驶与控制技术在新时代的发展。

本书可作为交通运输工程硕士研究生和本科生教材。也可供相关专业人员使用。

为了更好地支持相应课程的教学，我们向采用本书作为教材的教师提供课件，有需要者可与出版社联系。

邮箱：jckj@cabp.com.cn　电话：（010）58337285

QQ：713241432

责任编辑：胡明安　胡欣蕊
责任校对：李美娜

高等学校系列教材
智能交通与控制
汪德才　吴宗远　编著

*

中国建筑工业出版社出版、发行（北京海淀三里河路9号）
各地新华书店、建筑书店经销
北京科地亚盟排版公司制版
廊坊市海涛印刷有限公司印刷

*

开本：787毫米×1092毫米　1/16　印张：19¼　字数：330千字
2025年1月第一版　　2025年1月第一次印刷
定价：56.00元（赠教师课件）
ISBN 978-7-112-30732-6
（43914）

版权所有　翻印必究
如有内容及印装质量问题，请与本社读者服务中心联系
电话：（010）58337283　QQ：2885381756
（地址：北京海淀三里河路9号中国建筑工业出版社604室　邮政编码：100037）

前　言

随着全球城市化进程的不断推进以及机动车拥有量的快速增长，交通问题愈发凸显，交通拥堵、环境污染和交通安全等一系列问题亟待解决。智能交通系统（Intelligent Transportation Systems, ITS）作为现代交通工程的重要组成部分，在提升交通效率、改善交通安全、减少环境污染等方面展现出了巨大的潜力，是目前国际上公认全面有效解决交通运输领域问题的根本途径。《交通强国建设纲要》明确指出，要加快构建现代综合交通运输体系，推动智能交通技术创新和应用；交通运输部、科学技术部联合发布的《交通领域科技创新中长期发展规划纲要（2021-2035年）》，强调要推动智慧交通与智慧城市协同发展，推动新一代信息技术在交通运输与城市协同发展，提高城市交通"全息感知＋协同联动＋动态优化＋精准调控"智能化管理水平。

智能交通与控制以"交通"为研究对象，通过先进的信息、通信等技术将交通系统中人、车、路以及环境等组成要素构建一个实时的、互联互通的信息系统，基于先进控制及计算机技术动态响应系统中的需求及应用，从而构建一种大范围、全方位、多层级发挥作用的实时高效、精准安全、绿色环保的综合交通运输系统，为交通运输相关者提供高质量的交通运输服务。本书的编写旨在系统介绍智能交通系统的理论体系、技术框架及其实际应用，并结合国内外最新研究成果和实践经验，以期为交通工程及相关专业的研究生和本科生提供参考。

智能交通与控制包含诸多方面内容，本书以道路交通为主体，按内容的构成进行梳理、提炼和集成。教材围绕智能交通系统的发展、基本理论、核心技术和实际应用展开，内容涵盖了智能交通系统概述、交通信息采集与处理、交通控制系统、智能车辆与自动驾驶、智能交通管理与服务等多个方面。共有7章，第1章是绪论，主要介绍智能交通系统体系框架的定义、开发方法和过程，重点论述国内外ITS的产生、发展现状和研究内容，以及未来国内外ITS研究的发展趋势。第2章是智能交通系统关键技术，详细地介绍GPS、北斗与数字蜂窝移动通信定位等定位技术；第3章是智能交通控制的基本理论和方法，主要阐述了道路交通流理论、道路车辆行驶协同理论是道路与车辆控制理论与机器学习控制理论；第 4 章是智能交通控制技术与应用，主要讲述智能交通控制系统、城市道路智能交通信号控制系统、智能公共交通控制与智能高速公路控制技术与应用；第 5 章是智能网联车辆控制技术，简述智能网联车辆的发展历程，先进的驾驶辅助系统，自动驾驶车辆决策技术与自动驾驶车辆控制技术；第 6 章是智能交通系统评价，重点介绍 ITS 评估影响，车载系统性能的技术评估，新普及技术时代的机遇和挑战；第 7 章是智能交通控制系统应用案例，主要阐述 ITS 的应用现状，介绍了新加坡和北京的 ITS 应用案例等。

本书第 1 章、第 2 章、第 6 章由汪德才编写，第 3 章、第 5 章由吴宗远编写，第 4 章、第 7 章由汪德才、吴宗远共同撰写，全书由汪德才统稿。在本书的编写过程中，得到了张群磊、丁深圳、彭飞等老师的支持和帮助，侯熙洋、王百宇等研究生协助进行了资料收集与校对工作，同时还参阅了大量国内外资料，在此表示衷心感谢。

限于编者水平有限，难免有疏误之处，敬请有关院校师生和读者提出宝贵意见，以便及时修改完善。

著作者

2024 年 9 月 22 日

于华北水利水电大学（花园校区）

目 录

第1章 绪论 ………………………………………………………………… 001
  1.1 智能交通系统 ………………………………………………………… 001
    1.1.1 智能交通系统的定义 ………………………………………… 001
    1.1.2 智能交通系统的产生与发展 ………………………………… 001
    1.1.3 智能交通系统的特征 ………………………………………… 003
    1.1.4 智能交通系统体系结构 ……………………………………… 004
    1.1.5 中国智能交通系统研究内容与发展趋势 …………………… 021
  1.2 交通控制系统 ………………………………………………………… 027
    1.2.1 交通控制的意义和任务 ……………………………………… 027
    1.2.2 交通控制系统的发展历程 …………………………………… 027
    1.2.3 交通控制系统的构成 ………………………………………… 028
    1.2.4 交通控制存在的主要问题 …………………………………… 030
  1.3 智能交通控制系统 …………………………………………………… 034
    1.3.1 城市道路智能交通信号控制系统 …………………………… 034
    1.3.2 智能公共交通控制 …………………………………………… 039
    1.3.3 智能交通中的车辆控制 ……………………………………… 039
    1.3.4 智能交通控制系统发展趋势 ………………………………… 039
  1.4 本章小结 ……………………………………………………………… 040
  思考题 ……………………………………………………………………… 041

第2章 智能交通系统关键技术 …………………………………………… 042
  2.1 交通信息采集感知技术 ……………………………………………… 042
    2.1.1 路基型交通信息采集技术 …………………………………… 042
    2.1.2 车基型交通信息采集技术 …………………………………… 046

2.1.3 空基型交通信息采集技术 ……………………………… 048
2.2 数据存储与处理技术 …………………………………………… 051
2.2.1 数据库与储存 …………………………………………… 051
2.2.2 数据处理技术 …………………………………………… 057
2.3 交通信息网络传输技术 ………………………………………… 063
2.3.1 调频广播通信 …………………………………………… 064
2.3.2 无线寻呼 ………………………………………………… 064
2.3.3 移动通信 ………………………………………………… 065
2.3.4 专用短程通信系统 ……………………………………… 066
2.3.5 LTE-V 移动通信技术 …………………………………… 067
2.3.6 蜂窝网络在车联网中的应用 …………………………… 067
2.3.7 车联网与 5G 无线技术 ………………………………… 068
2.4 地理信息系统技术 ……………………………………………… 069
2.4.1 地理信息系统的定义 …………………………………… 069
2.4.2 地理信息系统的构成 …………………………………… 069
2.4.3 地理信息系统平台 ……………………………………… 071
2.4.4 地理信息系统的应用 …………………………………… 072
2.5 车辆定位技术 …………………………………………………… 072
2.5.1 概述 ……………………………………………………… 072
2.5.2 GPS 定位系统 …………………………………………… 073
2.5.3 北斗卫星导航系统 ……………………………………… 075
2.5.4 数字蜂窝移动通信定位系统 …………………………… 078
2.5.5 其他定位技术 …………………………………………… 079
2.6 本章小结 ………………………………………………………… 083
思考题 ………………………………………………………………… 083

第3章 智能交通控制的基本理论和方法 ……………………………… 084
3.1 道路交通流理论 ………………………………………………… 084
3.1.1 交通流基本特性 ………………………………………… 085

3.1.2　跟驰模型 …………………………………………… 087
　　　3.1.3　流体模型 …………………………………………… 092
　　　3.1.4　概率统计模型 ………………………………………… 095
　　　3.1.5　排队论模型 …………………………………………… 102
　　　3.1.6　交通网络流理论 ……………………………………… 106
　3.2　道路车辆行驶协同理论 ………………………………………… 109
　　　3.2.1　基于跟驰理论的车辆协同模型 ………………………… 110
　　　3.2.2　基于元胞自动机的车辆协同模型 ……………………… 115
　　　3.2.3　基于宏观动力学理论的路段协同行驶模型 …………… 117
　　　3.2.4　基于格子流体力学的路段协同行驶模型 ……………… 119
　3.3　道路与车辆控制理论 ……………………………………………… 122
　　　3.3.1　最优控制理论 ………………………………………… 122
　　　3.3.2　PID 控制理论 ………………………………………… 123
　　　3.3.3　模糊控制理论 ………………………………………… 124
　3.4　机器学习控制理论 ………………………………………………… 126
　　　3.4.1　支持向量机 …………………………………………… 126
　　　3.4.2　随机森林 ……………………………………………… 128
　3.5　本章小结 …………………………………………………………… 129
　思考题 ……………………………………………………………………… 129
第 4 章　智能交通控制技术与应用 ……………………………………… 130
　4.1　智能交通控制系统 ………………………………………………… 130
　　　4.1.1　智能路侧交通系统简介 ……………………………… 130
　　　4.1.2　典型智能交通管理系统 ……………………………… 133
　　　4.1.3　智能交通控制系统的发展动态 ……………………… 135
　4.2　城市道路智能交通信号控制系统 ………………………………… 141
　　　4.2.1　单路口的智能交通信号控制 ………………………… 142
　　　4.2.2　城市干线交通信号控制 ……………………………… 152
　　　4.2.3　城市区域协调控制 …………………………………… 155

4.2.4　不同智能网联车辆渗透压下的智能交通信号控制 …………… 157
4.2.5　多目标智能交通信号控制 ………………………………………… 159
4.2.6　过饱和交通流场景下的智能交通信号控制 ……………………… 161
4.3　智能公共交通控制 ………………………………………………………… 162
4.3.1　新技术在公共交通控制中的应用 ………………………………… 162
4.3.2　公共交通系统优化理论方法 ……………………………………… 166
4.3.3　公共交通智能控制系统 …………………………………………… 180
4.4　智能高速公路控制 ………………………………………………………… 184
4.4.1　入口匝道控制 ……………………………………………………… 185
4.4.2　安全应急管理 ……………………………………………………… 188
4.5　本章小结 …………………………………………………………………… 191
思考题 ……………………………………………………………………………… 191

第5章　智能网联车辆控制技术 …………………………………………………… 192
5.1　概述 ………………………………………………………………………… 192
5.1.1　智能网联车辆的发展历程 ………………………………………… 193
5.1.2　智能化汽车等级划分 ……………………………………………… 197
5.1.3　系统简介 …………………………………………………………… 200
5.1.4　性能要求 …………………………………………………………… 203
5.1.5　智能网联车辆的相关法规 ………………………………………… 204
5.2　先进的驾驶辅助系统 ……………………………………………………… 206
5.2.1　前向碰撞预警系统 ………………………………………………… 207
5.2.2　车道偏离预警系统 ………………………………………………… 208
5.2.3　自动变道辅助系统 ………………………………………………… 209
5.2.4　盲区监测系统 ……………………………………………………… 210
5.2.5　车道保持辅助系统 ………………………………………………… 211
5.2.6　自适应巡航控制系统 ……………………………………………… 213
5.2.7　交叉口通行协同控制系统 ………………………………………… 214
5.3　自主决策与控制 …………………………………………………………… 217

5.3.1 概述 ………………………………………………………………… 217
　　5.3.2 车辆模型 ……………………………………………………………… 218
　　5.3.3 自主决策 ……………………………………………………………… 221
　　5.3.4 自主控制 ……………………………………………………………… 232
5.4 本章小结 …………………………………………………………………… 235
思考题 …………………………………………………………………………… 235

第6章　智能交通系统评价 ……………………………………………………… 236
6.1 概述 ………………………………………………………………………… 236
　　6.1.1 智能交通系统评价的目的 …………………………………………… 236
　　6.1.2 智能交通系统评价的意义 …………………………………………… 237
6.2 ITS 评估框架和方法 ………………………………………………………… 238
　　6.2.1 评估对象 ……………………………………………………………… 238
　　6.2.2 评估过程 ……………………………………………………………… 238
　　6.2.3 传统和常用的评估方法 ……………………………………………… 239
　　6.2.4 评估策略 ……………………………………………………………… 243
　　6.2.5 事前和事后评估 ……………………………………………………… 244
　　6.2.6 社会经济评价 ………………………………………………………… 245
6.3 ITS 评估的影响 ……………………………………………………………… 248
　　6.3.1 ITS 的评估 …………………………………………………………… 248
　　6.3.2 ITS 对道路影响的比较和评估 ……………………………………… 250
6.4 车载系统性能的技术评估 ………………………………………………… 252
　　6.4.1 测量提醒 ……………………………………………………………… 252
　　6.4.2 复杂系统验证 ………………………………………………………… 255
　　6.4.3 测试设施 ……………………………………………………………… 258
　　6.4.4 用于技术验证的通用模板 …………………………………………… 261
6.5 新普及技术时代的机遇和挑战 …………………………………………… 263
　　6.5.1 交通领域的普及技术 ………………………………………………… 263
　　6.5.2 技术驱动的 NMS 评估 ……………………………………………… 265

6.5.3 技术驱动的 SI 方案评估……………………………………… 267
6.6 对自动驾驶功能评估的回顾、评估的挑战 …………………………… 269
6.6.1 评估自动驾驶功能的方法和途径 ………………………………… 269
6.6.2 自动驾驶环境下的影响评估和社会经济评估面临的挑战 ……… 271
6.7 本章小结 ………………………………………………………………… 272
思考题 ………………………………………………………………………… 272

第 7 章 智能交通控制系统应用案例 ……………………………………… 273
7.1 新加坡智能交通系统建设案例 ………………………………………… 273
7.1.1 建设背景 …………………………………………………………… 273
7.1.2 新加坡智能交通概况 ……………………………………………… 274
7.1.3 电子道路收费系统 ………………………………………………… 277
7.2 北京智能交通系统建设案例 …………………………………………… 281
7.2.1 北京奥运智能交通系统的应用 …………………………………… 281
7.2.2 北京智能交通管理系统建设情况 ………………………………… 282
7.2.3 北京智能公交系统建设 …………………………………………… 293
7.3 本章小结 ………………………………………………………………… 295
思考题 ………………………………………………………………………… 295

参考文献 …………………………………………………………………… 296

第1章 绪 论

1.1 智能交通系统

1.1.1 智能交通系统的定义

关于智能交通系统（Intelligent Transportation Systems，ITS），人们比较认可的定义是：将先进的信息技术、通信技术、传感技术、控制技术及计算机技术等有效集成并应用于整个交通运输管理体系，从而建立起的一种在大范围及全方位发挥作用的实时、准确及高效的、综合的运输和管理系统。智能交通系统（ITS）的所有要素都应该是智能的，ITS 与传统概念的交通系统之间的差别在于增强人的感知能力和执行能力及交通工具与环境的智能化。

1.1.2 智能交通系统的产生与发展

随着经济的发展，社会对交通运输的需求在持续增长，交通运输业得到了迅速发展。世界发达国家和地区从 20 世纪 50 年代起大力发展道路基础设施和汽车工业，促进了道路交通的飞速发展。在道路交通发展的同时，也带来了交通事故频发、环境污染严重、交通拥堵等突出问题。《中国人工智能系列白皮书——智能交通 2017》指出，在各种交通方式中，汽车消耗的不可再生能源最多，由此带来的环境污染是其他交通方式的几十倍；交通事故中由道路交通造成的事故也是其他交通方式的几十倍；交通拥堵更是道路交通，特别是城市道路交通常见的现象。交通基础设施的增加依然跟不上交通运输量的增加，道路交通问题已成为困扰世界各国的交通难题。

为解决道路交通发展带来的一系列问题，从事交通工程研究的人员很早就想到了提高车辆与道路智能化的方法。如果能够及时地检测到交叉口的车流信息，并动态显示控制策略，则路口的通行能力将大大提高。研究发现，在交通高峰期，城市道路系统和高速公路系统并不会全部发生交通拥堵，有相当一部分道路仍然很畅通。如果能够及时地将道路网的交通信息告诉驾驶员，并提示他们合理使用这些路段，则道路网的资源就可以得到充分利用。如果汽车能够实时监测周围信息，并能正确地做出决策甚至全自动驾驶，则交通事故将大大减少，效率也会大大提高。这种想法早在 20 世纪六七十年代就已经被提出。但如何采集交叉口的车流信息，用什么算法处理这些信息以得到合理的控制策略，如何采集主要道路上的实时交通状况数据，如何传输和处理这些数据，如何将信息传给交通的参与者，汽车如何实时检测周围信息，汽车如何在处理这些数据后做出正确的决策，汽车如何执行所做出的决策，这些问题都成了当时交通工程工作者的研究课题。

我国在 20 世纪 70 年代末就已经开始在交通运输和管理中应用电子信息技术。此后的 20 多年，在政府的支持与坚持自主开发的基础上，我国通过广泛的国际交流与合作在 ITS 领域进行了初步的理论研究、产品开发和示范应用，并取得了一定的成果。一批从事 ITS 研究开发的研究中心和生产企业通过理论与实践相结合，正在快速成长。科技部于 1999 年批准建立了国家智能交通系统工程技术研究中心（National Intelligent Transport Systems Center of Engineering and Technology，ITSC），2000 年又批准建设了国家铁路智能运输系统工程技术研究中心。许多大学和研究机构也纷纷组建 ITS 研究中心，从事 ITS 的理论研究和产品研发，例如东南大学 ITS 研究中心、武汉理工大学 ITS 研究中心、吉林大学 ITS 研究中心、北京交通大学 ITS 研究中心、同济大学 ITS 研究中心、华南理工大学 ITS 研究中心等。我国交通领域和 IT 行业的很多企业被 ITS 巨大的高新技术市场所吸引，纷纷涉足 ITS 领域进行其产品的开发研究和推广应用。为协调和引导我国 ITS 的发展，2001 年，科技部会同当时的国家计划委员会、国家经济贸易委员会、公安部、铁道部和交通部等部门联合成立了全国 ITS 协调指导小组及办公室，并成立了 ITS 专家咨询委员会，负责组织、研究、制订我国 ITS 发展的总体战略、技术政策和技术标准，积极支持有关部委、地方、企业及科研单位，根据行业和地区特点开展 ITS 的关键技术研究与应用示范工程，促进 ITS 研究成果的产业化。2012 年 7 月，交通运输部发布了《交通运输行业智能交通发展战略（2012—2020年）》，至 2020 年，我国基本实现了全国地级及以上城市公交智能化管理与服务；有条件的大中城市交通整体运行效率得到较大提升；此外，我国在交通信息采集、交通数据处理、城市交通信号控制、集装箱运输、港口自动化等方面达到国际先进水平，总体技术水平达到发达国家的水平,并实现了主要智能交通技术及装备、应用软件和控制软件的自主开发和规模应用。2019 年 9 月,中共中央、国务院印发了《交通强国建设纲要》,明确提出开发新一代智能交通管理系统,到 21 世纪中叶,全面建成人民满意、保障有力、世界前列的交通强国;智能化与绿色化水平位居世界前列,交通安全水平达到国际先进水平。

1.1.3 智能交通系统的特征

1. 信息性

人们通过各种手段获取交通系统的状态信息,为交通系统的用户和管理者提供及时有用的信息,只有具有了信息,才能实现智能化。而且,当交通信息化水平达到一定程度,就会改变交通出行行为、交通管理方式等,进而引起传统交通理论的改变。因此,智能交通系统具有信息性。

2. 整体性

智能交通系统不仅关注单个交通组成部分,如交通信号灯或车辆识别系统,也注重整个交通系统的协同运作,具有整体性。通过整合不同组件和子系统,智能交通系统可以实现全面的交通管理,最大限度地减少拥堵,提高效率。

3. 开放性

智能交通系统是一个开放的系统,可以与其他系统和服务进行互联互通。通过互操作性,智能交通系统能够与导航系统、旅行者信息服务、公共交通系统等其他交通相关服务进行集成,从而提供更全面、综合的交通解决方案,具有开放性。

4. 动态性

智能交通系统能够根据实时交通情况做出调整和优化。通过使用实时数据和智能算法,智能交通系统可以进行动态交通管理,例如调整交通信号灯配时、优化路线规划等,以适应交通流量的变化,具有动态性。

5. 复杂性

智能交通系统要处理大量的交通数据和复杂的交通状况。它需要应对多样化的交通模式、不同的交通参与者、复杂的交通网络结构等。为了应对这种复杂性,智能交通系统需要强大的计算和数据处理能力,并通过智能算法和人工智能技术来分析和优化交通系统。

1.1.4 智能交通系统体系结构

1.1.4.1 智能交通系统体系结构的定义与作用

ITS 是一个跨行业、跨部门、多主体、由互相联通的多个应用系统组成的复杂大系统，全面建成需要一个长期的过程，"统筹规划、分步实施、突出重点、全面推进"是建设实施 ITS 的必然选择。因而在 ITS 建设过程中，迫切需要一个纲领性和宏观指导性的技术文件，该文件应当能够明确描述 ITS 未来远景蓝图、清晰定义 ITS 各组成部分之间数据交换内容和系统接口，以保证 ITS 各阶段的建设内容能够在统一的框架下有效集成，使得 ITS 的各个组成部分之间乃至不同地区的 ITS 之间能够互联互通、信息共享。

在这种背景下，人们对于 ITS 体系框架逐步产生了迫切的需求，世界各国相继提出并制订了 ITS 体系框架和开发方法。

从 1993 年开始，美国、日本、欧盟就开始了 ITS 体系框架的研究工作，截至 1999 年都形成了各自的 ITS 体系框架，对 ITS 的发展起到了很好的指导和促进作用。随着 ITS 的不断发展，各国的 ITS 体系框架都在不断地向前发展。在美国、日本、欧盟 ITS 发展体系框架的启发下，世界上很多国家和地区都进行了各自的 ITS 体系框架研究工作，如新加坡、韩国等，并且在体系框架的指导下进行各自的 ITS 研究工作。我国内地于 2000 年也开始了 ITS 体系框架的研究工作，并且于 2001 年正式出版了《中国智能运输系统体系框架研究总报告》，来指导我国的 ITS 研究工作。

美国、日本、欧盟及世界其他国家和地区的 ITS 发展经验表明：在研究开发 ITS 的初级阶段，开展系统体系框架的研究工作是系统全面发展必不可少的基础研究。它是发展 ITS 的指导性框架，主要用于明确 ITS 的开发目标，为标准研究工作提供参考，避免重复研究和无计划开发，便于研究成果的大范围应用和 ITS 技术的发展以及产业化的实现。

ITS 体系框架是一个适应国家发展计划并支持开发研究标准化的不同技术成果的通用框架，是一个从事 ITS 研究开发工作的所有团体都应该支持的通用体系框架。ITS 的根本出发点是充分利用现有交通基础设施资源和信息基础设施资源。为实现这一目的，必须对 ITS 的整体有一个全面的把握，同时必须保证在进行系统集成时是可控的和无缝隙的。ITS 体系框架就是为实现这一点而产生的。ITS 体系框架决定了在概念和哲学层次上系统如何构成。ITS 体系框架既不是一个简单的设计文档，也不是一个技术性的说明，更不是 ITS 本身的研究发展过程，而是一个贯穿于 ITS 结构标准研究制订过程的指导性框架。它提供了一个检查标准遗漏、重叠和不一致的依据。基于逻辑框架和物理框架的标准需求，提出了标准制订的出发点和衡量结果的工具。科研人员可以利用制订的标准来设计、研制和管理 ITS，同时根据实际需求提出新的服务功能，促进 ITS 体系框架和国家标准的完善。

ITS 体系框架为政府机关制订 ITS 的发展规划提供基本原则，为 ITS 的建设实施者提供可供参考的实施依据。在规划和准备 ITS 项目时，体系框架可以为其提供支持，并且可以为一个综合的 ITS 项目提供基本原理。这样的标准结构体系可以确保不同系统间的可互用性、整合性以及兼容性。

概括起来，ITS 体系框架的意义主要表现在以下几方面：

（1）为 ITS 的发展提供宏观指导性和纲领性技术文件，勾画出 ITS 的未来蓝图和总体框架；

（2）为 ITS 的规划和建设提供依据和宏观指导，保证 ITS 系统规划与设计的合理性和科学性；

（3）为实现 ITS 各应用系统的信息共享与有效整合打好基础，为 ITS 各组成部分之间的互联互通以及各地区 ITS 的全面兼容提供保证；

（4）从根本上有效保证 ITS 的规范、健康、协调、可持续发展；

（5）为服务和设备制造提供一个开放的市场，从而可以提供兼容的子系统；

（6）提供一个公开的市场环境，使设备制造商可以以较小的风险提供产品。

ITS 体系框架主要面向的用户包括：政府交通管理决策部门以及 ITS 应用系统的开发者和管理者。政府交通管理决策部门依据 ITS 体系框架，决定未来 ITS 发展的策略和重点项目等；ITS 的开发者和管理者利用 ITS 体系框架辅助确定系统的核心内容、系统之间的边界、系统之间的数据交互和关联等。

1.1.4.2 智能交通系统体系结构的构成

由不同国家和地区的 ITS 体系框架的内容可以看出，ITS 体系框架主要由以下几部分组成：用户服务、逻辑框架、物理框架、通信体系框架、ITS 标准化、费用效益分析评价、实施措施及策略。

1. 用户服务

用户服务是从用户的角度来描述 ITS 的系统功能，对用户的要求进一步细化。其中用户主体是服务面对的主要用户，也是在某服务领域指定需求的承受主体；服务主体是指服务的提供商，它与用户主体是服务与被服务的关系。用户服务部分主要用来明确划分 ITS 中各个子系统的用户，并且通过用户调查、访问、开会等形式确定各个子系统的用户服务需求，对用户服务需求进行合理排序后指导实施顺序。用户服务是 ITS 体系框架开发的基础，用户服务需求是 ITS 标准结构的基本需求。

2. 逻辑框架

逻辑框架（也称为功能体系框架）用来定义和确定为满足用户需求 ITS 所必须提供的一系列功能。ITS 体系框架中的逻辑框架详细描述了 ITS 各子系统的逻辑体系结构，定义了子系统的功能及他们之间的数据流。

通常以一系列功能领域的方式描述 ITS 的逻辑体系结构，每个功能领域都定义了功能及数据库，这些数据库通过数据流与终端相联系。终端可以是一个人，一个系统，或者别的物理实体。终端可以获取数据，系统也可以通过终端采集数据。一个终端定义了系统所期望外部世界所做的事情，描述了系统期望终端提供的数据和由系统提供给终端的数据。

逻辑框架为每个功能领域开发了数据流图，数据流图显示了这些功能是如何通过数据流相互联系在一起，又如何与不同的数据库联系在一起，以及如何与终端联系在一起。

3. 物理框架

物理框架是 ITS 的物理视图，是制订系统具体实施策略的基础，它是将逻辑框架中的功能实体化、模型化，然后把功能结构相近的实体（物理模型）归结成直观的系统和子系统。逻辑框架中所确定的功能单元及数据流将会被归类、划分到不同的子系统中。物理框架描述了在逻辑体系框架中定义的功能如何被集成起来形成系统，这些系统将由硬件或软硬件来承载。

除了对子系统进行划分和定义外，物理框架还需对服务端加以明确。所谓服务端是指存在于系统之外，但与系统有信息交互关系的实体。服务端通常被划分为三种类型：用户型、系统型和环境型。

子系统之间、子系统与服务端之间的信息传递关系用框架流表示，每条框架流一般对应于逻辑结构中的一条或若干条数据流。物理框架与逻辑框架的对应关系图如图 1-1 所示。

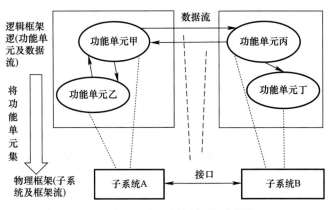

图 1-1　物理框架与逻辑框架的对应关系图

4. 通信体系框架

通信体系框架描述了支持在不同系统部分之间进行信息交换的机制。信息的交换包括两部分：可以使数据从一个点传到另一个点的机制及从费用、准确率和延误方面考虑的适应性；确保正确解释从另一个点传来的信息。通信体系框架也描述了用户的通信需求。

5. ITS 标准化

ITS 标准化负责提出 ITS 所需关键技术的标准需求。所谓"标准"是指已被认可的、能够用来指导数据传输的技术规定或准则的文件。物理体系框架中所定义的子系统之间是相互独立的，为了确保子系统之间的整合性，就必须使子系统之间的接口标准化，推荐目前成熟的技术标准或提出标准需求来确保 ITS 的顺利实施。

6. 费用效益分析评价

ITS 的实施将对经济、社会产生较大的影响，对 ITS 项目实施进行效益分析评价是 ITS 研究和应用中的关键组成部分之一。ITS 费用效益分析评价通过对项目的经济合理性、技术可行性、经济效益、社会与环境影响以及项目风险做出评价，为 ITS 项目的可行性研究、方案比选、实施效果分析以及为已有的系统运行优化和未来项目的投资提供科学依据。

7. 实施措施及策略

目前交通运输的组织管理部门众多，在管理体制上存在一定的弊端，为了确保系统顺利实施，必须在体系框架中包括 ITS 建设的组织体系和发展策略，作为以后实施时的建议或参考。

1.1.4.3 智能交通系统需求架构

智能交通系统需求架构包括需求分析与预测和功能分析与设计两个方面。

1. 需求分析与预测

需求分析与预测的主要目的是明确 ITS 的用户及用户需求，划分 ITS 中各子系统的用户，并且通过调查、访问等形式来确定各子系统的用户需求，对用户需求进行合理排序后指导实施顺序。ITS 用户服务的用户主体是指影响系统或受系统影响的人或机构，可以从四个方面识别信息技术（IT）系统的用户，即：需要 IT 者（Want IT），希望使用 IT 来缓解、解决问题或要求信息服务者；制造 IT 者（Make IT），即提供 IT 系统软、硬件者；使用 IT 者（Use IT），包括主次两种用户，主要用户为从系统输出中获益者，次要用户为控制系统并提供系统输入者；管理 IT 者（Rule IT），制订规范，IT 系统实施和使用规章制度的责任者。由于每个用户组包含不同用户类别，而每个用户个体，其出行目的、选择出行方式、出行要求等方面不尽相同，在 ITS 服务项目的需求上也表现出多层次性，归结起来，ITS 服务项目的需求，如表 1-1 所示。

表 1-1 ITS 服务项目的需求

序号	服务项目	作用
1	出行前规划信息	提供信息，选择最好的交通方式，出行时间和路线
2	在途驾驶员信息	在途中为驾驶员提供信息，有助于出行方便与行车安全
3	路径诱导	通过指令引导出行者到达目的地
4	合伙乘车与预约	使合伙乘车更容易，方便
5	出行者服务信息	提供城市黄页等服务信息
6	交通控制	对在公路上运行的车辆进行管理
7	交通事故管理	事故快速鉴定和及时处理
8	交通需求管理与实施	鼓励减轻交通对环境/社会产生负面影响的政策
9	尾气检测与治理	为大气质量监督提供信息
10	铁路/公路交叉口管理	改造原有铁路/公路交叉口路口成为自动交叉口控制系统
11	交通管理	车辆的智能调度、规划和管理

续表

序号	服务项目	作用
12	车辆运行信息	在途车辆运行状况信息提供
13	个性化的车辆运输	采用可变的车辆运营线路，为出行者提供更方便的服务
14	车辆出行安全	为车辆的使用者和营业者创造安全的工作环境
15	电子付费服务	允许出行者采用电子付费方式为运输服务付费
16	路边自动安全监察	方便路边监察，促进出行安全
17	在途车辆安全监控	能感应商业车辆、货物以及驾驶员的安全状态
18	商用车辆营运资质及信用管理	提供营运资质审查，电子支付以及信用保证等业务
19	危险品车辆交通事故应急处理	提供对危险物品的迅速描述
20	商用运输车队管理	提供驾驶员、调度员和货物供应商之间的通信
21	紧急事件通告及个人安全	提供对事故的快速通告和及时的帮助
22	紧急救援车辆管理	缩短紧急救援车辆对事件的反应时间
23	安全警示系统	提供关于驾驶员，车辆以及道路状况的警示信息
24	碰撞防护安全装置	在碰撞发生之前或者碰撞事件发生的更早时间之前发生作用的主动乘客安全防护系统
25	交通数据服务	提供历史数据的自动存档和共享服务

2. 功能分析与设计

（1）智能交通系统功能分析流程

ITS 的基本功能表现在：减少出行时间、保障交通安全、缓解交通拥挤、减少交通污染 4 个方面，其最终目标是建立一个实时、准确、高效的交通运输管理系统。ITS 的基本功能模块包括：先进的信息服务系统、先进的交通管理系统、先进的公共交通系统、先进的车辆控制系统、商用车运营管理系统、先进的乡村运输系统、自动公路系统等。分析与设计 ITS 功能的目的是通过发展 ITS 系统，以便道路使用者进行交通方式和路线的合理选择，交通管理者进行交通疏导和事故的应急处理，运输经营者随时掌握车辆的运行状态并开展调度和跟踪指挥。ITS 功能分析与设计应按照以下步骤进行：

1）在 ITS 建设策略指导下，结合 ITS 发展需求分析，进行 ITS 功能分析、选择与划分；设计 ITS 的功能模块和框架结构。

2）形成 ITS 共享的空间数据库，包括道路数据库、交通数据库和道路交通地图库等。

3）确定 ITS 的数据通信设施，例如局域网、专用通信网和互联网等，其中包括无线数据通信方式。

4）拟定 ITS 功能要求和实施路线，包括 ITS 总的功能要求以及各子系统、子项目的功能要求。

5）最后对 ITS 的各项功能进行检验并加以完善。

ITS 系统功能设计流程如图 1-2 所示。

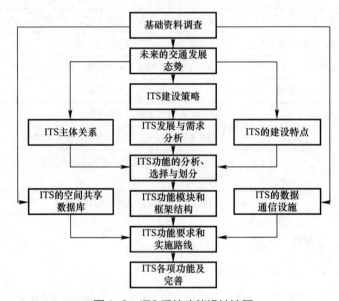

图 1-2　ITS 系统功能设计流程

3. 智能交通系统设计体系框架

ITS 体系框架是运输系统体系和规格的说明。它决定系统如何构成，确定功能模块以及允许模块间进行通信和协同的协议和接口。它定义运输系统的子系统及其用户所需的功能以及各个子系统之间的相互关系和集成方式。目前我国的国家 ITS 体系框架主要由用户服务、逻辑框架、物理框架组成。

（1）用户服务

ITS 用户服务定义了 ITS 系统的主要内容，从系统用户的角度描述了 ITS "应该做什么"。用户服务分为用户服务领域、用户服务和用户子服务定义三个层次。ITS 用户服务应既符合实际，而又具有一定的前瞻性和超前性。我国 ITS 用户服务的确定是在对我国的交通基础设施，交通运输现状，交通出行和管理需求，交通管理相关法律法规、交通发展规划以及社会经济、政治、文化、科技发展背景等进行详细的调研分析的基础上制订具有中国特色的用户服务。《中国智能运输体系框架（第二版）》[简称：《ITS体系框架（第二版）》]用户服务初定以下9个服务领域：

1）交通管理；

2）电子收费；

3）交通信息服务；

4）智能公路与安全辅助驾驶；

5）交通运输安全；

6）运营管理；

7）综合运输；

8）交通基础设施管理；

9）ITS数据管理。

（2）逻辑框架

逻辑框架基于需求分析阶段提出的"应该做什么"的基础上，描述系统完成ITS用户服务所必须具有的逻辑功能和功能之间的数据交互关系。逻辑框架是ITS体系框架开发的核心过程，决定了将来设计的物理实体系统能否完全满足用户需求。国家ITS体系框架中逻辑框架建模综合了结构分析中常用的功能模型（IDEF0）分析方法和数据流图（DFD）分析方法。IDEF0模型描述了系统完成"什么"功能，它可以有效地发现整体的关键活动和次级功能。DFD分析方法清楚地提供组织和描述系统信息的方法，同时在一定程度上可以检验信息完整性与一致性。

本小节利用数据流图分析方法，建立系统顶层数据关系图（DFD 0）。ITS体系逻辑框架如图1-3所示。DFD 0由DFD X（$X=1$、2、3……）及其之间传递的数据流组成。然后自顶向下对DFD 0进行分解，分别确定DFD X中包含的功能DFD $X.1$、DFD $X.2$……及其之间的数据流，进而具体画出一系列子数据流图DFD X。例如，在国家ITS体系框架中，DFD 3信息

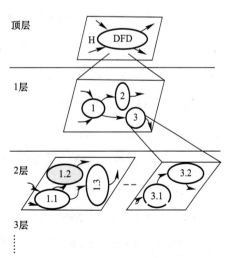

图1-3 ITS体系逻辑框架

服务、系统功能比较庞杂,为了便于理解,将其分解为 DFD 3.1 提供出行前信息服务、DFD 3.2 提供公交信息服务、DFD 3.3 提供驾驶员信息服务等。其中 DFD 3.1、DFD 3.3 仍比较复杂,进一步细分,这个过程继续下去,直到出现某一个功能不能够再细分为止,不能够再细分的系统功能称为过程。

数据流图的层次划分严格依照功能分析过程中所确定的功能分解层次。在数据流图中,下层是上层的分解,上层是下层的抽象。最后为每张数据流图添加叙述性文字说明。国家 ITS 体系框架采用了 DeMarco 和 Yourdon 数据流图标准,以矩形代表外部实体(称为终端),以圆圈表示系统功能或过程,以带箭头的曲线表示功能(过程)之间传递的数据流。在国家 ITS 体系框架的逻辑框架中,采用系统功能层次表和功能描述表以及数据流程图来说明系统的逻辑模型,用数据字典对功能(过程)之间传递的数据进行定义。逻辑框架中的功能域与服务领域相对应。功能大致与服务相对应,但功能与服务之间不是一一对应的,功能应当是服务或服务的组合。功能还可以细分为不同的层次,功能不可再细分时,即称为过程。

(3)物理框架

物理框架是对系统逻辑功能的实体化、模型化,实现了逻辑功能与物理实体之间的映射关系。ITS 体系框架中的物理框架构架同样遵循结构分析的方法,分为系统、子系统和系统模块三个层次。每一个系统由若干个子系统组成,每一个子系统又由若干个系统模块组成。系统与逻辑框架中的功能域大致对应,子系统与功能大致对应。但它们之间并非一一对应的关系,必须有一个重新组合的过程。在物理框架的开发过程中,首先将逻辑功能转化为能够实现该功能的物理系统模块,将逻辑功能之间交互的数据流组合成物理系统模块之间传递的框架流。然后将相似的系统模块组合成物理子系统,合并物理框架流,将物理子系统组合成物理系统,完成了物理框架模型的构建。物理框架中也采用了类似于逻辑框架数据流图的物理框架流图来描述系统的物理结构。逻辑框架与物理框架之间的关系如图 1-4 所示。

1.1.4.4 世界三大智能交通系统体系结构

1. 美国智能交通系统体系结构

美国国家 ITS 体系框架开发采用了面向过程的设计方法。初版开发分为两个步骤,第一步称为"思路竞争"阶段,有 4 个开发小组参加。这 4 个开发小组采用不同的技术

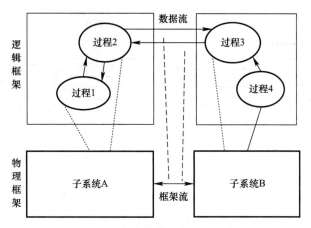

图 1-4 逻辑框架与物理框架之间的关系

方案,而且都有能力单独完成体系框架的开发,让他们在第一步展开竞争比进行合作更有利于激发对各种观点的分析,最终增加体系框架的可接受性。1994 年 10 月,4 个小组都完成了体系框架的初步方案,经过评审和比较,两个开发小组获准进入第二阶段,他们由 Loral Federal Systems 公司和 Rockwell 公司领导。第二步开始于 1995 年 2 月,两个开发小组不再是竞争关系,而是合作开发统一的美国国家 ITS 体系框架(The National ITS Architecture)。

美国国家 ITS 体系框架分为三个层次,分别是制度层、运输层和通信层。制度层包括保证 ITS 有效实施、操作和维护所需要的机构、政策、融资机制和流程,是体系框架的底层,良好的制度支持和有效的决策是 ITS 项目顺利进行的先决条件。运输层定义了运输服务的子系统、接口以及每个子系统的基础功能和数据,是体系框架的核心层。通信层从整体上描述了 ITS 的通信服务和技术支持,为各系统之间的集成提供有效的通信保障。美国国家 ITS 体系框架主要包括 7 部分,分别是用户服务、逻辑框架、物理框架、安全、服务包、标准和体系应用,美国国家 ITS 体系结构视图如图 1-5 所示。

(1)用户服务

已经确定用户服务内容共有 8 个领域,36 项用户服务。8 个领域分别是:出行信息与交通管理、公共交通管理、电子支付、商业车辆运营、紧急事件管理、先进的车辆安全系统、信息管理、维护和建设管理。服务领域与服务名称对应表如表 1-2 所示。

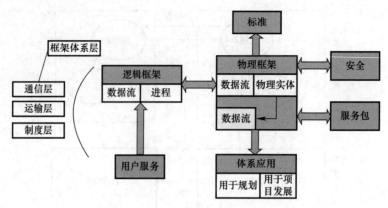

图1-5 美国国家ITS体系结构视图

表1-2 服务领域与服务名称对应表

服务领域	服务名称
1. 出行信息与交通管理（Travel and Traffic Management）	1.1 出行前出行信息服务（Pre-trip Travel Information）
	1.2 途中驾驶员信息服务（En-route Driver Information）
	1.3 路径引导（Route Guidance）
	1.4 路径匹配与预测（Ride Matching and Reservation）
	1.5 出行者信息服务（Traveler Services Information）
	1.6 交通控制（Traffic Control）
	1.7 事故管理（Incident Management）
	1.8 出行需求管理（Travel Demand Management）
	1.9 排放监测与改善（Emissions Testing and Mitigation）
	1.10 公路铁路交叉口（Highway Rail Intersection）
2. 公共交通管理（Public Transportation Management）	2.1 公共运输管理（Public Transportation Management）
	2.2 途中换乘信息服务（En-route Transit Information）
	2.3 个性化公共交通（Personalized Public Transit）
	2.4 公交运行安全（Public Travel Security）
3. 电子支付（Electronic Payment）	3.1 电子收费（Electronic Toll Collection）
	3.2 电子票据收集（Electronic Fare Collection）
	3.3 停车费用支付 Electronic Parking Payment
	3.4 电子支付服务集成（Electronic Payment Services Integration）
4. 商业车辆运营（Commercial Vehicle Operations）	4.1 商用车辆电子通关（Commercial Vehicle Electronic Clearance）
	4.2 自动化路侧安检（Automated Roadside Safety Inspection）
	4.3 车载安全监控（On-board Safety and Security Monitoring）
	4.4 商用车辆管理流程（Commercial Vehicle Administrative Processes）
	4.5 危险品安全与事件响应（Hazardous Materials Security and Incident Response）
	4.6 商用车辆交通信息系统（Freight Mobility）

续表

服务领域	服务名称
5. 紧急事件管理（Emergency Management）	5.1 紧急事件通知与个人安全（Emergency Notification and Personal Security）
	5.2 紧急车辆管理（Emergency Vehicle Management）
	5.3 灾害响应与疏散（Disaster Response and Evacuation）
6. 先进的车辆安全系统（Advanced Vehicle Safety Systems）	6.1 纵向碰撞预防系统（Longitudinal Collision Avoidance）
	6.2 横向碰撞预防系统（Lateral Collision Avoidance）
	6.3 路口碰撞预防系统（Intersection Collision Avoidance）
	6.4 视觉强化碰撞预防系统（Vision Enhancement for Crash Avoidance）
	6.5 安全准备（Safety Readiness）
	6.6 碰撞前安全防护（Pre-crash Restraint Deployment）
	6.7 自动车辆驾驶（Automated Vehicle Operation）
7. 信息管理（Information Management）	7.1 归档数据管理（Archived Data）
8. 维护和建设管理（Maintenance and Construction Management）	8.1 维护和建设运营（Maintenance and Construction Operations）

（2）逻辑框架

美国 ITS 逻辑框架以面向过程开发方法为指导，定义了满足用户服务所需的功能。逻辑框架由流程定义、数据流、终端和数据存储组成。数据流图展示了各功能之间信息共享的过程，包含四个基本成分：数据流（用箭头表示）、功能（用圆圈表示）、文件（用直线段表示）、外部实体（用方框表示）。美国国家 ITS 体系框架定义了一套与上述用户服务相对应的功能和数据流，并用数据词典和说明对其进行详细描述。美国 ITS 逻辑框架顶层数据流图如图 1-6 所示。

（3）物理框架

物理框架将 ITS 划分为 19 个子系统。鉴于各个子系统在应用及管理上的特性，将其划分为 4 类：

1）中心型子系统：空间独立性，空间位置选择不受交通基础设施的制约。与其他子系统联络通常依赖于有线通信。

2）外场设备子系统：通常需要进入路边的某些具体位置来安装或维护诸如检测器、信号灯、可程控信息板等设备。一般要与一个或多个中心型子系统用有线方式连接，同时还需要与通过其部署路段的车辆进行信息交互。

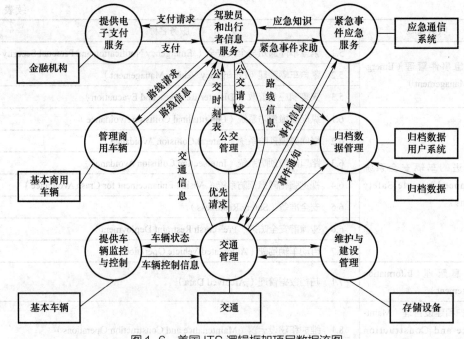

图1-6 美国ITS逻辑框架顶层数据流图

3）出行者子系统：以旅行者或旅行服务业经营者为服务对象，运用ITS有关功能实现对多式联运旅行的有效支持。

4）车载子系统：安装在车辆上。可根据需要与中心型子系统、外场设备子系统及出行者子系统进行无线通信，也可与其他载体车辆进行车辆之间的通信。

每种类型的子系统通常共享通信单元。作为子系统之间信息渠道的一个构成部分，通信单元所起的作用仅仅是传递信息，不参与智能交通系统的信息加工和处理。

子系统之间通过三种通信方式相互连接以便数据和信息的交换，包括有线通信、广域无线通信和短程无线通信。

（4）安全

任何系统都必须考虑安全，ITS也不例外，这里有两个含义：一是系统不应对操作者和使用者造成损害，例如ITS中最常见的信息服务，就需要保证不能提供不确定的信息或错误的信息，防止道路使用者的利益受损；二是除了保障操作者、使用者的安全外，还要保障系统自身的安全，包括数据安全、设备安全、供电安全等。

（5）服务包

完成特定服务的物理框架中多个组成部分的集成，例如交通控制服务包。服务包将不同的子系统、设备包、终端、信息流等组合到一起，提供特定的服务。每个服务包都有各自的理论支持，对每个组件如何提供服务进行了描述。

（6）应用领域

为了协助工程人员选择与其计划进行部署的 ITS 服务最相关的 ITS 标准，需要对标准进行分类，分成的类别被称为应用领域。由于每个应用领域区域地址对应一个接口类型，工程人员经常是组合多个应用程序来提供一个 ITS 服务。

2. 欧洲智能交通系统体系结构

欧盟于 1998 年 4 月开始代号为 KAREN（Keystone Architecture Required for European Networks）的项目，奠定了开发欧盟 ITS 体系框架的基础。

1998 年 8 月和 10 月，先后完成了逻辑框架和物理框架，此后陆续补充完成其他部分的内容，形成了欧盟整体的 ITS 框架。与包罗万象、内容覆盖全面的美国国家 ITS 体系框架相比，欧盟 ITS 体系框架在内容上选取典型系统进行详细分析，并非以"全"为目的。欧洲智能道路交通系统体系结构采用了面向过程的开发方法，遵循以下步骤：建立 ITS 系统用户需求、模型开发、系统接口开发、逻辑框架开发、物理框架开发、通信体系框架开发、组织体系框架开发、实施策略研究和费用效益研究以及风险分析。

欧洲智能交通系统体系结构与美国相似，主要由用户需求、逻辑体系结构、物理体系结构、通信体系结构和标准化 5 部分组成。

（1）用户需求

覆盖体系框架结构和最终 ITS 运行效果的不同方面：

1）对体系框架结构的需求。必须独立于目前的其他技术，以便适应未来的技术发展；必须从全欧洲的角度出发而不应局限于一个组织或一个地区；必须便于标准系统的建立，适用于各种服务商的服务和制造商的设备。

2）对 ITS 设施和服务的兼容性、质量以及安全性的需求。信息、设备和基础设施的兼容性；服务在时间和空间上的连续性；避免不必要的费用；系统的可维护性和扩展性；系统的安全性；用户友好性等。

3）对 ITS 功能的需求。用户需求的主体部分，基础设施的规划和维护、法律约束、财政管理、紧急事件服务、旅行信息和导航、交通需求、事故需求管理、智能化汽车系统、商务车和车队管理、公共交通管理。

（2）逻辑体系结构

描述用户需求的功能及这些功能如何与外部时间联系起来，特别是与ITS使用者之间的联系，也描述了欧盟ITS中使用的数据。

逻辑体系结构模块由一系列功能领域构成，分别是：提供电子支付，提供安全和紧急情况处理、交通管理、公共交通运营管理，提供先进的驾驶便利，提供出行者旅行辅助，为法律保障提供支持，货物管理和车队调度。

所有逻辑结构模块都与用户需求紧紧联系在一起，它提供了功能模块与用户需求之间的通道。

（3）物理体系结构

物理体系结构定义的子系统领域：电子付费、安全和紧急情况处理、综合交通管理、公共交通运营、更方便地驾驶、出行者出行帮助、法律约束、货物管理和车队调度，与逻辑体系结构中的功能领域是相一致的。物理体系结构的一个范例系统：通信体系。

通信体系描述了支持在不同系统部分之间进行信息交换的机制。通信体系结构定义了系统的通信需求和用户的通信需求。欧洲物理结构范例系统示意图如图1-7所示。

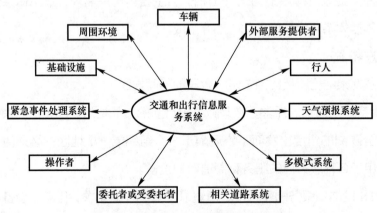

图1-7 欧洲物理结构范例系统示意图

（4）通信体系结构

通信体系结构描述了支持在不同系统部分之间进行信息交换的机制。通信体系结构定义了系统的通信需求和用户的通信需求。

3. 日本智能交通系统体系结构

日本于 1998 年 1 月着手开发国家 ITS 体系框架,并于 1999 年 11 月完成。关于 ITS 体系框架的研究,日本主张:高效地发展一个完整的智能交通系统,保证各子系统之间协同工作,同时帮助发展国家 ITS 标准和国际 ITS 标准。其最大的特点是强调 ITS 信息的交互和共享,整个 ITS 建设是社会信息化的一部分。日本采用面向对象的方法来建立 ITS 体系的逻辑框架与物理框架,通过对 ITS 的抽象,建立信息模型描述 ITS 涉及的各对象之间的信息关系(如继承等关系),建立控制模型,实现各项用户服务。日本在进行智能交通系统体系框架开发的过程中,主要遵循四个步骤:定义用户服务、建立逻辑框架、建立物理框架和系统标准化。日本智能交通体系结构的开发流程图如图 1-8 所示。

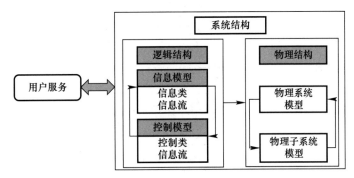

图 1-8 日本智能交通体系结构的开发流程图

(1)用户服务

在最新的日本 ITS 体系框架中,共 9 个开发领域,划分出 21 项用户服务、56 项特定用户服务、172 项子服务。开发领域分别为:先进的导航系统、电子收费系统、辅助安全驾驶、交通管理优化、提高道路管理效率、公交支持、提高商用车辆运营效率、行人支持、应急车辆运行支持。开发领域与用户服务如表 1-3 所示。

表 1-3 开发领域与用户服务

开发领域	用户服务
1. 先进的导航系统	1.1 路线导航信息提供
	1.2 目的地信息提供
2. 电子收费系统	2.1 电子自动收费

续表

开发领域	用户服务
3. 辅助安全驾驶	3.1 驾驶与道路信息提供
	3.2 危险预警
	3.3 辅助驾驶
	3.4 自动化高速公路系统
4. 交通管理优化	4.1 交通流优化
	4.2 交通事故管制信息提供
5. 提高道路管理效率	5.1 维护管理水平提高
	5.2 特许商用车辆管理
	5.3 道路危险信息提供
6. 公交支持	6.1 公共交通信息提供
	6.2 公交运行与运行管理支持
7. 提高商用车辆运营效率	7.1 商用车辆运行管理
	7.2 商用车辆自动跟车行驶
8. 行人支持	8.1 人行道线路引导
	8.2 车辆行人事故预防
9. 应急车辆运行支持	9.1 应急车辆运行支持
	9.2 应急车辆诱导与紧急救援支持
	9.3 先进信息与通信系统

（2）逻辑框架

建立详细的对象模型，包括整体模型（针对整体 ITS 或者几个服务领域共有的内容而言）、详细模型（针对单个服务而言），其中分别从总体和动态两个视角进行分析，给出对应于整体模型和详细模型的核心模型、细节模型。其中核心模型（总体）给出服务中涉及的对象类之间的关系，细节模型（总体）针对核心模型中对象类分别进行详细分析，给出每种对象类的对象之间属性的继承等关系。细节模型是对核心模型中对象类的深化。核心模型（动态）是建立有动态信息需求的对象类之间的信息交互模型，细节模型（动态）是针对核心模型中对象类的深化。

（3）物理框架

日本 ITS 物理框架包括：高层子系统、子系统、底层子系统、单个独立的物理模型、整体物理模型以及框架流。其中，高层子系统以领域为划分标准；底层子系统以逻辑框架中的控制模型为基础，针对控制模型中每一个控制模块给出一个独立的底层子系统，也存在一个底层子系统对应多个控制模块的情况。通过方法选择表完成ITS体系框架中172项子服务所对应的逻辑功能并实现领域的匹配，即完成底层子系统在高层子系统中的定位；子系统是高层子系统中几个特定底层子系统的集合，是一种分类方式，不具有实际意义；物理模型是针对用户服务提出的，由底层子系统为基本单位组合而成。高层子系统和框架流一起组合成整体物理模型，底层子系统和框架流一起组合成单个独立的物理模型。

日本的物理框架以人、车、路、中心、环境为基本的物理系统划分原则，针对用户服务提出了相应的物理模型。

1.1.5 中国智能交通系统研究内容与发展趋势

1.1.5.1 研究内容

在"九五"期间，我国智能交通系统主要集中在ITS总体规划和体系框架的研究，以及ITS标准的研究与制订方面。

"十五"期间，科技部实施了"智能运输系统关键技术开发和示范工程""现代中心城市交通运输与管理关键技术研究"等国家科技攻关计划项目，率先在北京、上海、广州等城市，以城市内、城市间道路运输为主要实施对象，开展了以智能化交通指挥调度与管理系统、智能公交调度和综合交通信息平台为主要内容的示范工程建设，取得了一定成效。在科技项目的推动下，我国的智能交通系统从概念研究进入实质性的开发和应用试验阶段。

"十一五"期间，国家高技术研究发展计划（"863"计划）设立了"现代交通技术领域"，并针对智能交通系统技术部署了一批前沿和前瞻性项目，以提高原始性创新能力和获取自主知识产权为目标，突破产品和系统的关键核心技术，实现重点目标的技术集成。在"863"计划专项课题的支持下，综合交通运输和服务的网络优化与配置技术，智能化交通控制技术，综合交通信息采集、处理及协同服务技术，交通安全新技术等各项技术得到进一步的突破；在智能化交通管控、汽车安全辅助驾驶、车辆运行系统状态监控与安全预警等一批关键核心技术上取得了实质性的进展。

"十二五"期间，"863"计划交通运输领域瞄准国家智能交通系统技术发展热点问题，对智能车路协同、区域交通协同联动控制等技术进行了部署。国家科技项目的实施推动和提升了我国智能交通系统行业的总体水平，培养形成了我国智能交通系统专业研究队伍和基地。

"十三五"期间，政府密集地推出政策方面的支持。交通运输部印发《交通运输信息化"十三五"发展规划》《推进互联网+便捷交通，促进智能交通发展的实施方案》《交通运输部办公厅关于加快推进新一代国家交通控制网和智慧公路试点的通知》（交办规划函〔2018〕265号），交通运输部发《交通运输部办公厅关于印发推进智慧交通发展行动计划（2017—2020年）的通知》（交办规划〔2017〕11号），包括2018年，各省交通厅以及交通部的办公厅都相继推出了加快推进新一代国家交通控制网和智慧公路试点项目；2019年高速公路网完成了撤站改造，基本实现了收费一张网；2020年，随着自动驾驶相关技术的不断成熟，在智慧高速上，车路协同项目也不断涌现。

"十四五"期间，2021年，在国家综合立体交通网规划纲要里，明确对智慧高速发展的顶层设计以及实施方案提出了具体的要求。2021年，《"十四五"现代综合交通运输体系发展规划》提到要支持开展自动驾驶载货运输服务，稳步推动自动驾驶客运出行服务。2023年，支持交通基础设施数字化、智慧化转型，基于IPv6海量地址资源和高质量网络传输等能力，推进智慧公路车路协同网络建设。

目前，我国已实施的智能运输子系统包括：

（1）先进的车辆控制系统；

（2）先进的交通管理系统；

（3）先进的公共交通系统；

（4）出行者信息服务系统；

（5）安全和紧急事件应急系统；

（6）电子收费系统；

（7）其他系统（民航ITS系统、铁路ITS系统、水路ITS系统等）。

国际标准组织1999年在技术报告ISO/TR14813中对运输信息和控制系统（Transport In-formation and Control Systems）的研究领域进行了划分，ISO标准中的研究领域构成如表1-4所示。

可以看出，我国ITS研究内容和美国、欧洲、日本以及国际标准ISO/TR14813提出的研究内容基本一致，这便于我国ITS与国际接轨，加强国际交流与合作。

表 1-4 ISO 标准中的研究领域构成

服务种类	服务名称	服务名称（英文）
1. 出行者信息	出行前信息服务	Pre-trip Information
	在途驾驶员信息服务	On-trip Information
	在途公共交通信息服务	On-trip Public Transport Information
	个人信息服务	Personal Information Service
	路径诱导与导航服务	Route Guidance & Navigation
2. 交通管理与规划	交通运输规划支持	Transportation Planning Support
	交通控制	Traffic Control
	紧急事件管理	Incident Management
	需求管理	Demand Management
	交通法规监督与执行	Policing/Enforcing Traffic Regulations
	基础设施的维护管理	Infrastructure Maintenance Management
3. 车辆安全和辅助驾驶	视野的扩展	Vision Enhancement
	自动车辆驾驶	Automatic Drive
	纵向防撞	Longitude Collision Avoidance
	横向防撞	Lateral Collision Avoidance
	安全防备	Safety Readiness
	交叉口防撞	Intersection Collision Avoidance
	碰撞前乘员保护	Pre-crash Restraint Deployment
4. 商用车辆管理	商用车辆提前通关	Commercial Vehicle Pre-clearance
	商用车辆管理过程	Commercial Vehicle Administrative Processes
	自动路边安全检测	Automated Roadside Safety Inspection
	商用车辆车载安全监视	Commercial Vehicle On-board Safety Monitoring
	商用车队管理	Commercial Vehicle Fleet Management
5. 公共交通管理	公共交通规划	Public Transport Management
	公交车辆监控	Demand Responsive Public Transport
	公共交通管理	Shared Transport Management

续表

服务种类	服务名称	服务名称（英文）
6. 紧急事件	紧急情况的确认及个人安全	Emergency Notification and Personal Security
	紧急车辆管理	Emergency Vehicle Management
	危险品及事故的通报	Hazardous Material & Incident Notification
7. 电子收费	电子收费	Electronic Financial Transactions
8. 安全	公共出行安全	Public Travel Security
	易受伤害道路使用者的安全措施	Safety Enhancement for Vulnerable Roed User
	交叉口安全的智能化	Intelligent Junctions and Links

1.1.5.2 发展趋势

"十四五"时期，推进综合运输服务高质量发展，需凝聚各方面的力量和智慧，统筹谋划、开拓创新，着力构建"五个系统"、打造"五个体系"：

（1）构建协同融合的综合运输一体化服务系统。围绕实现客运"零距离换乘"、货运"无缝化衔接"目标，建设多层级一体化综合交通枢纽，推广"出行即服务"理念，加快旅客联程运输发展，创新"一站式"出行服务，加快城市群都市圈运输一体化发展，推动各种运输方式功能融合、标准协同、运营规范、服务高效，不断提升综合运输服务一体化发展水平。以提升多式联运发展水平为突破口，加快优化调整运输结构。推动大宗货物和中长途货物运输"公转铁""公转水"。

（2）构建快速便捷的城乡客运服务系统。构筑以高铁、航空为主体的大容量、高效率的城际快速客运服务，加快推进道路客运转型升级，打造以全链条快速化为导向的城乡客运便捷运输服务网。加快城乡客运一体化发展，持续巩固拓展具备条件的乡镇和建制村通客车成果，推广集约化农村客运发展模式，全面提升网络覆盖广度和深度，不断提高服务质量。加快运游融合发展，鼓励道路客运站拓展旅游集散服务功能，创新定制化运游服务，鼓励运游融合新业态发展。

（3）构建舒适顺畅的城市出行服务系统。深入实施公交优先发展战略，提高城市轨道交通服务能力，加快完善慢行交通系统，打造高效衔接、快捷舒适的公共交通服务体系，积极引导公众选择绿色低碳交通方式。推进出租汽车行业转型升级，规范汽车租赁和互联网租赁自行车健康发展,推动交通出行新业态健康有序发展。强化交通需求管理,加强城市交通拥堵综合治理,提高适老化服务水平,让城市交通更顺畅、群众出行体验更舒适。

(4)构建集约高效的货运与物流服务系统。推动道路货运行业转型升级和高质量发展,持续推进货运车型、船型标准化,加快城乡物流配送体系建设,创新集约高效、绿色低碳的配送模式,完善农村物流服务网络,培育农村物流服务品牌。推动专业化物流创新发展,加快冷链物流园区建设,强化冷藏保温车管理,完善冷链货物分类管理、电子运单、温度监测等制度。发展铁路重载直达、铁路快运等方式,提高内河水运竞争力,持续提升航空物流安检和通关效率,深入实施邮政、快递"进厂""进村"工程。

(5)构建安全畅通的国际物流供应链服务系统。面向打造全方位对外开放新格局和构建更高水平开放型经济新体制要求,加快完善海运全球服务网络,积极开辟中欧班列境外新路径,大力发展中转集结班列,提升航空货运服务能力,壮大航空货运机队规模,提高国际道路运输便利化水平,打通中欧公路直达运输通道,拓展国际寄递服务网络,着力形成功能完备、立体互联、陆海空统筹的运输网络,促进国内国际双循环安全高效发展。

(6)打造清洁低碳的绿色运输服务体系。以碳达峰目标和碳中和愿景为引领,以深度降碳为目标,统筹发展与减排、整体与局部、短期与中长期,研究运输服务领域低碳转型政策措施,大力推进绿色出行行动,开展绿色出行"续航工程",深入推进城市绿色货运配送示范创建,积极发展清洁化运输装备,加快高排放营运车辆更新淘汰,持续推进邮件快件包装绿色化和轻量化发展,促进运输服务全面绿色转型,加快构建绿色运输发展体系。

(7)打造数字智能的智慧运输服务体系。加强新一代信息技术在运输服务领域的应用,推进数据资源赋能运输服务发展。加快提升客运出行信息化服务水平,推动城市交通智能化发展,推进"互联网+"高效物流,推动智能匹配、智能跟踪、智能调度。加快互联网道路运输便民政务服务系统建设应用,推动道路运输政务服务高频事项"跨省通办",进一步畅通12328交通运输服务监督热线投诉举报渠道,不断提升数字监管服务水平。

（8）打造保障有力的安全应急服务体系。落实运输生产安全责任体系，健全安全监管体系，深入开展道路运输安全专项整治行动，推进营运车辆驾驶员职业化教育进程，提升车辆主动安全性能，提升行业本质安全水平。大力推进汽车维修电子健康档案系统应用，全面实施汽车排放检验与维护制度。提升机动车驾驶员培训质量，建立以学员评价为主的服务质量监督评价机制。加快完善国家应急运输保障体系，支撑更高水平的平安中国建设。

（9）打造统一开放的运输服务市场体系。全面深化改革，优化营商环境，进一步激发市场主体活力，更好统筹发展和安全，推动交通运输新业态规范健康持续发展，加快建立"事前管标准、主体作承诺、过程强监管、失信严惩戒"的全链条信用治理模式，积极推进港口法、道路运输条例、城市公共交通条例及配套规章的制修订，完善综合运输服务标准体系，不断提升行业治理能力。加快建设统一开放、竞争有序、制度完备、治理完善的高标准运输服务市场体系。

（10）打造精良专业的从业人员保障体系。坚持人才是第一资源，构建与新时期行业发展要求相适应的人才队伍培养与保障体系，进一步推进基层运管机构改革，实施从业人员队伍素质提升行动和职业技能提升行动，建设忠诚干净担当的高素质管理干部队伍和素质优良的劳动者大军。推进从业人员职业保障体系建设，研究开展交通运输新业态从业人员职业伤害保障试点，持续推进"司机之家"建设，持续开展"关爱卡车司机"等专项行动，切实维护从业人员合法权益，不断提高从业人员职业荣誉感。

大力发展智慧交通，推动云计算、大数据、物联网、移动互联网、区块链、人工智能等新一代信息技术与交通运输融合，加快北斗导航技术应用，开展智能交通先导应用试点。

新一代信息技术与交通运输深度融合。推动 5G 通信技术应用，实现重点运输通道全天候、全要素、全过程实时监测。突破道路交通运输组织、路网监测、仿真测试、运营管控等智能化、自主化技术。攻克船舶环境感知与智能航行、基于新一代移动通信的船岸通信等技术，开发基于区块链的全球航运服务网络平台和智慧航运综合服务平台。研发新一代轨道交通移动闭塞/车车通信及专用移动通信系统、智慧行车、智慧车站调度等技术。研发新一代空管系统，推进空中交通运行服务、流量管理和空域管理智能化，突破有人/无人驾驶航空器混合运行、空天地一体化网络等技术。突破基于新一代信息技术的邮政快递收寄、安检、投递、客服等技术，构建绿色与智能邮政科技产品的测评体系。

北斗导航系统应用技术。研发基于北斗短报文通信系统的交通运输领域应用关键技术和装备，突破面向多应用场景的高精度定位导航技术，完善北斗应用相关标准规范，构建交通运输领域北斗应用的检测认证体系。推动北斗在自动驾驶、智能航运、智能铁路、智慧民航、智慧邮政等领域的创新应用，加快北斗在交通基础设施勘察设计、建设、管理、运营和运输服务领域的推广，构建北斗交通产业链。

1.2 交通控制系统

1.2.1 交通控制的意义和任务

1. 交通控制的意义

交通控制对于组织、指挥和控制交通流的流向、流量、流速、维护交通秩序等均有重要的作用，从时间上将相互冲突的交通流予以分离，使其在不同时间通过，以保证行车安全，同时迫使车流有序地通过路口，提高了路口通过效率和通过能力，并且减小了噪声，降低了汽车尾气对环境的污染。

2. 交通控制的任务

交通控制系统需要监控和管理道路上的交通流量，以确保道路上的车辆和行人能够安全、顺畅地行驶；需要确保交通系统的安全，通过设置交通信号灯、交通警示标识和速度限制等措施，促使交通参与者遵守交通规则，减少交通事故的发生；交通控制系统努力提高交通系统的效率，通过分析交通数据、调整交通信号灯配时、优化交通网络规划等手段，减少交通延误、提高交通流量和减少能源消耗；交通控制系统可以通过交通信息系统向驾驶员和行人提供实时的交通信息；交通控制系统需要处理交通事件和紧急情况，如事故、道路施工等。它可以通过即时反应和适当的交通规划来减少对交通系统的影响，并确保交通流畅。

1.2.2 交通控制系统的发展历程

早在 19 世纪，人们就开始使用信号灯指挥道路上的车辆，控制车辆通过交叉口的次序。1868 年，英国首开在道路上进行信号控制的先河，在伦敦应用一种交替遮挡红、绿玻璃的煤气灯作为信号灯进行交通控制。1914 年，美国克利夫兰市开始使用电光源定时信号机。1917 年，美国盐湖城引进了互联的信号系统，随后纽约、芝加哥等城市也开始出现手动控制的红、黄、绿三色信号灯。1926 年，英国人在伍尔弗汉普顿（Wolverhampton）安设了第一台自动交通信号机，奠定了城市交通信号自动控制的基础。1928 年，美国研制了世界上第一台感应式信号机，灵活的协调定时控制系统自此诞生，首次实现了根据交通流自行调整交通信号时间。1952 年，美国丹佛市通过利用模拟计算机和交通检测器开发了信号机网的配时方案选择式信号控制系统。1959 年，加拿大多伦多市开展实验并于 1963 年建立了一套由 IBM650 型计算机控制的交通信号控制系统（UTC），第一次把计算机技术应用于交通控制，大大提高了控制系统的性能和水平，标志着城市交通信号控制的发展进入了一个新阶段。

20 世纪 60 年代，世界各国都相继将计算机技术应用到交通控制中，研究控制范围较大的信号联动协调控制系统，建立模拟交通流状况的数学模型，以便有效缓解日益紧张的城市交通问题，先后研制出了许多信号控制系统，其中比较典型的是英国运输与道路研究所于 1966 年开始开发的 TRANSYT 系统，澳大利亚从 20 世纪 70 年代开始开发的 SCATS 系统，英国运输与道路研究所联合 3 家公司于 20 世纪 70 年代初开始开发的 SCOOT 系统。20 世纪 80 年代以后，随着信息技术的发展，城市交通控制开始向信息化、智能化方向发展。20 世纪 90 年代，发达国家已经开始出现智能交通控制系统，并将城市交通控制系统纳入智能交通系统中，成为先进交通管理系统的重要子系统。截至 2000 年，世界上已有 480 多个城市采用了先进的交通信号控制系统。

20 世纪末至今，随着信息技术和控制技术等的不断发展，为应对各种交通运行状况出现了多种新的控制系统，例如 RT-TRACS 系统、STREAM 系统、MOTION 系统、SMARTNETS/TUC 系统等。我国也通过引进或自主研发，在省会城市内基本都建立了区域交通控制系统。

1.2.3 交通控制系统的构成

1. 城市道路信号控制

随着我国国民经济的飞速发展以及城市化进程的不断加快，城市交通日趋紧张，交通阻塞与拥挤现象日趋突出。改善城市道路交通系统的功能，解决日趋突出的城市交通问题，其有效途径除了合理的城市道路交通建设和规划之外，还有一个投资较少见效较快的途径，那就是建立先进的、功能强大的城市交通信号控制系统。交通信号控制系统作为 ITS 重要的子系统，在城市交通管理现代化建设中起着越来越重要的作用。经过长期的发展，城市交通信号控制系统先后有很多种，如英国的 TRANSYT 系统和 SCOOT 系统、澳大利亚的 SCATS 系统等在实践中取得了较好的应用效果，并在很多城市得到广泛应用。

交通信号控制系统从不同角度分类有多种分类方法，按控制方法可以分为定时控制、感应控制和自适应控制；按控制范围可以分为点控、线控和面控；按控制结构可以分为集中式控制结构和分层式控制结构；按控制策略可以分为定时式脱机控制系统和感应式联机控制系统。

2. 快速路与高速公路交通控制

城市快速路是指位于城市内适应机动车快速通行的道路。它具有以下特点：

快速路全程无平面交叉口，以互通式立体交叉或进出口匝道与城市地面道路相连接；快速路匝道间距比城市间高速公路短；快速路只允许机动车行驶，并且车辆行驶速度快；快速路主要为城市内中大量快速交通服务，在城市交通中起着主导性的作用。

高速公路指能适应年平均昼夜小客车交通量为 25000 辆以上、专供汽车分向分道高速行驶，并全部控制出入的公路。高速公路的交通控制及管理系统由信息收集系统、通信子系统和信息处理及控制系统三大部分交叉组成，如图 1-9 所示。

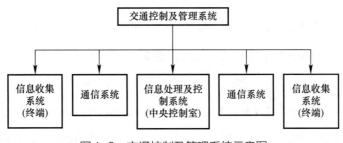

图 1-9　交通控制及管理系统示意图

3. 公交运营管理与信号控制

公交信号优先系统贯穿于公交车辆、公交车辆调度与管理系统、交通管理与控制系统，并与之有紧密的联系，通过在这几个模块之间进行信息交互，实现对公交车辆的优先信号控制。这几个子系统在以下组成元素之间实现信息通信和交互：公交车辆检测系统、优先请求发生器、优先请求服务器和公交信号优先控制器。通信系统是这些装置进行数据传输的纽带。

（1）公交车辆检测系统（Bus Detector System）：在特定的交叉口路段范围内，实时、精确检测公交车辆的到达或驶离交叉口，并将车辆的信息（位置、时间、方向等）传送到下一个逻辑单元。

（2）优先请求发生器（Priority Request Generator，简称 PRG）：一旦检测到公交车辆，PRG 按事先定义的标准数据格式产生一个优先请求信号。基于系统的设计框架及实施技术，可以将优先信号发生器设置在公交车上、公交调度指挥中心、交通管理中心、交通信号控制器中。

（3）优先请求服务器（Priority Request Server，简称 PRS）：负责接收和处理交叉口的公交优先请求，一般与交通信号控制系统连接。

（4）通信系统（Communication System）：系统将检测器的输出信号传送到本地交叉口的信号控制系统或区域交通管理中心，并作为信号控制决策的输入参数；同时将控制策略从本地或交通管理中心下发到信号控制器，以控制信号灯色显示。

（5）交通信号控制器（Traffic Controller）：根据交通流的通行权，负责提供各种公交信号优先策略，调整信号以提供优先信号，具有冲突检测和绿灯时间约束，保证行人过街安全，具有系统控制、无电缆协调控制、感应控制、优先控制、紧急情况控制、手动控制等工作方式。具有灯泡损坏监测、检测器错误监测、通信状态监测等检测功能。

（6）交通信号控制软件（Traffic Software）：根据系统提供的信息，基于交通控制模型，对交叉口交通状态进行预测，以综合目标函数最小为目标，优化交叉口的信号配时参数，下发信号控制优先策略，同时提供策略下发的时间和信号调整的方案。

（7）公交优先管理系统（Bus Priority Management System）：在公交调度与管理和交通管理与控制各系统的统一协调下，监控公交信号优先的实施频率和时间，进行合理的干预与撤销，消除对整个交叉口或干线的严重影响。同时还对系统的配置、事件进行详细记录，并提供报表等功能。

1.2.4 交通控制存在的主要问题

1. 交通事故安全

在全世界范围内，道路交通事故已成为提升交通安全水平关键的问题之一，因道路交通事故导致的受伤人数及死亡人数长期居高不下。我国所面临的交通安全问题更为严峻，这是由于我国人口基数大、城市化进程迅猛、机动车保有量增速显著，以及居民的安全意识亟待提高等特点所决定的。根据国家统计局数据，近年来，全国机动车道路交通事故数呈逐步上升趋势，死亡人数、受伤人数以及经济损失三个绝对指标仍处于高位。通过道路交通事故数据，可以看出我国道路交通形势严峻，需要更多的努力来减少事故数量，特别是避免具有严重后果的道路交通事故的发生。表1-5所示为近几年全国机动车道路交通事故指标表。

表1-5 近几年全国机动车道路交通事故指标表

年份（年）	事故数（起）	受伤人数（人）	经济损失（万元）	死亡人数（人）
2021	211074	214442	122800.9	55950
2020	215009	221309	125800.9	56924
2019	216178	227438	131023.5	58091
2018	182343	188585	115556.2	59166
2017	192585	205355	114586.4	58803
2016	170130	181528	98928.6	54279
2015	180321	194887	103386	54944
2014	183404	198317	100034.1	55316
2013	190756	210554	114199.5	57277
2012	198113	224619	104788	59673

注：数据来源于国家统计局。

交通事故的影响因素可以细分为人、车、路、环境、管理5方面，交通网络可看成由上述5类要素构成的复杂系统。如果构成交通网络要素的各子系统相对和谐，各要素所构成的交通系统方可稳定；反之，如果各子系统内部或相互之间发生冲突，并激化达到一定程度，那么交通系统则可能进入非稳定状态，其结果则可能表现为交通事故。尽管客观条件一时无法改变，需要通过技术手段或控制策略，减少各子系统内部之间的矛盾，有利于交通网络安全、稳定、畅通。

2. 拥堵、时间损失

随着我国机动车保有量的持续增长和城市交通规模的不断扩张，城市交通拥堵已经成为制约城市发展的新瓶颈。北京市2017—2020年道路交通系统运行状态评价，如表1-6所示。在早晚通勤高峰时段，由于交通需求时空分布不均衡导致路网交通拥堵频发，降低了居民日常的出行效率，增大了交通事故发生概率并且加剧了城市环境污染。多数情况下，当少数关键路段出现交通拥堵后，若不及时采取有效的管控手段，交通拥堵状态极易向相邻路段传播，最后导致区域路网拥堵甚至大面积交通瘫痪。

表 1-6 北京市道路交通系统运行状态评价

年份（年）	高峰时段交通综合出行时间指数（min/km）	高峰时段平均道路交通指数	平均拥堵持续时间（min）
2020	4.19	5.07	150
2019	4.25	5.48	180
2018	4.32	5.54	185
2017	—	5.6	160

利用科学手段破解交通问题，其首要工作是揭示和掌握交通拥堵的内在机理，唯有这样才可望实现交通拥堵问题的标本兼治。交通流理论是交通科学的基础，其理论成果和方法体系在交通系统的前期规划设计、中期的运行管控和后期的评估改进方面均发挥着先导作用，具有重要工程应用价值，因此备受多个学科领域专家的关注。另外，如何实现交通系统资源的充分协调和优化也是一个重要课题。随着计算机技术、通信技术和控制技术的飞速发展，发达国家相继投入巨资，在道路交通基础上相继构建了智能交通系统（ITS），为道路交通系统中人—车—路—环境要素的充分协调优化奠定了基础。ITS 的诞生和在世界各地的普及应用，已成为交通现代化的重要标志。其早已是国际公认的破解交通问题的根本出路，改善行车安全、提高运输效率、减少空气污染等的最佳途径，是全世界交通运输领域研究的前沿课题。

3. 能源消耗和环境污染

经最新数据统计，当今世界人口已经超过 78 亿人，不断增长的人口导致越来越多的自然资源被占据，石油资源遭受枯竭，生态环境遭到严重破坏。交通运输业是经济发展的重要支柱产业之一，但对于能源消耗和 CO_2 排放方面做出了大量的"贡献"。据国际能源机构的统计，交通运输业的 CO_2 排放在全球占比 23%，从各地区排放情况来看，中国碳排放占比 31.8%，位居世界第一，图 1-10 为 2023 年全球碳排放来源构成。

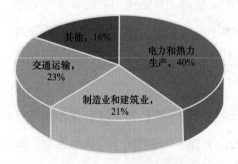

图 1-10 2023 年全球碳排放来源构成

随着社会经济水平的不断提高和人口的不断增长,我国交通运输业产值呈增长趋势,随之而来的是我国能源消费量和碳排放量也在逐年增加。据有关部门统计,我国交通运输业的 CO_2 排放总量约为 10%,而且仍处于快速增长的阶段。因此,在我国,交通运输业已经成为能耗最大、CO_2 排放最多的行业之一。为了应对全球气候危机,减少和控制 CO_2 等温室气体排放,我国开始实行"双碳"目标,其中交通运输业也被列为其中。为此,国家和政府制订一系列交通运输方面的政策文件,2019 年中共中央、国务院印发《交通强国建设纲要》提出,为适应国家对交通发展的迫切需要,要通过能源结构的优化,将生态环境保护融入整个交通运输过程中,构建安全、便捷、高效、绿色、经济的现代综合性交通运输系统。2021 年中共中央、国务院印发《国家综合立体交通网规划纲要》中强调要建设清洁低碳、安全高效的能源体系,提高清洁能源的比例,优化调整运输结构。

4. 交通控制设施

交通控制设施设置是系统性问题,需要以系统思维考虑交通控制设施的设置问题。仅精准设置单一交通标志或规范规划一处标线,并不能确保交通设施高效合理地实现其正常功能运转。如果交通标志、标线和交通信号灯等不同种类交通控制设施的设置出现矛盾,或者不匹配,将会导致驾驶员的犹豫不决,不利于交通的安全与畅通,也不利于公安交警进行交通安全执法。2020 年 10 月公安部交管局发布的《关于进一步加强城市道路交通信号控制应用工作的指导意见》(公交管〔2020〕302 号)指出,要在"适应需求,精细控制"的基本原则下,提出精细设计交通信号控制方案,配套优化调整交通组织措施等,充分利用精细化、规范化管理手段,深度挖掘道路时空资源,而在配套设置之前,需要首先明确交通控制设施之间的关联关系。所以交通控制设施的关联设置研究是精细化和科学化交通安全管理的需要。

交通控制设施之间是相辅相成、相互配合的关系,共同表示出交通管理者的意图。交通标志之间、交通标线之间、交通信号灯之间、交通标志与交通标线之间、交通标线与交通信号灯之间、交通标线与交通信号灯之间都不是孤立设置的,是有关联关系的。目前在交通控制设施的关联设置方面,我国相关标准规范中的一些规定比较原则化,不够细致,给基层公安交通管理工作带来不便,具体设置时容易忽视交通控制设施的配合设置,在一定程度上影响了交通控制设施作用的发挥。

1.3 智能交通控制系统

智能交通系统主要由车辆、道路、交通管理中心和用户组成。车辆通过智能化的设备和系统,可以实现自动驾驶、自动泊车、自动避让等功能,提高交通效率和安全性。道路通过智能化的设备和系统,可以实现交通信号控制、车道识别、路况监测等功能,提高交通效率和安全性。交通管理中心通过智能化的设备和系统,可以实现交通监控、交通调度、交通信息发布等功能,提高交通管理的效率和精度。用户通过智能化的设备和系统,可以实现交通出行的规划、预约、支付等功能,提高用户的出行体验和便利性。

智能交通控制系统主要包括交通信号控制、车辆控制和路况控制。交通信号控制是指通过智能化的交通信号灯控制系统,实现交通信号的优化和调度,提高交通效率和安全性。车辆控制是指通过智能化的车辆控制系统,实现车辆的自动驾驶、自动泊车、自动避让等功能,提高交通效率和安全性。路况控制是指通过智能化的路况监测系统,实时监测道路的交通流量、拥堵情况、事故情况等,及时调整交通信号和车辆控制,提高交通效率和安全性。

1.3.1 城市道路智能交通信号控制系统

国家高技术研究发展计划("863"计划)课题"新一代智能化交通控制系统关键技术研发",经开发形成了"新一代智能化交通控制系统"(Novel Intelligent Traffic Control System,简称 NITCS)。NITCS 基于实时动态交通信息及交通状态判别技术,采用分级分区的大系统动态分层递阶控制框架,将大范围作为中心协调层,将区域作为优化控制层,将交叉口信号控制器作为联动执行层,从大范围(交叉口数量大于2000)协调、区域(交叉口数量大于500)优化、交叉口联动三个层次对路网交通流进行协调控制,从时间和空间两个角度,优化路网交通流,均衡路网交通负荷,有效提高了非饱和交通流情况下的安全性,解决了饱和、过饱和交通流条件下的交通拥挤、拥堵问题。突破并解决了国内外传统交通控制系统控制范围小、各区域之间无法协调、控制策略僵化、交通拥挤、拥堵条件下无法实现交通疏导的问题。

NITCS 针对传统交通控制系统存在的问题,对交通控制相关状态获取技术、大范围战略交通控制技术、区域混合交通流交通控制策略和算法、网络动态路径选择技术、智能化交通信号控制设备等关键技术展开研发，突破传统的控制理论和控制技术，设计开发了大范围中心协调控制→区域优化控制→路口联动执行控制等系列软硬件技术产品，主要关键技术体现在如下几方面。

1. 交通状态时空判别技术

国内外交通控制系统中没有交通状态时空判别技术，无法获取城市道路交通流时空状态的信息，严重影响交通控制策略的制订和信号配时参数优化。通过研发交通状态时空判别技术，实现了对道路交通流状态（畅通、拥挤、拥堵等）全时空、多尺度的判别与预测，为大范围战略协调控制、区域自适应控制提供了完整、可靠的信息。

2. 大范围战略交通协调控制技术

国内外交通控制系统由于没有区域之间、区域边界协调控制，容易造成交通拥挤、拥堵迅速扩散，甚至导致整个交通控制系统瘫痪。而大范围战略交通协调控制技术实现了对区域之间、区域边界的交通控制策略协调优化，对路网交通流进行截流、分流，有效实现了交通拥挤、拥堵的快速消散。

3. 区域交通自适应控制技术

国内外交通控制系统控制对象单一、模式老化、优化方案更新速度慢，无法根据交通流的变化进行智能调整。而区域交通自适应控制技术实现了混合交通流（集机动车、非机动车、公交优先控制于一体）控制方式的智能选择及控制参数快速优化，保障了区域交通流快速、安全运行，与国内外传统交通控制系统相比可提高控制效率30%以上。

4. 交通控制与交通诱导协同技术

长期以来，国内外一直把交通控制和交通诱导分别作为独立的系统来解决交通拥挤、拥堵等交通问题，具有较大的局限性。提出并建立了城市交通智能协同理论与实施框架，研发成功交通控制与交通诱导协同技术，有效解决了城市道路关键节点及相关路段的交通拥挤和拥堵问题，大大提高了控制系统的控制效率。

5. 智能化交通信号控制设备

目前，国内外研发的交通信号控制设备仅仅局限于控制路口的红绿灯信号，控制功能单一、集成化水平低、可扩展性不强、不能实现智能化控制。而智能化交通信号控制设备能够在不同条件下进行实时控制和协调优化，解决路口不同交通设备的集成控制、信息共享等难题，实现了交通控制器的集约化、智能化、高效控制。

NITCS 采用分级、分区递阶控制模式，主要包括大范围战略控制级、区域控制级和路口控制级。

NITCS 层次结构、协同组网与物理结构如图 1-11、图 1-12 所示。

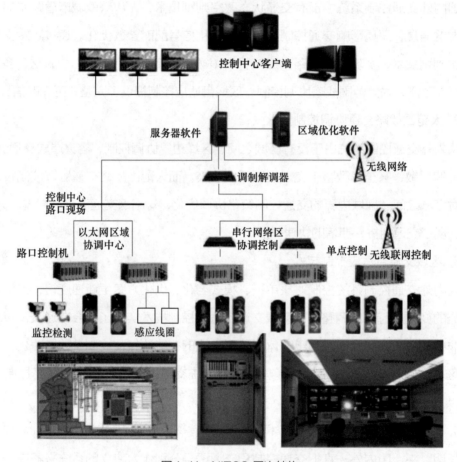

图 1-11 NITCS 层次结构

大范围战略控制级是 NITCS 创新中的亮点，主要面向大城市的交通管理与控制。随着城市规模不断扩大，城市路网密度增大，以及安装信号灯交叉口数量增多，城市交通控制系统需要管理的范围逐渐增大。面对不断增大的控制范围，交通控制系统必须适应这种变化。

因此，提出了"大范围战略交通控制系统"的概念。大范围战略交通控制系统实质上是指以交通信号控制和交通诱导为控制手段，对范围广泛、状态复杂的大规模交

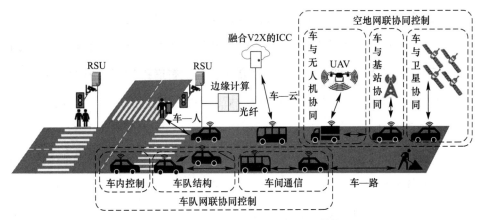

图 1-12　NITCS 协同组网与物理结构

通系统进行整体控制，主要包括区域之间网络交通流协调优化控制，以及各区域内部战略级控制策略的制订，从而达到缓解城市道路交通拥挤、减少环境污染、降低能源消耗的目标。大范围战略交通控制系统特点如下。

（1）能够生成大范围交通控制策略

城市路网错综复杂，整个控制系统需要覆盖的交叉口成千上万，而道路上的交通状态又在时刻改变。所以城市交通系统是一个复杂的、非线性的、时变的庞大系统。已有的区域控制系统往往把控制区域分成几个子区，由一个控制中心统一下发策略，但区域之间无法协调。这就需要一个大范围交通控制中心处于战略位置统筹安排，为各个区域提供控制策略，并协调各区域以及区域边界的策略，达到大范围的交通控制效益整体最优。

（2）分层递阶协调控制区域之间的交通流

为了便于交通控制策略的实施和整个路网的最优控制，根据复杂大系统理论，将整个交通控制网划分为若干个等级和层次，每个等级根据上级下发的控制参数在可能范围内自行优化，最后由上级根据下层最优制订一个整体最优策略。分层递阶协调控制既能保证每一个层次相对最优，又能达到整体最优。大范围交通控制系统采取了 SCATS 系统的控制框架，融入了 SCOOT 系统的配时方法，在 SCATS 系统的基础上加入了区域之间的协调以及区域边界的协调，在 SCOOT 系统的基础上加入了人工智能控制算法。

（3）信号控制与交通诱导相协调

传统的信号控制系统没有考虑控制效果对交通需求的影响，也没有考虑交通流对交通控制系统的前馈性，无论采取何种方式，其本质都是对已经发生的即将通过某个路口的车辆进行控制，其结果是改变了不同方向的车辆通过路口的时间，从而使网络流量在时间上的分布发生变化，以最大限度地提高现有道路的通行能力。这种方式无法在出行者发生行为前对交通流影响进行分析，因此有很大的局限性，未能发挥交通控制系统的导向作用。

随着车辆保有量的迅速增加，传统交通信号控制系统仅仅从时间上控制交通流的方法，已经不能解决越来越严重的城市交通拥挤等问题。这就需要将交通信号控制系统和交通诱导系统相互协调起来，从时间上、空间上均衡交通网络交通量，协同解决交通拥挤问题。

（4）智能化交通控制策略选择

传统的信号控制系统一旦建成后，交通控制策略就已经固化在其中了，无法再根据时变的交通状态再进行控制策略（控制方式、控制目标、控制周期等）的变化。NITCS在智能化理论的指导下，可以根据交通状态的变化随时改变交通控制策略。使得不同交通状态、不同的控制策略下取得最优的交通控制效益，充分发挥各种交通控制策略的优势作用。

（5）混合交通流控制

已有的交通控制系统的模型都是基于传统的交通流理论。这些理论由于它的局限性已经不适应交通流的实际运行特点，再加上我国混合交通的特点，所以更加不能适合我国混合交通流的特点。NITCS以非线性动力学理论为基础，建立了非线性混合交通动力学模型，为混合交通流控制奠定了理论基础。同时，以减少交叉口冲突点为目标，为行人、非机动车建立了适合的交通控制形式，优化了整个交叉口的各种交通流，解决了我国混合交通流控制的难题。

区域控制级是NITCS的核心。将动态子区划分与合并、混合交通信号配时优化、区域交通诱导与控制协调应用于NITCS。大范围战略交通控制系统区域控制主要由区域控制计算机、信号控制机构成。其主要功能是运行区域控制软件，由区域控制软件负责生成的配时方案控制路口信号灯。

路口控制级是NITCS执行的重点。开发了具有公交优先、协调优化、动态及远程数据传输接口、在线修改信号配时等。

1.3.2 智能公共交通控制

智能公共交通系统，就是在公交网络分配、公交调度等关键基础理论研究的前提下，利用系统工程的理论和方法，将现代通信、信息、电子、控制、计算机、网络、GPS、GIS 等高新科技集成应用于公共交通系统，并通过建立公共交通智能化调度系统、公共交通信息服务系统、公交电子收费系统等，实现公共交通调度、运营、管理的信息化、现代化和智能化，为出行者提供更加安全、舒适、便捷的公共交通服务，从而吸引公交出行，缓解城市交通拥挤，有效解决城市交通问题，创造更大的社会和经济效益。

作为 ITS 研究的一项重要内容，先进的公共交通系统（Advanced Public Transportation Systems，APTS）主要以出行者和公交车辆为服务对象。对于出行者而言，APTS 通过采集与处理动态（例如：客流量、交通流量、车辆位置、紧急事件的地点等）和静态交通信息（例如：交通法规、道路管制措施、大型公交出行生成地的位置等），通过多种媒体为出行者提供动态和静态公共交通信息（例如：发车时刻表、换乘路线、出行最佳路径等），从而达到规划出行、最优路线选择、避免交通拥挤、节约出行时间的目的。对于公交车辆而言，APTS 主要实现对其动态监控、实时调度、科学管理等功能，从而达到提高公交服务水平的目的。

1.3.3 智能交通中的车辆控制

智能交通在车辆控制方面的建设内容包括：智能公交系统、快速公交运营管理系统、公共自行车管理系统、自动驾驶技术、车辆路口协调系统以及智能交通管理系统等。主要通过在目标车辆上安装必要的终端设备，实现高精度的定位功能和高效的双向信息通信能力。通过车辆终端与中心系统的实时信息交互，实现对车辆的实时跟踪、安全保证、应急救援，实现对运营业务的优化调度、效率提升。

1.3.4 智能交通控制系统发展趋势

从整体而言，我国智能交通控制系统未来的发展呈现三大态势：

（1）城市化进程加快给智能交通控制系统产业创造巨大空间。我国经济社会发展正处在城市化的进程加快、机动化程度迅速提高阶段，交通运输效率、交通服务水平、交通安全、交通环境、交通拥堵等诸多问题集中出现，成为制约我国经济社会发展一个重要的瓶颈。应该说智能交通控制系统对于缓解和解决上述问题具有直接的作用和意义，大力发展智能交通控制系统，探讨实现更加安全、更加顺畅的交通环境技术，是我国交通运输领域的一项重要战略任务。用加快技术转移，加大应用力度来推动智能交通产业规模和水平的提升。进一步完善智能交通系统建设相关的技术规范，重视基于物联网技术的智能交通标准以及重点领域相关标准的制订。积极营造智能交通产业化的市场环境，建立技术、应用和资本三者共同引领的智能交通产业发展模式。鼓励和支持优势企业来参与智能交通有关领域里的项目研发、建设与运营。

（2）世界智能交通系统将进入一个创造新一代移动社会的崭新阶段。把握好加快城镇化发展和建设智慧城市这两大机遇，不断提升交通感知的智能化水平，推动政府关于交通信息资源的有序开发，形成公益服务和市场化增值服务两者相结合的交通信息资源开发利用机制，以此提高交通信息资源的综合应用能力。大力发展公交智能化管理和服务技术，持续改善和提高公众出行的智能化服务水平，满足公众出行的多样化、个性化和动态化交通服务需求。以综合交通枢纽的智能化管理和服务作为突破口，提升交通系统的整体运行效果。关注智能车辆技术的研发，发展智能车路协同技术，提高交通主动安全的水平。

（3）智能交通技术应用方面，利用智能交通技术可以减少交通污染，发展低碳和绿色交通，促进城市交通的可持续发展。在发展新能源汽车的同时，通过城市交通运行管理、智能化监测和智能化信号控制等智能交通技术来减少交通污染。

新技术的发展会极大地推动智能交通技术的发展，同时，智能交通技术开拓了个性化的移动服务，为大数据、云计算、新一代宽带技术、泛在网络等新一代技术提供应用环境，并提供广泛的市场空间，创造新型商业机会。未来，中国智能交通系统将在自主创新的同时，积极借鉴国际智能交通领域里的成功经验，开展广泛的国际合作交流。通过不懈的努力，我国的智能交通将会更加快速地发展，同时，智能交通也将为公众提供更加便捷、高效、绿色、安全的出行方式，创造更加美好的生活。

1.4　本　章　小　结

本章在阐述 ITS 重要意义的基础上，介绍了智能交通系统体系框架的定义、开发方法和过程。重点讲述了国内外 ITS 的产生、发展现状和研究内容，以及未来国内外

ITS 研究的发展趋势；美国、欧洲、日本及我国智能交通体系框架的基本情况，包括体系框架的用户服务、逻辑框架和物理框架。阐述了交通控制系统的意义和任务，梳理了从智能交通控制系统的发展历程到如今所面临的主要问题。最后，概述了智能交通控制系统的发展趋势。

思 考 题

1. 智能交通系统是在什么背景下产生的？其含义是什么？

2. 从美国、欧洲、日本的 ITS 发展过程中你受到了哪些启示？简述你对我国智能交通系统研究现状的看法。

3. 研究智能交通系统体系框架的意义和目的是什么？智能交通体系框架的组成部分有哪些？

4. 试比较美国、日本、欧洲和我国智能交通系统体系框架的特点以及组成。

第 2 章 智能交通系统关键技术

智能交通系统关键技术涉及多个领域,包括交通信息采集感知技术、数据存储与处理技术、交通信息网络传输技术、地理信息系统技术、车辆定位技术等,通过这些技术的综合应用,可以实现交通系统的智能化管理和服务,提高交通安全性、效率和舒适度。

2.1 交通信息采集感知技术

交通信息采集方法有人工记数法、摄影法、车辆检测器测定法、GPS 浮动车法、手机定位法、遥感图像处理等。可以归纳为非自动采集技术和自动采集技术两类。非自动采集技术不具备自动采集的功能,采集过程依赖人工操作,一般适用于做短期交通调查,不适用于实时交通信息采集。本章主要讲解交通信息自动采集技术,根据交通采集信息方式的不同,交通信息自动采集技术分为路基型交通信息采集技术、车基型交通信息采集技术、空基型交通信息采集技术。

2.1.1 路基型交通信息采集技术

目前实用的路基型交通信息采集技术有视频检测器、感应线圈检测器、超声波检测器、磁力检测器、红外线检测器、微波雷达检测器、道路管检测器、声学检测器等检测器法。

2.1.1.1 视频检测器

视频图像处理技术是将一段道路的交通状况摄成图像,并将原有的道路和路旁景物图像叠加在图像上而检测出交通流量和速度的新兴技术,它能够提供一段道路上的交通状况数据。一个典型的视频图像处理(Video Image Processor,简称 VIP)系统包括:一个或多个摄像机、一个基于微处理器的计算机(用于将图像进行数/模转换,处理图像)及软件系统(用于编译图像及由图像获得交通流数据)。一部 VIP 系统可实现多条车道的车辆检测，而且维修保养费用较低。有的 VIP 系统可处理由多个摄像机采集的信息。在大数据、基于深度学习的视频智能分析处理技术与视频图像信息采集不断融合的过程中，行业中出现了很多新的概念和术语，远远超越了传统视频监控的概念范畴。而且，这些概念和术语没有统一的说法，有时同一个概念会有不同的术语，在实际工作中经常会引起混淆。

因此，公安部科技信息化局正式批准发布了 GA/T1400 和 GA/T1399 两个系列共七项标准，分别为：

《公安视频图像信息应用系统　第 1 部分：通用技术要求》GA/T 1400.1—2017；

《公安视频图像信息应用系统　第 2 部分：应用平台技术要求》GA/T 1400.2—2017；

《公安视频图像信息应用系统　第 3 部分：数据库技术要求》GA/T 1400.3—2017；

《公安视频图像信息应用系统　第 4 部分：接口协议要求》GA/T 1400.4—2017；

《公安视频图像分析系统　第 1 部分：通用技术要求》GA/T 1399.1—2017；

《公安视频图像分析系统　第 2 部分：视频图像内容分析及描述技术要求》GA/T 1399.2—2017；

《公安视频图像分析系统　第 4 部分：视频图像检索技术要求》GA/T 1399.4—2023。

公安部科技信息化局对此进行了统一规范，提出了以下核心概念和术语。

1. 视频图像信息

视频图像信息是指视频片段、图像、与视频片段和图像相关的文件以及相关描述信息等统称为视频图像信息。

2. 视频图像信息对象

视频图像信息对象是指用面向对象方法描述的视频图像信息，包括视频片段、图像、与视频片段和图像相关的文件及其所包含的人员、车辆、物品、场景和视频图像标签等对象。视频片段、图像与视频片段和图像相关的文件等统称为视频图像信息对象，视频图像信息基本对象所包含的人员、车辆、物品、场景和视频图像标签等统称为视频图像信息语义属性对象，图 2-1 为自动采集的视频图像信息对象关系。

3. 视频图像信息对象特征属性

视频图像信息对象特征属性是指可用键-值对形式描述有关视频图像信息对象的

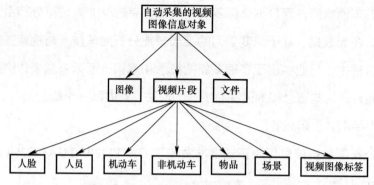

图 2-1 自动采集的视频图像信息对象关系

特定内容信息,一个视频图像信息对象可以包含多个特征属性。

4. 视频图像标签

视频图像标签是指按一定规则从视频片段、图像等视频图像信息基本对象中所采集的人员、车辆、物品等视频图像信息语义属性对象的种类、数量、运动行为及其相关的时空信息等。

5. 触发事件

触发事件是指导致在线视频图像信息采集设备/系统自动进行视频图像信息采集的因素,如地感线圈、雷达或视频方式触发事件、报警事件和智能视频分析事件等,一般具备时间、地点等属性,并会伴随进行相关的抓拍以及车牌识别等分析处理行为动作。

2.1.1.2 感应线圈检测器

感应线圈检测器是目前使用最为广泛的交通流量检测装置,为地埋型。它利用埋设在车道下的环形线圈对通过线圈或存在于线圈上的车辆引起电磁感应的变化进行处理而达到检测的目的。传统的感应线圈检测器能提供车辆通过、车辆出现、车辆计数及占有率等数据,对车辆计数等的检测精度也比较高。虽然感应线圈检测器不能直接测量车速,但其可通过两个线圈所形成的速度陷阱来测量车速,或只用一个线圈,同时应用算法(算法输入线圈有效长度、平均车辆长度、车辆经过线圈所用的时间及经过车辆的数目)来测量车速。由于其性价比较高,感应线圈检测器应用比较广泛。

2.1.1.3 超声波检测器

超声波检测器是通过接收由超声波发生器发射的超声波束和车辆反射的超声回波来检测车辆。它由车道上方的超声波探头向下发射一束超声波,车辆通过这些波束时,引起波束反射回发送部件,通过判断信号与原反射回波信号在时间上的差异来检测车辆数和车辆类型。超声波检测器为非地埋式安装，对流量、车速的检测精度高，在拥挤的混合城市交通状况下仍能保持很高的检测精度。

2.1.1.4 磁力检测器

磁力检测器通过检测磁场强度的异常来确定车辆出现，属于被动接收设备，采用地埋型安装。将高导磁材料绕上线圈，用绝缘管封装埋设在车道下面来感应车辆，当车辆靠近或通过线圈时，穿过线圈的磁场发生变化，这样就可以检测车辆的信息。对流量的检测精度较高。磁力检测器的优点是价格便宜，安装容易，特别是地磁检测器。

2.1.1.5 红外线检测器

红外线检测器包括主动式红外线检测器和被动式红外线检测器，采用非地埋式安装。在主动式红外线检测器中，激光二极管发射低能红外线照射检测区域，并经车辆的反射或散射返回检测器，用于测量车辆出行等交通参数。被动式红外线检测器本身不发射红外线，而是接收来自两个来源的红外线：红外线检测器检测范围内的车辆、路面及其他物体自身散发的红外线和它们反射的来自太阳的红外线。

2.1.1.6 微波雷达检测器

路旁安装的雷达有两种类型：连续波多普勒雷达和调频连续波雷达。微波雷达检测器可以通过发射不同的雷达波的波形获取交通参数。微波雷达传感器为非地埋式安装，可以安装在单车道中央的上方以检测该车道的交通参数，还可以在多车道道路的路边安装以便测量多条车道上车辆的交通参数。路旁安装、多检测区域的雷达传感器可提供多条车道交通流的交通参数，但其准确性要低于正上方安装的同种类型的雷达传感器，微波雷达工作原理如图2-2所示。

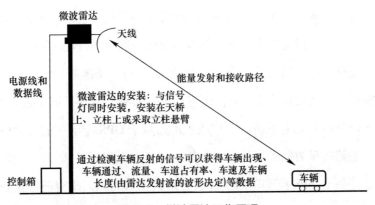

图2-2 微波雷达工作原理

2.1.1.7 道路管检测器

道路管检测器一般适用于交通量不大的短期交通数据采集。道路管检测器埋设在车道下方，沿道路横向布置，并将道路管连接到路旁的计数器上。其安装过程简单，但是会对交通流造成一定的干扰。

道路管检测器将橡胶管放置在路面上，当车辆驶过橡胶管时，橡胶管发出气压脉冲信号。这个气压脉冲信号使压力启动开关闭合，向计数器或分析软件发出一个电信号。交通量较高时，道路管检测器计数的准确度会下降。

2.1.1.8 声学检测器

声学检测器检测来自车辆内部和车辆轮胎与地面接触等多个来源的声音信号，可检测车辆通过、车辆出现及车速等交通参数。当车辆通过检测区域时，信号处理算法感知到声音能量的提高，产生车辆出现信号。当车辆驶离检测区域时，声音能量减少，低于检测器的检测阈值时，车辆出现信号消失。

2.1.2 车基型交通信息采集技术

车基型交通信息采集技术包括基于 GPS 浮动车的交通信息采集技术和基于手机无线定位的交通信息采集技术。

2.1.2.1 基于 GPS 浮动车的交通信息采集技术

随着全球定位系统（Global Positioning System，简称 GPS）在交通领域的深入推广应用，基于 GPS 自动车辆定位的路段行程时间采集方法等应运而生。

具体的方法是在车辆上装备 GPS 接收装置，以一定的采样时间间隔记录车辆的三维位置坐标和时间数据，这些数据传入计算机后与地理信息系统的电子地图结合，经过重叠分析计算出车辆的瞬时速度及通过特定路段的行程时间和行程速度指标。若给定的时段有多辆车经过特定路段，还可以得到该路段的平均行程时间和平均行程速度。

相比其他交通信息采集技术，基于 GPS 浮动车的交通信息采集技术不必进行道路设施的额外投资，并且数据采集区域范围基本不受限制。另外，近年来 GPS/GIS/无线通信技术在车辆监控与调度系统中的广泛应用为基于 GPS 浮动车的交通信息采集技术的实现提供了基础共享数据和系统基本框架，从而大大降低了系统开发及运行的成本。可见，目前进行基于 GPS 浮动车的交通信息采集技术的深入研究已经具备了比较充足的客观条件。

2.1.2.2 基于手机无线定位的交通信息采集技术

基于手机无线定位的交通信息采集技术是通过车辆内部的手机，利用无线定位技术探测车辆的位置，从而获得交通信息。除了可以采集行程时间和车速等交通信息，还可以进行出行 OD（Origination-Destination）数据的采集。

出行 OD 数据在交通中有着重要价值。OD 数据是用于交通需求分析、制订交通规划的重要基础信息，是反映出行需求空间分布的重要参数，交通分配模型也要求准确的 OD 数据矩阵作为输入。由于传统的居民出行调查和路边询问等调查方式存在较大局限性，在实际应用中很难获取高质量的 OD 数据，因此，传统的 OD 数据调查方式不能准确地反映交通出行的实际情况，不利于交通规划的合理制订。

基于手机无线定位的 OD 数据获取技术是近年来提出的新概念，即利用手机通信网络运营中已有的数据信息资源将其应用于交通领域中 OD 数据的获取。随着手机定位技术的出现以及手机用户的快速增长，基于手机定位技术的新的 OD 数据获取方法逐渐受到重视。其基本原理是对目标对象进行定位，通过连续追踪目标位置变化信息，在此基础上进行数据处理和建模分析，提炼出出行 OD 数据信息。以移动无线通信系统为例，处于待机状态的手机通过基站与手机通信网络保持联系，手机通信网络对手机所处的位置区（Location Area）信息进行记录。在用户拨打电话和接听电话时根据所记录的位置信息可通过呼叫路由选择找到手机，建立通话连接，将位置信息以数据库的形式存储在来访用户位置寄存器（VRL）中。当手机从一个位置区的信号覆盖区域穿越到达另一个位置区时，将发生位置更新（Location Update），VRL 中所记录的手机位置区数据也要更新成当前位置区的数据。手机在通信网络中位置区的变化间接地反映了手机用户在路网中位置的变化，通过建立通信网络中位置区与路网划分的交通小区之间的对应关系，可将位置区变化信息映射到交通小区，从而获取相应的 OD 数据。

同时，利用车辆上手机沿路基站发生切换（Handover）的信息，可估算出路段的行程车速。切换是指在通话过程中，为了保持通话的连续性，当手机的当前服务基站信号强度衰减到一定程度时，手机选择新的基站作为当前服务基站的过程。

手机无线定位方法系统框架如图 2-3 所示。其核心组成包括：

（1）基站，主要是定位测量设备（Location Measurement Unit，简称 LMU）；

（2）第三方交通信息采集公司，拥有通信服务器，安装有路段速度和行程时间计算软件，为交通共用信息平台提供数据；

（3）移动定位中心，拥有定位计算服务器，安装有基于到达时间（TOA）技术或增强测量时间差技术（E-OTD）或 GPS 辅助（A-GPS）技术等的手机定位计算软件，以及匿名抽取网络上手机用户信息的软件等。

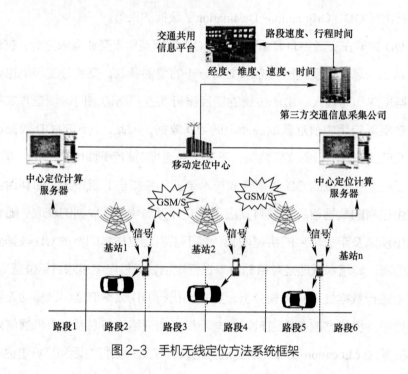

图 2-3 手机无线定位方法系统框架

应用手机无线定位技术采集交通数据，由于其投资小、覆盖范围广、海量数据等特点，受到国外交通机构的普遍关注。但是该方法由于涉及手机用户的隐私等问题，所以应用较少。

2.1.3 空基型交通信息采集技术

空基型交通信息采集技术的研究主要集中于遥感技术，它是通过高空摄影技术，捕捉地面发来的各种波段的光子形成不同种类的图像。遥感数据按数据出处可以分为遥感卫星数据、临近空间数据和航空数据。根据目前遥感技术应用于交通信息感知领域的发展形势和相关研究成果来看，从遥感图像中获取交通数据可以分为两种：一种是从遥感图像中自动或半自动提取道路信息，建立较大区域内的道路网；另一种应用是从遥感图像中获取交叉口排队长度、路段车流密度等具体数据。下文主要对基于遥感技术的道路图像提取技术和路段车流密度进行介绍。

随着航空航天技术的发展，遥感（Remote Sensing，RS）已经深入到国民经济的各个领域。广义理解,遥感泛指一切无接触的远距离探测,包括电磁场、力场、机械波(声波、地震波)等的探测。狭义的遥感是应用探测仪器,不与探测目标相接触,从远处把目标的电磁波特性记录下来,通过分析,揭示出物体的特征性质及其变化的综合性探测技术。

基于遥感影像交通参数的提取,本质上是利用传感器获得遥感数据反映地面交通,通过人机交互等途径,把遥感影像数据处理与影像目视判读结合起来,能够完成遥感影像中车辆目标的检出识别以及交通流信息提取,以确定交通参数。

随着遥感图像空间分辨率的提高,遥感图像中蕴含了丰富的地物信息。高分辨率遥感图像中道路上的车辆也成为越来越清晰的对象,这就提供了更多的交通信息,是交通规划与管理所需的交通流数据很好的来源。利用遥感图像提取道路上的车辆对象,可以测量路段车流密度,加上时间轴,还可以提取交通流量等数据。基于卫星影像交通流信息采集思路如图 2-4 所示。

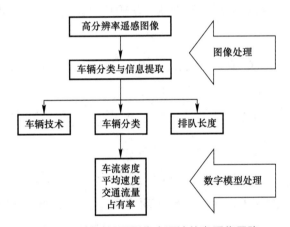

图 2-4 基于卫星影像交通流信息采集思路

基于遥感技术的路段车流密度提取技术流程如图 2-5 所示。

下文对基于遥感技术的路段交通密度提取技术的关键环节进行简单介绍。

1. 车辆的提取

从遥感图像中取得的关于道路位置和方向的先验信息,位置精度约 2m。路边各道路的位置都不包含在数据库中。因此,道路宽度需要通过车道的数量或是各路段平均宽度这些特性来估计。所产生的 ROI 仅被看作是真实道路区域的一种近似值。线提取通过应用 steger 的微分几何方法得以实现。该算法主要是基于第二衍生图像的理论计

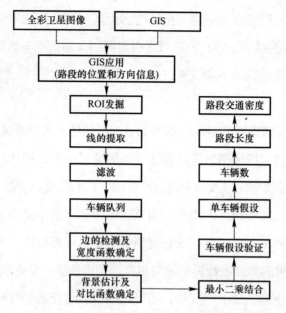

图 2-5 基于遥感技术的路段交通密度提取技术流程

算,即像函数的曲率。线提取过程的参数与车辆几何参数(车辆宽度:ω)和开放性测量(路的期望对比:c)保持一致。

因此,先提取所必需的输入参数 σ、t_L 和 t_H 可以按照下列公式计算:

$$\sigma=\frac{\omega}{2\sqrt{3}} \quad t=c\frac{-\omega}{\sqrt{2\pi\sigma^3}}\mathrm{e}^{-\frac{1}{2}\left(\frac{\omega}{2\sigma}\right)^2}=c\frac{-\sqrt{6}\cdot 12}{\sqrt{\pi}\cdot\omega^2}\mathrm{e}^{-\frac{3}{2}}=c\cdot a \qquad (2-1)$$

$$t_L=c_L\cdot a \qquad (2-2)$$

$$t_H=c_H\cdot a \qquad (2-3)$$

σ 定义了初步平滑因子,可以由最大期望宽度(如 2.5m)计算得到。t_H 和 t_L 为定义在像函数的每个点上的第二偏导数的迟滞闭值。如果值超出 t_H 一个点,就立刻被接受为一个线点。所有的二阶微分小于 t_L 的点将被拒绝。二阶微分介于 t_L 和 t_H 之间的点如果能和已经被接受的点连接起来的话也将被接受。为了实现最初的假设,关于 c_L(可被接受的最小反差值)和 c_H(可被明确接受的队列反差值)参数的选择是非常宽松的。

此外,由面向路段的定向矩形作为特定构建元素的图像形态学滤波支持线提取算法。明亮的灯光会造成很多虚假假设,不严格的参数设置导致了大量的虚假假设,但也返回了车辆队列大部分很具有可能性的假设。但是,由于线提取需要车与路面之间的最小反差值，灰色车辆不能够被可靠地提取出来，因为它们很难从它们周围的环境中显现出来。

亮线与暗线分别被提取。如果它们满足一些距离和共线的标准，则它们是相关的。在本章的方法中，最大距离不能超过一个车的长度。此外，应时刻注意平行线的合并可能导致显著的位置错误，因此必须避免。最后的处理步骤包括由多边形近似进行几何平滑，重新采样和测试生产的所有线条结果，指的是具有最小长度阈值和一个与道路不同方向上限的线条。

2. 路段长度的计算方法

路段长度计算示意图如图 2-6 所示。

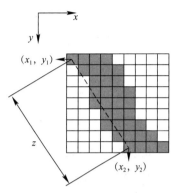

图 2-6 路段长度计算示意图

图 2-6 中各栅格代表图像像素，灰色栅格为路面，取路段同侧边缘两个点，坐标分别是 (x_1, y_1) 和 (x_2, y_2)，单位均是像素数。则以像素数表示的路段长度为 $z = \sqrt{(x_1 - x_2)^2 + (y_1 - y_2)^2}$，再换算成长度单位米，则有路段长度：

$$l = zf = f\sqrt{(x_1 - x_2)^2 + (y_1 - y_2)^2} \tag{2-4}$$

式中　f——遥感图像空间分辨率。

3. 路段交通密度的确定方法

设路段单向车道数为 lane，则路段交通密度 k 为：

$$k = \frac{n}{2l \times lane} \tag{2-5}$$

式中　n——通过单幅遥感图像提取的路段车辆数（辆）。

根据上述的路段密度确定方法，当某一路段 k 值较大时可以认为该路段有堵塞发生。

2.2　数据存储与处理技术

2.2.1　数据库与储存

2.2.1.1　概述

数据的结构越来越复杂，如何管理这些数据就成为一个极其重要的问题。数据管理是指对数据进行组织、存储、检索、更新和维护等工作，它是数据处理的核心。高效的组织方式、存储结构、检索手段和安全措施是数据管理研究的主要内容。

由于数据库中存储的数据量大,又被多个用户共享使用,因此必须有一套专门的软件来管理数据库,同时负责数据库的建立、数据结构的定义、数据库中数据的更新和查询、多个用户并发访问数据库时的事务调度,并进行安全性和完整性检查,以及系统性能的监测、数据库的转储和故障后的恢复等。完成这些任务的软件就被称为数据库管理系统(Data Base Management System,DBMS)。简言之,数据库管理系统就是一套用于建立、管理和维护数据库的软件。

数据库系统就是指引入了数据库管理系统,具有管理数据库能力的计算机系统。因此数据库系统实际上包括了计算机硬件、操作系统、数据库管理系统、数据库和在数据库管理系统基础上开发的各种应用软件。

2.2.1.2 数据库系统的体系结构

20世纪70年代初,由美国国家标准局(ANSI)组建了数据库管理系统研究小组,开展了数据库系统的标准化工作,并于1975年提出了将数据库划分为三级(外部级、概念级和内部级)的标准化建议,数据库系统结构如图2-7所示。

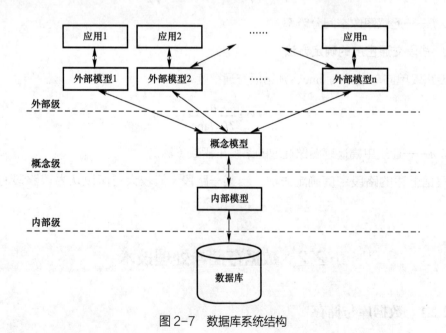

图2-7 数据库系统结构

外部级是数据库系统的用户级。一般来说,大多数用户只对数据库的某部分感兴趣。外部级就是用于定义与用户有关的数据库中部分数据的局部逻辑结构。这个局部的逻辑结构被称为数据库的外部视图。一个数据库可以对应于多个外部视图，各个外部视图互不相同，但允许相互交叉重叠，以起到共享数据的目的。

概念级用于描述数据库的全局逻辑结构，这种结构被称为概念视图。它包括所有数据及相互联系的描述。仅仅从数据结构上看，概念视图是所有外部视图的并集。

内部级是为了提高数据库的物理独立性而设立的。在概念级中，不涉及数据的任何存储特征。有关存储结构的定义，仅在内部级中予以描述，并称为内部视图。内部视图包括存储字段的说明，存储记录的顺序、索引、散列编址、指针等其他有关存储的细节。

2.2.1.3 常见的数据库管理

目前，商品化的数据库管理系统以关系型数据库为主导产品，技术比较成熟。面向对象的数据库管理系统虽然技术先进，数据库易于开发、维护，但尚未有成熟的产品。国际国内的主流关系型数据库管理系统有 SQL Server、Oracle、SYBASE、DB2、INFORMIX，主流关系型数据库管理系统对比如表2-1所示。

2.2.1.4 数据库的特点

数据库技术是由文件系统发展起来的一种新型的数据管理技术，它为用户提供了更广泛的数据共享。为应用程序提供了更高的数据独立性，进一步减少了数据的冗余，提供了方便的用户接口，因而获得了广泛的应用。下文从数据库与文件系统的区别角度，讨论数据库的特点，以便理解数据库在数据管理技术中所起的重要作用。

（1）复杂的数据结构

在文件系统中，文件通常看成是相同格式的等长记录的集合，且记录与记录之间无任何联系。这样的数据结构形式在实际应用中会浪费大量的存储空间，同时也存在其他的问题。在数据库系统中，由于其可以存储复杂的数据结构和不同格式、不同长度的记录，且记录之间可以有联系，会节省很大的空间，同时增加了人们组织数据的灵活性，提高了描述现实世界的能力，这是数据库与文件系统之间的最根本的区别之一。

（2）面向数据组织数据

数据库系统具有表达复杂数据结构的能力，使得人们不再面向单个应用组织数据，而是从整体角度出发来组织数据。

表 2-1 主流关系型数据库管理系统对比

	SQL Server	Oracle	SYBASE	DB2	INFORMIX
性能	保持了多项 TPC-C 纪录	性能最高，保持 Windows NT 下的 TPC-D 和 TPC-C 的世界纪录	性能较高，支持 Sun、IBM、HP、Compaq 和 Veritas 的集群设备的特性，实现高可用性；性能接近于 SQL Server，但在 UNIX 平台下的并发性要优于 SQL Server，适应于安全性要求极高的系统	适用于数据仓库和在线实务处理，性能较高，客户端支持、可应用	性能较高，支持集群，实现高可用性，适用于安全性要求极高的系统，尤其是银行、证券系统
可伸缩性及并行性	在 Microsoft Advanced Servers 上有突出的表现，超过了它的主要竞争对手	并行服务器通过使一组结点共享同一簇中的工作来扩展 Window NT 的能力，提供高可用性和高伸缩性的簇的解决方案；如果 Windows NT 不能满足需要，用户可以把数据库移到 UNIX 中，具有很好的伸缩性；Oracle 的并行服务器对各种 UNIX 平台的集群机制都有着相当高的集成度	具有较好的并行性，速度快，对巨量数据无明显影响，但是技术实现复杂，需要程序支持，伸缩性有限	具有很好的并行性，伸缩性有限	采用单进程多线程的技术，具有较好的并行性，但是仅运行于 UNIX 平台，伸缩性有限
安全性	安全性有了极大的提高	获得最高认证级别的 ISO 标准认证	通过 Sun 公司 J2EE 认证测试，获得最高认证级别的 ISO 标准认证	获得最高认证级别的 ISO 标准认证	获得最高认证级别的 ISO 标准认证
操作	操作简单，采用图形界面；管理也很方便，而且编程接口特别友好（它的 SQL-DMO 让编程变得非常方便）；从易维护性和价格上来看，SQL Server 明显占有优势	较复杂，同时提供 GUI 和命令行，在 Windows NT、UNIX、LINUX 下操作相同，对数据库管理人员要求较高	复杂，使用命令行操作，对数据库管理人员要求较高，同时提供 GUI 和命令行，但 GUI 较差，常常无法及时更新状态，建议使用命令行	操作简单，同时提供 GUI 和命令行，在 Windows NT 和 UNIX 下操作相同	使用和管理复杂，命令行操作，对数据库管理人员要求较高

续表

	SQL Server	Oracle	SYBASE	DB2	INFORMIX
使用风险	安全稳定性有了明显的提高	得到了广泛应用，风险极小，可以安全地进行数据库的升级，在企业、政府中得到了广泛的应用	开发时间较长，升级较复杂，稳定性较好，数据安全有保障，风险小；在安全要求极高的银行、证券行业中得到了广泛应用	在巨型企业得到广泛的应用，向下兼容性好，风险小	稳定性较好，数据安全有保障，风险小，在安全要求极高的银行、证券行业中得到了广泛应用
开放性	只能在 Windows 上运行，C/S 结构，没有丝毫的开放性	能在所有主流平台上运行（包括 Windows），完全支持所有的工业标准，采用完全开放策略	能在所有主流平台上运行，C/S 结构	能在所有主流平台上运行（包括 Windows），有较好的开放性，最适于海量数据	仅运行在 UNIX 平台
易维护性和价格	易维护性高，价格低	易维护性高，价格高，管理复杂，性价比高	价格低，管理费用高	价格高，管理费用高	价格适中，管理费用高
数据库二次开发应用	数据库的二次开发工具很多，包括 Visual C++、Visual Basic 等，可以实现很好的 Windows 应用，开发容易	数据库的二次开发工具很多，涵盖了数据库开发的各个阶段，开发容易	开发工具较少，经验丰富的人员很少	在国外巨型企业得到广泛的应用，在中国经验丰富的人员很少	在银行业中得到广泛的应用，但是在中国经验丰富的人员很少

（3）数据共享

数据库系统采用面向数据组织数据的方法，例如，在处理一个企业的信息时，各部门可以仅仅使用数据库中与它相关的那部分数据，而数据库中存储的是这个企业的全部信息，这样就可以达到数据共享的目的。

同时，数据库技术还具有以下优点。

（1）统一的数据控制

由于数据库强调共享，即多个用户可以同时访问数据库中的数据，因而数据库管理系统要提供一种统一的数据控制手段，以保证数据的安全性、完整性和并发一致性。

（2）减少了数据的冗余度

在文件系统中，每个应用对应有自己的文件，造成了存储数据上的大量重复，这不但造成存储空间的浪费，也给数据更新带来许多困难。在数据库中由于能够共享使用数据，每个数据只需存储一次，避免了大量的数据冗余存储。

（3）避免了某种程度的数据不一致性

避免数据不一致性，是减少数据冗余的必然结果。在文件系统中，相同数据存储于多处，若其中一处被修改，很难将其他几处的数据进行同时修改，就可能给用户提供错误甚至是相互矛盾的信息，这就是数据不一致性。如果消除了所有的冗余，那么数据不一致性就不会存在。不过，数据库虽然可以减少冗余，但并不能完全消除冗余，因此这就要求数据库管理系统能够在修改数据时，自动修改另外几处的数据。

（4）数据独立性

数据独立性有两层含义：物理独立性和逻辑独立性。当存储结构改变时，应用程序可以不加修改照样运行，这就是数据的物理独立性。同样，当数据库的概念视图发生修改，可以通过修改外部/概念层映射的方法，保证外部视图不变，应用程序同样可以不用修改，这就是数据的逻辑独立性。数据库技术为数据处理提供了较高的数据独立性，提高了应用程序的生命力，节省了当数据库的存储结构甚至逻辑结构改变了的情况下，维护应用程序所需的大量开销。

2.2.1.5 数据库的分类

数据库系统并不是只以一种形式出现。目前已经开发出多种类型的数据库系统，主要有分布式数据库系统、实时数据库系统、容错数据库系统、安全数据库系统等。

1. 分布式数据库系统

分布式数据库系统并非单纯意味着数据是分布的，分布式数据库系统的定义也意味着它结合了知识、动作、以及对组成分布式计算机系统的分布式部件的控制。大多数分布式数据库系统被用来减轻和分配企业的工作负担，或者使数据处理功能更靠近完成该功能的物理网点。这样做的目的不是单纯转移数据实际功能或分布其计算，而是为了让用户看不到"分布"。

2. 实时数据库系统

实时数据库系统不单是一个速度快的系统。实时是指操作系统和与其交互的现实世界之间的时态交互。实时数据库系统可能是集中式、分布式或混合式的。实时数据库系统的显著特征是它在操作的各方面都用到时间。

3. 容错数据库系统

容错数据库系统是指一个系统遇到硬件和软件部件故障时，还能够保持某种设计好的服务等级。容错数据库系统与实时数据库系统有一些相似的特征。容错数据库系统必须先进行分析，描绘出系统中所有可能的出错点，并设计出系统检测、修正和从错误中恢复的方法。所有这些功能应尽量减少对运行中的应用的影响。

4. 安全数据库系统

安全数据库系统是指在一个系统中，用户和应用何时及在多大范围内能完成何种操作都是可控制的。为了提供这种服务，数据库系统必须定义访问权限，并检查试图访问数报的用户是否具有这些权限。安全不限于这种简单的访问授权，它还包括更详细的安全检查。人们可能希望限制用户只经过查找一些无关联的数据就能进一步推断出其他信息的能力。或者，人们可能需要提供对数据各个部分和数据间联系的详细控制。

5. 异构数据库系统

异构数据库系统是指由多个各不相同的子系统组成的系统。比如每个公司的各个部门都有自己的数据处理需求，每个部门的计算机系统的硬件和软件可能也不同，如果要求这些不同的系统进行交互，就必须用一些通信媒质将它们连接起来，这样的系统就是一个异构数据库系统。异构数据库系统的基本问题涉及最底层的硬件数据表示。

6. 多媒体数据库系统

高性能计算、大容量数据存储能力的发展，以及国家信息基础设施（信息高速公路）的规划，将促进多媒体数据库系统的使用和发展。多媒体数据库系统使用各种数据源，如图像、视频、语音、声音和文本等，并将其结合到应用和产品中。这些复杂的数据源应便于被计算系统访问，并且数据表示应便于被交叉使用。为了支持交互的用户应用，多媒体数据库系统要求信息存取和表示是同步进行和实时存取的。多媒体数据库系统将实时数据库的需求和交互式图形系统的需求结合起来。

2.2.2 数据处理技术

智能交通信息的巨量性、多源异构性、层次性及交通状态的复杂性，使得经验式的传统统计处理方法难以应对，因此需要用智能化的方法进行自动处理和辅助决策。智能交通信息处理技术是通过借助近年来迅速发展的信息融合与数据挖掘技术等，采用新的思路和方法对智能交通信息进行处理的技术，其结果能够便于相关部门及时做出交通决策从而使智能交通系统更加准确高效地运行。

智能交通信息处理流程如图 2-8 所示。

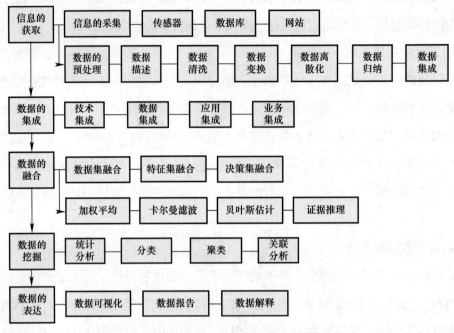

图 2-8 智能交通信息处理流程

2.2.2.1 数据预处理

数据预处理是指在主要的处理以前对所收集的数据进行审核、筛选、排序等必要的处理。现实世界的数据一般都是不完备的,无法直接用于数据的挖掘,一般包含以下几个问题:

(1) 不完整,缺少属性值或某些感兴趣的属性,或仅包含聚集数据;

(2) 含噪声,数据中存在错误或异常(偏离期望值)的数据,数据采集设备有问题;

(3) 不一致,数据内涵出现不一致情况,或由于命名规则或数据代码不同而引起的不一致;

(4) 冗余,重复数据,或属性之间可以互相导出;

(5) 数据维度过高。

高质量的决策必须依赖高质量的数据,数据仓库需要对高质量的数据进行一致的集成。因此,没有高质量的数据就没有高质量的挖掘结果。而通过数据预处理,可以改进数据的质量,有助于提高其后决策的精度和性能,检测异常数据,尽早地调整数据并归约待分析的数据，从而在决策过程中得到高回报。统计发现，在整个数据挖掘过程中，数据预处理要花费 60% 左右的时间，而后的挖掘工作仅占总工作量的 10% 左右。对数据进行预处理。不但可以节约大量的空间和时间，而且得到的挖掘结果能更好地起到决策和预测作用。数据预处理如图 2-9 所示，主要包括数据描述、数据清洗、数据变换、数据离散化、数据集成、数据归约等内容。

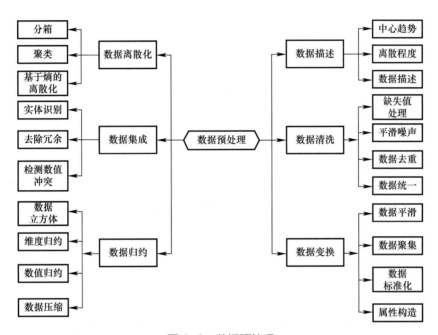

图 2-9　数据预处理

2.2.2.2　数据挖掘

数据挖掘的主要目的是发掘数据中的隐含规律，通过分析、预测发现事物未来的发展趋势，对问题的决策提供参考。所以数据挖掘发现的知识都是相对的，并且对特定的行为才有指导意义，所以数据挖掘应该结合应用背景，对结果进行合理的解释。数据挖掘结果具有非平凡性、隐含性、新奇性和价值性，蕴含丰富的内涵。数据挖掘结果的非平凡性，是指所挖掘出来的知识是不简单、非常识的知识。数据挖掘结果的隐含性是指，数据挖掘旨在发现深藏在数据内部的知识，而不是那些直接浮现在数据表面的信息。数据挖掘结果的新奇性是指，挖掘出来的知识是以前未知的，不是验证经验，而是新生具有创造性的发现。数据挖掘结果的价值性，是指挖掘的结果能够指导实际，具有实际用途，带来直接的或间接的效益。

数据挖掘主要有两大类主要任务：分类预测型任务和描述型任务。

分类预测型任务从已知的已分类的数据中学习模型，并对新的未知分类的数据使用该模型进行解释，得到这些数据的分类。根据类标签的不同，分类预测型任务分为分类任务和预测任务。如果类标签是离散的类别，称为分类任务；如果类标签是连续的数值，称为预测任务。

典型的分类预测型任务如下：

（1）给出一个驾驶员的驾驶行为特征，判断是否会违章；

（2）给出地铁进站人数的时空规律，判断车站是否需要限流；

（3）给出一辆车的故障表现，判断其可能发生故障的零件；

（4）给出地磁传感器的车辆信号，判断其车型。

描述型任务根据给定数据集中数据内部的固有联系，生成对数据集中数据关系或账本数据集的概要描述，主要包括聚类、摘要、依赖分析等几种子任务。聚类任务把没有预定义类别的数据划分成几个合理的类别，摘要任务针对数据集高度浓缩的子集进行描述，依赖分析任务发现数据项之间的关系。典型的描述型任务如下：

（1）给出一组车辆事故数据，将事故分为几个相似致因的类别；

（2）给出一组车辆事故与天气数据，分析这些事故的发生与天气状况之间是否存在某些联系。

数据挖掘效果的好坏，主要依赖于其评分函数。人们在经典的启发式搜索算法中引入评分函数的概念，但它的构造都是和所要解决的问题本身密切相关。建立或构建评分函数是数据挖掘方法应用的关键之一。

例如 $Y = aX + b$ 就是一种模型结构，其中 a 和 b 是参数。如果确定了模型或者模式结构，就必须根据数据评价不同的参数设定，以便能够选择出一个好的参数集，采用最小平方原理从不同的参数值中选取最优的参数。包括寻找参数 a 和 b 的值使得函数 Y 的预测值与实际观察值之间的差异平方和最小化。在这个例子中，评分函数就是模型的预测值与实际观察值之间的差异平方和。对于预测型问题，重复交叉验证在实践中或许是适合大部分有限数据情形的评估方法。

下面介绍 4 种数据挖掘常用算法：

（1）决策树算法

决策树也被称作判定树。决策树分类器是一种常用于分类和预测的树结构分类器，它具有可解释性良好、分类速度快、分类性能优越等优点。决策树学习是以实例为基础的归纳学习算法,着眼于从一组无次序、无规则的实例中推理出决策树表示形式的分类规则,它采用自顶向下的递归方式。在决策树的内部结点进行属性值的比较并根据不同属性判断从该结点向下的分支,从而在决策树的叶结点得到结论。

一棵决策树的基本组成部分一般包含一个根结点、若干个内部结点和若干个叶结点其中每个内部结点对应着对某一属性进行的一次测试,每条边对应着一个测试结果,叶结点对应着某个类或类的分布。每个叶结点包含的样本集合根据属性测试的结果被划分到子结点中,而根结点包含样本全集。从根结点到每个叶结点的路径对应了一个测试判定序列,整棵树就对应着一组析取表达式规则。决策学习的目的是力图产生一棵泛化能力强,即处理未见示例能力强的决策树,基本流程遵循简单直观的"分而治之"策略。图 2-10 所示为识别交通状况时对交通数据进行分类的决策树,使用它可以对当前交通状况(阻塞/均衡)进行分类和预测。

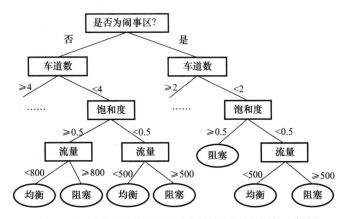

图 2-10 识别交通状况时对交通数据进行分类的决策树

(2)K-means 算法

K-means 是一种无监督的聚类算法,也是最经典的聚类算法之一。该算法由于效率高,所以在对大规模数据进行聚类时被广泛应用。目前,许多算法均围绕该算法进行扩展和改进。K-means 算法的目标是,以 K 为参数,把 n 个对象分成 K 个簇。使簇内具有较高的相似度,而簇间的相似度较低。K-means 算法有诸多优点:简单直接(体现在逻辑思路及实现难度上)。易于理解,在低维数据集上有不错的效果(简单的算法不见得就不能得到优秀的效果)。但该算法也存在缺点,即对于高维数据(如上千维),其计算速度十分慢,主要是慢在计算距离上(参考欧几里得距离)。它的另外一个缺点就是,它需要设定希望得到的聚类数 K。若对数据没有很好的理解,那么设置 K 值就成了一种估计性的工作。

(3) SVM算法

支持向量机,一般简称 SVM,通俗来讲它是一种二类分类模型,其基本模型定义为特征空间上的间隔最大的线性分类器,其学习策略便是间隔最大化,最终可转化为一个凸二次规划问题的求解。SVM 通过寻求结构化风险最小来提高学习机泛化能力,实现经验风险和置信范围的最小化,从而达到在统计样本量较少的情况下,亦能获得良好统计规律的目的。

以二维平面为例,如图 2-11 所示,平面上有两种不同的数据。由于这些数据是线性可分的,所以可以用一条直线将这两类数据分开,这条直线就相当于一个超平面,超平面一边的数据点所对应的 y 全是 -1,另一边所对应的 y 全是 1。

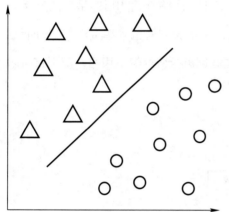

图 2-11 二维空间使用超平面进行分类

这个超平面可以用分类函数 $f(x) = w^T + b$ 表示,w 为法向量,b 为直线方程的截距。当 $f(x) = 0$ 时,x 是位于超平面上的数据点,而满足 $f(x) > 0$ 的点对应 $y = 1$ 的数据点,满足 $f(x) < 0$ 的点对应的 $y = -1$ 数据点。即在进行分类的时候,遇到一个新的数据点 x,将 x 代入 $f(x)$ 中,若 $f(x) < 0$,则将 x 的类别赋为 -1,若 $f(x) > 0$,则将 x 的类别赋为 1。用分类函数表示的超平面分类示意图如图 2-12 所示。

从直观上而言,在二维空间中这个超平面应该是最适合分开两类数据的直线,而判定"最适合"的标准就是,这条直线离直线两边的样本的间隔最大,所以应当寻找有最大间隔的超平面。

(4) 人工神经网络

人工神经网络(或称"神经网络")分类器是

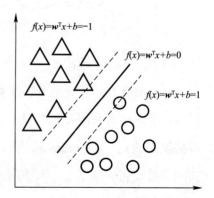

图 2-12 用分类函数表示的超平面分类示意图

非常典型的非线性分类器，它的结构和原理基本是模仿人脑神经元网络的组织结构和工作机理的，它模仿了人脑的某些基本特征，但并不是对人脑神经网络的真实再现，因此这种抽象、简化的网络结构被称为人工神经网络。目前，人工神经网络已经是一个相当大的、多学科交叉的学科领域。各相关学科对人工神经网络的定义多种多样，这里采用目前使用最为广泛的一种，即1988年由Kohonen提出的"神经网络是由具有适应性的简单单元组成的广泛并行互连的网络，它的组织能够模拟生物神经系统对真实世界物体所做出的交互反应"。尽管蓬勃发展的人工神经网络已经有很多类型。但其基本单元——神经元的结构是基本相同的。神经元即上述定义中的"简单单元"。

在生物神经网络中，每个神经元与其他神经元相连。当它"兴奋"时，就会向与之相连的神经元发送一定化学物质，从而改变这些神经元的内在电位。当某神经元电位超过一个阈值时，它就会被激活并继续向与其相连的其他神经元发送化学物质来传递这种"兴奋"。人工神经元模型是对生物神经元从数学角度进行抽象和模拟的产物，图2-13所示是人工神经元模型图，它由模拟生物神经元的细胞体、树突、轴突、突触等主要部分构成。其中，$x_1 \sim x_n$为从其他神经元传入的输入信号，$w_1 \sim w_n$分别为传入信号的权重。

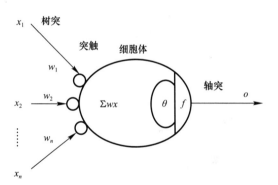

图2-13 人工神经元模型图

2.3 交通信息网络传输技术

智能交通系统的出现主要是为缓和道路拥挤和堵塞，减少交通事故，运用当代电子技术、计算机技术、信息与通信技术，提高交通参与者（交通出行者、交通管理者）在交通系统中的主观能动性；在交通管理中运用高新技术和装置，延伸人的智慧和能力。没有先进的通信技术，就没有先进的智能交通系统。因此，通信技术在交通信息采集、处理、提供及应用中具有重要作用。

2.3.1 调频广播通信

调频广播是以调频方式进行音频信号传输的,调频波的载波随着音频调制信号的变化而在载波中心频率(未调制以前的中心频率)两边变化,每秒钟的频偏变化次数和音频信号的调制频率一致,如音频信号的频率为1kHz,则载波的频偏变化次数也为每秒一千次。频偏的大小随音频信号的振幅大小而定。

调频广播是高频振荡频率随音频信号幅度而变化的广播技术。具有抗干扰力强、失真小、设备利用率高等优点,但所占频带宽,因此常工作于甚高频段。

由交通运输部门与广播电台联合打造的调频广播台不是传统意义的广播,而是跨行业,利用"多路段、差异化、定制化插播"技术,实现基于智能位置信息的差异化信息服务,是对普通调频同步广播系统的创新应用。它具有紧急广播和数据推送功能,可全面提升现有道路网络的信息服务水平和效率,提高应对公路突发事件和应急处置能力。

随着社会经济的发展,调频广播在交通领域逐渐获得了广泛的应用,目前许多国家的城市都在自己的市区范围内建立起了以交通行业为主要服务目标的交通广播台,并获得了一定的发展。向出行者和驾驶员提供实时的交通信息是智能交通系统的主要服务功能之一。

另外,数字音频广播、数字调频技术、数字卫星广播技术近年来也获得了一定的发展。在未来的智能交通系统中,它们将会成为有效、经济的信息服务手段。

2.3.2 无线寻呼

无线寻呼是通过公用电话网和无线寻呼系统来实现的。无线寻呼系统通常是由一个控制中心(寻呼台)、一个或数个无线电发射基站及持有无线电寻呼接收机的用户组成传统的无线寻呼通常是局部范围内的单向寻呼,服务功能和范围比较狭窄,因此在智能交通系统领域中并没有获得很大的应用。然而,随着通信技术的发展,无线寻呼也出现了多种新技术,如高速寻呼技术、双向寻呼技术、广域联网寻呼技术等,无线寻呼正逐步成为向用户提供多种功能的信息载体,向多方面的信息领域延伸,从而也拓展了无线寻呼在智能交通系统领域中的应用范围。

无线寻呼作为一种信息发布手段,主要可以用于智能交通系统中的如下领域:

(1)个性化交通信息的提供。用户可以通过多种途径(电话或网络)向寻呼中心提交自己的请求，预订自己所需的信息，寻呼中心通过交通信息网站获得信息，在特定的时刻向用户提供他们所需要的交通信息。

（2）货物运输信息管理。公司总部可以通过广域寻呼网向位于全国各地的公司所辖运输车辆提供货物信息，合理组织公司货运资源。与移动通信相比，这是一种比较经济的信息提供手段。

（3）增值服务。通过软件的设计，寻呼系统还可能用于实现加油付费、自动售货支付等业务和功能。

2.3.3 移动通信

1. 公众移动通信网的应用

CDPD、GPRS、CDMA是近年来逐步发展成熟的数据通信技术，其中CDPD只能用于数据通信，由于其本身的一些限制，很难在全球范围内获得广泛的应用。下面主要介绍GPRS在智能交通系统中的应用。

（1）用作信息查询及发布的工具。GPRS可覆盖目前GSM的短消息服务，并且可以提供比GSM速度更快、内容更多的短消息服务功能，可以方便地实现与Web网络的互联，因此可以向使用者提供丰富的交通信息查询、发布服务。

用户利用GPRS终端（主要是手持电话）可以方便地接入Web网络，提交自己的交通信息需求或者进行交通信息的查询。包括文字信息的查询及视频查看等。

（2）用作数据传输的途径。由于GPRS的高速数据传输能力及较快的网络接入速度，GPRS不仅支持频繁的、数据量小的突发型数据业务，而且支持数据量大的业务。因此可以用作道路数据采集后向交通中心传输的途径，甚至可以用作各个管理中心之间实时数据的传输途径。

（3）用作调度指挥的手段。GPRS既可以作为语音传输的通道，也可以作为数据传输的通道，因此，它可以方便地实现移动体（车辆驾驶员）与控制中心的话务、数据连接。

此外，GPRS根据流量计费并且实时在线，对用户的使用非常有利，因此可以完成调度控制中心对自己所辖车辆的调度指挥功能，兼以实现车辆导航功能。例如，集成GPRS和GPS的公共交通调度指挥系统可以方便地实现公交车辆的定位和及时准确地调度管理，从而有效提高公共交通系统的运行效率。

除以上所提到的应用领域外，由于 GPRS 的性能特点及广阔的覆盖范围，它将会越来越多地应用到智能交通系统中的多个领域。

2. 集群通信系统的应用

集群通信系统就是一个无线调度系统，可以在交通管理、指挥调度和监督等领域发挥重要作用。

2.3.4 专用短程通信系统

这里重点介绍它在智能交通系统的一些子系统中的重要应用。

1. 电子收费系统

电子收费系统是指将先进的电子技术、通信技术、计算机网络技术等应用到传统的路桥停车场等的收费过程中，自动地接收发送有关支付通行费用的信息，从而实现高效、安全、准确的收费目的的系统。电子收费系统中利用的局部路车间通信技术主要就是专用短程通信技术。

目前，电子收费系统是专用短程通信的一个最主要的应用领域，也是最早开始大规模使用专用短程通信系统的智能交通系统领域。时至今日，在世界各地已经存在许多个比较成功的电子收费系统。

2. 车辆定位与导航系统

专用短程通信技术与有/无线通信技术相结合，可实现车辆定位和实时、准确的信息传输功能。出行者在出行前通过各种个人终端（如个人计算机、手机等）向控制中心提交自己出行的出发地和目的地，控制中心可根据实时道路交通信息规划出行者出行时的最佳行驶路径，并且通过有线通信网络（或无线通信网络）将导航信息传给路旁单元。当装有车载单元的车辆通过路口或关键路段中的路旁信标装置时，路旁单元读取车辆的信息，并且向车辆提供路径导航信息，从而获得车辆的位置信息。路旁单元将获得的信息（如车辆 ID、车辆通过该点时刻、该点 ID 等）通过通信系统传给控制中心，控制中心根据车辆运行状况计算路段交通特征并实时更新数据库。

3. 其他应用领域

其他应用领域包括：停车场收费管理系统、匝道控制系统、交叉口公交优先信号控制系统、高速公路监控及紧急事件处理系统、特殊车辆的管理。

除上述提到的一些领域以外，专用短程通信系统还可被应用到道路交通信息提供、车辆监管及防盗、安全行驶辅助、商用车辆运营等领域。随着专用短程通信技术的不断完善，越来越多的国家开始把专用短程通信运用到更多的交通系统中去。

2.3.5 LTE-V 移动通信技术

LTE-V 是实现 V2X（Vehicle to Everything）的两大技术阵营之一，它主要由国内企业（包括大唐、华为等）推动，另一大阵营是美国主导的 IEEE 802.11p（DSRC）。

LTE-V 是面向智能交通和车联网应用、基于 4G LTE 系统的演进技术，包括 LTE-V-Cell 和 LTE-V-Direct 两个工作模式。通俗来说，LTE-V-Cell 要借助已有的蜂窝网络，支持大带宽、大覆盖通信，满足 Telematics 应用需求；LTE-V-Direct 可以独立于蜂窝网络，实现车辆与周边环境节点低时延、高可靠的直接通信，满足行车安全需求。

需要特别指出的是，LTE-V-Direct 模式能够将车辆感知范围扩展到数百米的探测距离，这与目前已有的其他车辆感知系统如雷达、光学摄像头的探测范围相比有很大优势。多种探测手段相结合，借助融合信息处理技术，能够有效提升行车安全和交通效率问题。

2.3.6 蜂窝网络在车联网中的应用

在车联网发展过程中，无线通信技术对车联网通信的发展及演进起着基石性的关键作用。在车载终端急速增加、车辆通信需求不断增强的物联网时代，如何在高密度场景下满足车辆通信的低时延、高可靠性、高传输速率、高容量等需求，是无线通信网络面临的关键挑战。

车联网是车与一切事物相联的网络（Vehicle to Everything，V2X），利用车载电子传感装置，通过移动通信技术、汽车导航系统、智能终端设备与信息网络平台，使车与路、车与车、车与人、车与互联网之间实时联网，实现信息互联互通，从而对车、人、物、路、位置等进行有效的智能监控、调度、管理的网络系统，是未来智能化汽车、自动驾驶、智能交通运输系统的基础和关键技术。

C-V2X（Cellular-V2X）是基于移动蜂窝网的车联网通信技术。以 LTE 蜂窝网络作为基础的 C-V2X 称为 LTE-V2X，3GPP 已于 2017 年 3 月完成 LTE-V2X 的标准制订工作。未来基于 5G 新空口（New Radio）蜂窝网络的 C-V2X 称为 NR-V2X。LTE-V2X 系统的空中接口分为两种：一种是 Uu 接口，需要基站作为控制中心，车辆与基础设施、其他车辆之间需要通过将数据在基站进行中转来实现通信；另一种是 PC5 接口，可以实现车辆间数据的直接传输。LTE-V2X 的工作场景有两种，一种是基于蜂窝网络覆盖的场景，此时既可以由蜂窝网络的 Uu 接口提供服务，实现大带宽、大覆盖通信，也可以通过 PC5 接口提供服务，实现车辆与周边环境节点低时延、高可靠的直接通信；另一种是独立于蜂窝网络的工作场景，在无网络部署的区域通过 PC5 接口提供车联网道路服务，满足行车安全需求。在有蜂窝网络覆盖的场景下，数据传输可以在 Uu 接口和 PC5 接口之间进行灵活的无缝切换。

LTE-V2X 的 Uu 接口在 LTE 的 Uu 接口基础上进行了针对性的增强，例如优化了 LTE 广播多播技术来有效支持车联网这种广播范围小且区域灵活可变的业务，对控制信道进行裁剪以便进一步降低延迟。LTE-V2X 的 PC5 接口是在 Release 12 LTE-D2D（Deviceto Device）基础上进行了多方面的增强设计，从而支持车辆之间的车辆动态信息（例如位置、速度、行驶方向等）的快速交换和高效的无线资源分配机制；此外，还对物理层结构进行了增强以便支持更高的移动速度（500km/h）。

2.3.7 车联网与 5G 无线技术

车联网（Intermet ofVehicles，IoV）是指通过信息通信技术，实现车与车（V2V）、车与路（V2l）、车与人（V2P）、车与云（V2C）之间的全面连接与交互，从而提供车辆安全、交通效率、驾驶辅助、娱乐服务等综合功能的智能系统。

（1）5G 无线技术在车联网上的应用：5G 网络提供了极高的数据传输速率，能够满足车联网中海量数据的实时传输需求，如高清视频传输、实时路况更新等。5G 网络的低时延特性对于车联网至关重要，能够确保车辆间的实时通信，提高驾驶安全性和交通效率。例如，在自动驾驶场景中，车辆需要快速响应其他车辆和基础设施的指令，以避免碰撞。5G 网络还能够支持大量设备同时连接，满足车联网中海量车辆和设备的接入需求。

（2）卫星通信技术在车联网上的应用：卫星通信技术能够实现全球范围内的无缝覆盖，为偏远地区、海上、空中等无法接入地面网络的车辆提供通信服务。这对于远洋航运、航空运输以及探险活动等场景具有重要意义。卫星通信技术还能在自然灾害等紧急情况下，地面通信网络可能受损，而卫星通信可以作为备用通信手段，确保车联网系统的稳定运行。最后，卫星导航系统（如 GPS）为车联网提供了高精度定位服务，有助于实现车辆的精准导航和位置追踪。

（3）星链通信技术在车联网上的应用：星链通信技术能够增强车联网的覆盖范围，特别是在偏远地区、海上和空中等地面网络难以覆盖的区域。通过星链通信网络，车联网系统可以在地面网络中断的情况下保持通信畅通，提高系统的可靠性和稳定性。在探险、救援等特殊场景中，星链通信技术可以为车联网系统提供必要的通信支持，确保车辆与外界的实时联系。

2.4 地理信息系统技术

2.4.1 地理信息系统的定义

GIS 即地理信息系统（Geographic Information System），是由计算机软件、硬件和不同方法组成的系统，以此为工具，通过人工参与操作和分析来实现空间数据采集、管理、处理、分析、建模和显示，以便于解决复杂的规划和管理问题为目的，是一种多学科新兴边缘学科。它具有以下 3 方面特点。

（1）开放性：GIS 具有高度的开放性和可扩充性，GIS 技术支持多种数据库管理系统，可以运行多种编程语言，指出多种开发工和操作系统平台，同时适用于各种应用系统，可嵌入非专用编程环境。

（2）先进性：GIS 技术接轨国际高新科技，使用最新型计算机图形技术、数据库技术、网络技术和地理信息处理技术，地图精度高，可分层显示道路、建筑物和行政区域。

（3）发展性：GIS 目前已囊括计算机领域高新科技，具有很大的拓展空间。

交通运输系统具有非常明显的地理特性和空间性，而 GIS 具有强大的空间信息处理能力。交通体系中的固定设施、管理方案、出行需求、交通流分布等都具有大量的空间信息，道路设施统计分析、路网交通分析、交通规划设计方案的优化和评价中也都含有大量的空间数据信息，普通的数学模型已经不能满足这些数据的空间分析，所以将 GIS 引入交通信息处理中去，发展道路交通 GIS，已经成为势在必行的趋势。

2.4.2 地理信息系统的构成

完整的 GIS 由 4 个部分构成：计算机硬件系统、计算机软件系统、地理空间数据和系统管理操作人员。其核心部分是计算机硬件、软件系统，空间数据库反映了 GIS 的地理内容，而管理人员和用户则决定系统的工作方式和信息表示方式。

1. 计算机硬件系统

计算机硬件系统是计算机系统中的实际物理装置的总称，可以是电子的、电的、磁的、机械的、光的元件或装置，是 GIS 的物理外壳，系统的规模、精度、速度、功能、形式、使用方法甚至软件都与硬件有极大关系，受硬件指标的支持或制约。GIS 由于其任务的复杂性和特殊性，必须由计算机设备支持。

2. 计算机软件系统

计算机软件系统指 GIS 运行所必需的各种程序，通常包括以下内容：

（1）计算机系统软件。它是由计算机厂家提供的为用户开发和使用计算机提供方便的程序系统，通常包括操作系统、汇编程序、编译程序、诊断程序、库程序及各种维护使用手册、程序说明等，是 GIS 日常工作所必需的。

（2）GIS 软件和其他支撑软件。可以是通常的 GIS 工具系统或专门开发的 GIS 软件包，也可是数据库管理系统、计算机图形软件包、CAD、图像处理系统等，用于支持空间数据输入、存储、转换、输出和与用户接口。

（3）应用程序。它是系统开发人员或用户根据地理专题或区域分析模型编制的用于某种特定应用任务的程序，是系统功能的扩充与延伸。在优秀的 GIS 工具支持下，应用程序的开发应该是透明的和动态的，与系统的物理存储结构无关。应用程序随着系统应用水平的提高不断优化和扩充。应用程序作用于地理专题数据，构成 GIS 的具体内容，这是用户最为关心的真正用于地理分析的部分，也是从空间数据中提取地理信息的关键。用户进行系统开发的大部分工作是开发应用程序，而应用程序的水平在很大程度上决定系统实用性的优劣和成败。

3. 地理空间数据

地理空间数据是指以地球表面空间位置为参照的自然、社会和人文经济景观数据，由系统的建立者通过数字化仪、扫描仪、键盘、磁带机或其他系统通信输入 GIS，是系统程序作用的对象，是 GIS 所表达的现实世界经过模型抽象的实质性内容。GIS 特殊的空间数据模型决定了其特殊的空间数据结构和数据编码，也决定了 GIS 具有特色的空间数据管理方法和系统空间数据分析功能，成为地理学研究和资源与环境管理的重要工具。

4. 系统管理操作人员

人是 GIS 中的重要构成因素，GIS 不同于一幅地图，它是一个动态的地理模型，仅有系统软硬件和数据还构不成完整的 GIS，需要人进行系统组织、管理、维护、数据更新，系统扩充完善，应用程序开发，并灵活采用地理分析模程，提取多种信息，为研究和决策服务。

2.4.3 地理信息系统平台

国内外主流的 GIS 平台主要有 ArcGIS、MapInfo、Skyline、MapGIS 和 SuperMap 等，主流的 GIS 平台对比如表 2-2 所示。

表 2-2 主流的 GIS 平台对比

GIS 平台	ArcGIS	MapInfo	Skyline	MapGIS	SuperMap
空间数据库引擎支持技术	ArcSDE/Geodatabase	SpatialWare	TerraGate	MapGISSDE	SuperMapSDX
支持的数据库系统	Oracle/DB2/Informix/SQL Server	SQL Server/Oracle/Sybase/DB2/Informix	SQL Server/Oracle	SQL Server/Oracle	Oracle/DB2/SQL Server/Sybase/Kingbase/DM3
是否支持拓扑关系	ArcSDE 不支持；Geodatabase 支持	不支持	支持	支持	支持
是否支持数据压缩	不支持	不支持	支持	支持	支持
跨平台	Windows/UNIX/LINUX	Windows	Windows/LINUX	Windows	Windows
性能	快速的数据访问存储能力，动态高效的空间索引，稳健高效的空间运算能力	较快的数据访问存储能力，较好的空间索引，一般的空间运算能力	较快的数据访问存储能力，较好的空间索引，较好的空间运算能力	较快的数据访问存储能力，较好的空间索引，一般的空间运算能力	较快的数据访问存储能力，较好的空间索引，不支持影像空间索引，较差的空间运算能力
二维、三维数据及影像数据的导入建模	一般	不支持	方便灵活	较好	较好
与其他多种数据格式转换	好	好	好	较好	较好

续表

GIS 平台	ArcGIS	MapInfo	Skyline	MapGIS	SuperMap
交互式空间图形（点、线、面、多边形及曲面编辑）	好	差	好	好	一般
空间图形属性管理	好	好	好	较好	较好
主要数据存储文件格式	Coverage/Shapefile/Geodatabase 等	TAB/MIF 等	X/XPC/FLT/FPC/DAE 等	SDB/UDB 等	WT/WL/WP/WN/WB 等

2.4.4　地理信息系统的应用

GIS 是在计算机硬件、软件支持下，对有关业务数据按地理位置进行预处理、输入存储、显示、查询、索引、分析处理并提出应用的技术系统。在这里，"地理"指的是"空间"，用以表述信息的空间位置和关系。智能交通管理所涉及的各类信息大部分都与地理位置及分布密切相关。如路网分布信息、交通设施分布信息、交通流分布信息、交通事故分布信息、交通民警警力分布信息等，无一不与地理位置有关。在交通管理和交通信息服务中使用 GIS 具有实际意义，它是 GIS 技术应用的一个重要领域。先进的交通管理/控制中心、车载导航系统和地图信息显示装置都广泛应用基于 GIS 开发的数字地图数据库，使 GIS 成为智能交通系统的主要支撑技术之一。

2.5　车辆定位技术

2.5.1　概述

全球定位系统在车辆管理上的应用，被称作车辆定位系统。该系统为车辆驾驶员和交通管理部门等用户主体提供车辆位置信息服务，该服务由美国 GPS 系统、中国北斗卫星导航系统、俄罗斯 GLONASS 系统、欧洲 Galileo 系统四个全球定位系统作为服务主体提供。

在交通管理方面，车辆定位系统可以将道路网上的车辆的实时位置、运行轨迹准确地反映在控制中心的电子地图上，犹如给道路交通管理者增添了一双"千里眼"，实时监视路网上的车辆流向、流量、流速、密度、路网负荷程度等各种交通信息。

车辆定位系统与城市交通信号控制系统、交通地理信息系统、交通情报信息系统相连接，可以进行实时的交通信号控制、交通诱导和交通流组织优化，从而达到充分利用路网、缩短车辆旅行时间、降低行车延误、减少车辆空驶、保障行车安全、提高道路通行能力的目的。车辆定位系统还可以用于执行紧急任务的车辆的定位、指挥、调度、救援和管理。

2.5.2 GPS 定位系统

GPS 的全称为导航卫星测时和测距/全球定位系统，英文全称为 Navigation Satellite Timingand Ranging/Global Positioning System。按最初设计，GPS 系统由 24 颗卫星组网，这些卫星分布在三个轨道平面上，每个轨道平面设置 8 颗卫星。这样，对于地球上任何一点，能同时有 6~9 颗卫星可供观测，可选择 4 颗最佳卫星进行定位，预期定位精度可达 10m。GPS 是美国从 20 世纪 70 年代开始研制，历时 20 年，耗资 200 亿美元，于 1994 年全面建成，具有在海、陆、空进行全方位实时三维导航与定位能力。1978 年，由于美国政府压缩国防预算，减少对 GPS 计划的拨款，于是把系统的卫星由 24 颗减少到 18 颗。1989 年以后，美国又加快了 GPS 系统的建设，并将卫星数目恢复为 24 颗。1993 年 GPS 系统已具备正式运行能力，目前在地球上空已有 27 颗 GPS 卫星（包括 3 颗备份卫星）在运行。

经多年来我国测绘等部门的使用表明，GPS 具有全天候、高精度、自动化、高效益等显著特点，这赢得了广大测绘工作者的信赖。GPS 已经成功地应用于大地测量、工程测量、航空摄影测量、运载工具导航和管制、地壳运动监测、工程变形监测、资源勘察、地球动力学等多种学科，给测绘领域带来一场深刻的技术革命。自 GPS 问世以来，已充分显示了其在无线电导航、定位领域的霸主地位。在海湾战争中，GPS 为美国及其盟军以极少的代价，在短时间内取得胜利起到了重要作用。许多民用领域由于 GPS 的出现产生革命性变化，比如美国已于 1994 年 7 月宣布放弃它已投巨资研制并准备于 1998 年取代现有仪表着陆系统（ILS）的微波着陆系统（MLS），取而代之的是差分 GPS（DGPS）。

所谓差分 GPS（Differential GPS，简称 DGPS）就是将一个已精确测定的已知点作为差分基准点，在此点安装 GPS 接收机，连续接收 GPS 信号，通过处理再与已知的精确位置作比较，不断确定当前的误差，然后把它通过通信链传送至该地区的所有移动

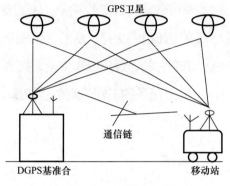

图 2-14 DGPS 原理图

GPS 用户,以修正它们的定位解。DGPS 原理图如图 2-14 所示。

差分 GPS 实时定位技术基本上可分为两种类型,即局域差分 GPS 和广域差分 GPS。局域差分的技术特点是向用户提供综合的差分 GPS 改正信息——观测值改正,而不是提供单个误差源的改正,它的作用范围比较小,一般在 150km 之内。广域差分的技术特点是将 GPS 定位中主要的误差源分别加以计算,并分别向用户提供这些差分信息,它作用的范围比较大,往往在 1000km 以上。

实现 DGPS 的方法有多种,包括位置差分法、伪距差分法、载波相位差分法等,这 3 类差分方法的工作方式是相同的,即都由基准站发送改正数,由用户接收并对其测量结果进行改正,以获得精确的定位结果。所不同的是,这三种差分方法发送改正数的具体内容不一样,其差分定位精度也不同。

目前,GPS 不仅仅在美国及其盟国的军队中广泛用于导航,几乎全世界所有需要导航、定位的用户都被 GPS 的高精度、全天候、全球覆盖、方便灵活和优质价廉等优点所吸引。GPS 现已广泛用于航空/航海导航、大地测量、遥感、石油勘探、地震测量、野外救生、探险、森林防火、飞机播种、农田耕种、车辆自主导航、特种车辆(警车、银行运钞车)导航/监控及机场/港口交通管理等领域。

GPS 由三大子系统构成,分别是空间部分、用户部分、地面监控部分。

空间部分(导航卫星):包括 24 颗导航卫星,均匀分布在三个轨道面上,导航卫星接收地面注入站向卫星发送的导航信息,包括卫星星历、时钟校正参数、大气校正参数等。卫星上装有精密的卫星原子钟,而且各卫星原子钟和地面站的原子钟相互同步,建立了导航卫星的精密时系。

用户部分(GPS 接收机):用户部分包括天线、接收机、微处理机、控制显示设备等,统称 GPS 接收机。GPS 接收机接收 GPS 卫星发送的导航电文,包括卫星状态、卫星星历、卫星钟偏差校正参数,以及时间等内容。

地面监控部分(管理控制中心):地面监控部分又称地面站。地面站包括 1 个主控站、4 个注入站、5 个监控站。主控站的主要职能是根据各监测站送来的信息计算各卫星的星历及卫星钟修正量，按规定的方式编制导航电文，以便于通过注入站注入卫星；监测站的主要职能是在主控站的控制下接收卫星信号，收集当地的气象数据，由信息处理机处理收集到的全部信息，并传送给主控站；注入站的主要职能是当卫星通过其视野时，注入站将导航信息注入卫星，同时还负责监视卫星的导航信息是否正确。

每颗卫星发射两种频率的无线电波用于定位。第一种频率 L_1，1575.42MHz；第二种频率 L_2，1227.6MHz。载波频率由两种伪码和一条导航消息调制而成，载波频率调制由星上原子钟控制。

GPS 用户使用适当的接收机下载卫星信号及载波相位并提取传播信息，将下载接收到的卫星信息与接收机产生的复制码匹配比较，便可确定接收机至卫星的距离。如果计算出 4 颗或更多的卫星到接收机的距离，再与卫星位置相结合，便可确定 GPS 接收机天线所在的三维地心坐标。若用于高精度的大地测量，则需记录并处理载波或信息波的相位数据。

根据不同的用途和不同的精度要求，GPS 信号的接收与测量有多种方法，较常用的有伪距法、多普勒法、载波相位法和干涉法。目前，大多数用于实时导航定位的设备都采用伪距法。GPS 的特点：

（1）全球地面连续覆盖。由于 GPS 卫星的数目较多，且分布合理，所以地球上任何地点均可连续地同步观测到至少 4 颗卫星，从而保障了全球、全天候连续的三维定位。

（2）通用性强。GPS 可为各类用户连续地提供动态目标的三维位置、三维速度和时间信息。

（3）实时定位。利用全球定位系统，可以实时地确定运动目标的三维位置和速度。

（4）定位精度高。现已完成的大量试验表明，目前在小于 50km 的基线上，其相对定位精度可达 $2\times10^{-7} \sim 1\times10^{-6}$，而在 $100 \sim 500$km 基线上，其相对定位精度可达 $10^{-7} \sim 10^{-6}$。

（5）操作简便。GPS 测量的自动化程度很高，且接收机的质量较轻，体积较小，携带和搬运都很方便。

2.5.3 北斗卫星导航系统

北斗卫星导航系统的设计方案是由"两弹一星功勋奖章"获得者、中国科学院院士陈芳允先生于 1983 年提出来的。在取得"北斗一号"试验系统成功的基础上，第二代北斗卫星导航系统的建设也拉开序幕，于 2007 年 4 月、2009 年 4 月、2010 年 1 月和 6 月，各发射了 4 颗北斗卫星，北斗卫星导航系统功能更趋完善，不仅完全兼容试验系统功能，而且在用户容量、定位精度、服务区域、动态性能和抗干扰能力等方面有较大提高，能够满足未来信息化条件下国防和经济社会建设对卫星导航定位的需求。2007 年，我国北斗卫星导航系统与美国 GPS、俄罗斯 GLONASS 和欧洲 Galileo 卫星导航系统一起被联合国确认为全球四大卫星导航系统。目前，中国正在稳步推进"北斗"卫星导航系统的建设，截至 2023 年年底已成功发射了 58 颗"北斗"导航卫星，北斗导航业务正式对亚太地区提供无源定位、导航、授时服务。

"北斗一代"与"北斗二代"两个系统在定位原理上采用的都是伪距定位。其基本思想都是三球交会原理，但由于北斗一代系统的观测量只有两个且使用有源的工作方式，使得其在定位原理、所能够提供的定位精度上与北斗二代系统又存在着很大的不同。北斗卫星导航系统的定位是基于"三球交会"原理，即以 2 颗卫星的已知坐标为圆心，以测定的卫星至用户接收机距离为半径，做出 2 个球面，用户接收机必然位于这 2 个球面交线的圆弧上。中心站的电子高程地图库提供的是一个以地心为球心、以球心至地球表面高度为半径的非均匀球面。求解圆弧线与地球表面交点，并已知目标在赤道平面北侧（系统的覆盖范围只在北半球），即可获得用户的二维位置，北斗卫星导航系统的定位原理如图 2-15 所示。

北斗卫星导航系统包括"北斗一号"和"北斗二号"共两代系统，由空间段、地面段、用户段三部分组成，如图 2-16 所示。

空间段包括 5 颗静止轨道卫星和 13 颗非静止轨道卫星。地球静止轨道卫星分别位于东经 58.75°、80°、110.5°、140° 和 160°。非静止轨道卫星由 27 颗中圆轨道卫星和 3 颗同步轨道卫星组成。

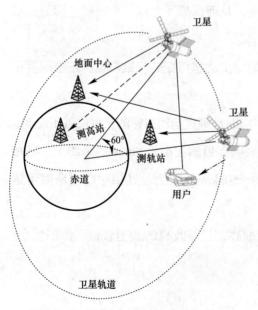

图 2-15 北斗卫星导航系统的定位原理

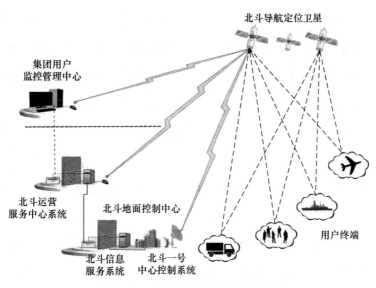

图 2-16 北斗卫星导航系统组成图

地面段包括主控站、卫星导航注入站和监测站等若干个地面站。主控站的主要任务是收集各个监测站段观测数据，进行数据处理，生成卫星导航电文和差分完好性信息，完成任务规划与调度，实现系统运行管理与控制等。卫星导航注入站的主要任务是在主控站的统一调度下，完成卫星导航电文、差分完好性信息注入和有效载荷段控制管理。监测站接收导航卫星信号，发送给主控站，实现对卫星段跟踪、监测，为卫星轨道确定和时间同步提供观测资料。

用户端包括北斗卫星导航系统用户终端以及与其他卫星导航系统兼容的终端。系统采用卫星无线电测定（RDSS）与卫星无线电导航（RNSS）集成体制，既能像 GPS、GLONASS、Galileo 系统一样，为用户提供卫星无线电导航服务，又具有位置报告以及短报文通信功能。

北斗卫星导航系统的功能：

（1）导航定位功能。北斗卫星导航系统可为服务区域内用户提供全天候、高精度、快速实时的定位服务，快速确定用户所在点的地理位置，向用户及主管部门提供导航信息，这是北斗卫星导航定位系统的核心功能。它可广泛应用于运动目标上，例如部队车辆及舰艇、铁路机车、长途客运车辆、物流运输车辆、森林防护车辆、边境车辆、海关缉私船等。

（2）报文通信功能。用户与用户、用户与中心控制系统之间均可实行双向简短数字报文通信。北斗卫星导航系统用户终端具有双向报文通信功能，用户可以一次传送120个汉字的短报文信息，它具有工作稳定、抗干扰能力较强、系统建设方便、使用维护简单、通信费用低等一系列优点。因而，特别适用于在缺乏常规地面通信能力的地区建立数据通信系统。尤其在水文监测、气象监测、环保监测、森林防火、公路监测等数据采集与监控系统中有很好的应用。这是北斗导航定位系统区别于其他卫星导航定位系统的一大优点。

（3）定时授时功能。北斗卫星导航系统具有精密授时功能，可向用户提供20～100ns时间同步精度。用户机是以北斗导航定位系统的时间基准为依据而研制的高性能、高精度定时设备，在单向情况下，无须入网注册即可实现定时授时功能，且不受系统容量限制。用户只需从接口输入自己当前的精确位置，即可获得所需的UTC时间或北斗时间，其精度优于100ns。其中，单向授时精度为100ns，双向授时精度为20ns。该功能在航天测控系统、军用雷达、军用询问机的设备中获得应用，在民用移动通信领域作为时间基准逐步被推广应用。

2035年前，我国将建成以北斗卫星导航系统为核心，更加泛在、更加融合、更加智能的国家综合定位导航授时体系，为未来智能化、无人化发展提供核心支撑。届时，从室内到室外、深海到深空，用户均可享受全覆盖、高可靠的导航定位授时服务，北斗卫星导航系统将更好地服务全球、造福人类。

2.5.4 数字蜂窝移动通信定位系统

数字蜂窝移动通信中被广泛使用的全球移动通信系统（Global System for Mobile Communications，GSM），是由模拟蜂窝移动通信发展起来的。GSM系统集中了现代信源编码技术、信道编码、交织、均衡技术、数字调制技术、话音编码技术以及慢跳频技术，同时在系统中引入了大量计算机控制和管理。GSM系统提供多种电信服务，包括话音、电文、图像、传真、计算机文件、消息等。

利用现有移动通信系统中基站和移动终端之间的无线电信号传播特征，同样可以实现移动站定位。通过移动通信网提供定位业务的要求最初是由美国在其1991年开始实施的智能交通系统通信标准中提出的。

当前，GSM定位系统采用的是时差定位方法，主要有三种，即观测时间差（OTD）定位、补偿时间或提前时间（Time Advance）定位以及抵达时间定位。

时差定位方法是根据同一移动站所发信号到达不同基站的时延差异，通过坐标变换获得移动终端的位置信息，GSM网时差定位原理图如图2-17所示。由于移动终端信号到达基站的等时延曲线为圆弧，因此，欲确定移动站位置，在理想情况下至少需要三个基站。

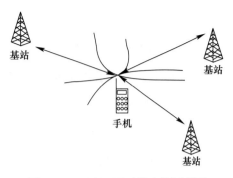

图2-17 GSM网时差定位原理图

移动通信网中定位业务（LCS）由定位应用功能组、定位业务控制功能组和定位功能组三个功能组构成。其中，定位业务控制功能组又包括业务访问控制、定位业务控制、业务预订与禁用三个子功能组。定位应用功能组包括与业务提供者有关的业务提供规程、业务描述等；定位业务控制功能组则包括定位业务的注册、认证以及位置信息的类别和私密性保护等；定位功能组由相应的定位测算和定位测量数据以及相应的信息获取规程构成。

定位功能组中的具体功能实体包括：定位应用功能（LAF）、定位应用控制（LACF）、定位应用认证（LAAF）、定位控制（LCF）、定位用户认证（LSAF）、定位计费（LCBF）、定位操作维护（LOMF）、定位坐标转换（LCTF）、无线定位功能（PRCF）、位置计算（PCF）和定位信号测量（PSMF）等。

通过移动通信网提供定位业务具有广阔的应用前景，该业务目前已得到了欧洲电信标准化组织（ETSI）和美国电信/电子行业协会（TIA/EA）和世界各大通信公司的广泛重视，但由于该业务的提供涉及定位信息获取、网络体系结构和业务提供方法等多项内容，因此要很好地实施和推广该项业务还有大量的工作有待完成。特别是在如何提高可定位概率和精度，怎样实现高效灵活的业务提供方法等领域还有较大的探索空间。

2.5.5 其他定位技术

1. 伽利略定位系统

伽利略（Galileo）定位系统是欧盟一个正在建造中的卫星定位系统，是继美国GPS、俄罗斯GLONASS及中国北斗后，第四个可以供民用的定位系统。原预计将会于2014年开始运作，但由于欧盟内部分歧与资金问题，完工时间尚不能确定。Galileo定位系统计划在轨卫星30颗，建成后将提供开放服务、商业服务、公共规范服务以及生命安全服务四种导航服务。其中,开放服务提供任何人自由使用,信号将会广播在 1164~1214MHz 以及 1563~1591MHz 两个频带上。同时接收两个频带的信号水平误差小于 4m,垂直误差小于 8m。如果只接收单一频带仍有小于 15m 的水平误差以及小于 35m 的垂直误差,与 GPS 的 C/A 码相当。

2. 航位推算定位系统

航位推算技术(Dead-Reckoning,简称 DR)是自主定位的,它一般不受外界环境的影响,可以通过自身的推算得出车辆载体的位置和速度信息,这是航位推算技术的优点。但是,航位推算系统本身的误差是随时间积累的,因此它单独工作时不能长时间保持高精度。航位推算的基本原理:

车辆运动可以看作是在二维平面 (x, y) 上的运动,因此,如果已知起始点 (x_0, y_0) 和初始航向角 θ_0,通过实时测量车辆的行驶距离和航向角的变化,就可以实时推算车辆的位置。航位推算系统基本原理图如图 2-18 所示。

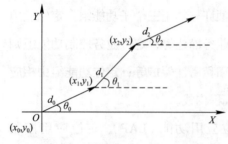

图 2-18 航位推算系统基本原理图

具体算法如下:

$$x_1 = x_0 + d_0 \cos\theta_0 \quad (2-6)$$

$$y_1 = y_0 + d_0 \sin\theta_0 \quad (2-7)$$

$$x_2 = x_1 + d_1 \cos\theta_1 \quad (2-8)$$

$$y_2 = y_1 + d_1 \sin\theta_1 \quad (2-9)$$

以此推算,则有:

$$x_k = x_0 + \sum_{i=0}^{k-1} d_i \cos\theta_i \quad (2-10)$$

$$y_k = y_0 + \sum_{i=0}^{k-1} d_i \sin\theta_i \quad (2-11)$$

式中 (x_0, y_0)——车辆的初始位置;

d_i——行驶距离;

θ——位移向量的方向与横轴的夹角。

另外,航位推算系统基本由测量航向角的传感器和测量距离的传感器构成。测量航向角的传感器主要有磁罗盘、差动里程仪和角速率陀螺;测量距离的传感器主要有加速度计、里程仪、多普勒雷达等。

3. 地图匹配定位系统

地图匹配技术（Map Matching，简称 MM）就是引入地图上的信息，通过将定位导航系统的位置信息与地图坐标信息进行比较和融合，从而提高整个系统的定位精度。地图匹配技术的假设条件是车辆应该行驶在道路上。当导航系统确定的车辆位置精度不高时，车辆位置将偏离道路，地图匹配技术就会找到一条最近的道路，并将车辆位置匹配到道路上。

地图匹配技术包括道路选择和道路匹配两个过程。道路选择主要对道路进行分段，提取特征信息，然后采用适当的搜索规则和匹配算法，根据当前传感器给出的车辆位置信息，在地图数据库中寻找一条最有可能的道路；而道路匹配是将车辆当前位置匹配并显示在这条道路上，用于消除传感器的定位误差。

通过地图匹配技术，可以获得车辆在道路上的位置和车辆行驶的道路方向。为了实现地图匹配，要求有高精度的电子地图；而为了保证地图匹配的鲁棒性，则要求电子地图中的拓扑关系应该正确反映真实道路。

常见的地图匹配算法有：

（1）基于模糊逻辑的算法。基于模糊逻辑的地图匹配算法主要是建立模糊规则，输入主要包括车辆行驶的速度、角度、距离、连通性等变量，在对所有输入模糊化以后，根据建立的模糊规则和隶属函数进行推理，再将结果进行综合得到最终的正确匹配路段输出。这种方法能够有效减小定位误差，但是对于算法的实时性和鲁棒性考虑不足，且对于已知信息利用率较低，方法较单一。

（2）基于 D-S 证据理论的算法。基于 D-S 证据理论的地图匹配算法，主要根据 GPS 定位点的位置信息与道路之间的距离进行融合，在比较融合得出每条待匹配道路的证据支撑大小后，选出置信度最高的待匹配路段作为匹配道路结果。

（3）基于卡尔曼滤波的地图匹配算法。基于卡尔曼滤波的地图匹配算法根据实时测量的 GPS 车辆定位的位置信息、道路信息，经过卡尔曼滤波器处理，直接获得道路上的估计位置。基于卡尔曼滤波的地图匹配算法能够对道路方向的误差进行修正，提高了地图匹配算法的匹配精度。但是地图匹配算法的计算量较大，实时性较差，而且卡尔曼滤波器的参数选择较难且十分复杂，对匹配精度有很大影响。

4. GPS 组合定位系统

GPS 在车辆中的应用最初的作用就是通过该技术实现导航的作用与功能，随着近年来技术的不断成熟与发展，GPS 技术也开始与更多的技术、系统与传感器进行组合，形成了组合定位系统，这些系统丰富了原有 GPS 在车辆中的作用，也提高了 GPS 的可靠性，解决了单一 GPS 技术存在的一些不足与问题，本小节就首先讨论 GPS 在车辆组合导航系统中的作用与应用现状。

（1）地图匹配的形成与应用

在传统的 GPS 定位系统以及 GPS-DR 定位系统中，车辆有时在密集的街道中很难实现精准的街道定位，这就需要与电子地图技术相匹配，电子地图技术可以保障导航系统的精准度更高，细化导航结果，同时通过 GPS-DE 定位系统实现对车辆信息的准确定位与矫正。如果将 GPS-DR 的定位系统与电子地图技术相匹配，可以更好地提高系统的准确性与可靠性，跟踪精度也就会更高。

（2）捷联惯性导航系统

捷联惯性导航系统是通过三个陀螺仪与加速度计构成的一个定位导航系统，该系统的优点是提高精度，由于系统本身采用激光陀螺进行定位，导航精度与传统的 GPS 相比更高，可以达到定位精度 10m 以内，与 GPS 相结合就成为目前该领域内研究的重点与发展的方向，但是目前该系统成本过高，经济效益相对较低。

（3）GPS-MMS 组合导航系统

GPS-MMS 是微惯性测量系统，该系统的体积、重量、成本与功耗、使用耐久度等都较长，这主要是由于其使用微机械陀螺与电子线路构成，比任何其他传统的线路系统都有优势，通过 GPS 接收，配合 MMS 组合可以提高数据更新率，进而防止定位导航误差在长时间使用中受到的干扰情况。但是目前该系统技术在制造过程中存在较大的噪声与漂移误差，导致在具体应用中仍然存在问题。

（4）GPS-GLONASS 组合导航系统

GLONASS 系统是俄罗斯研发并开展应用的卫星导航系统，功能与 GPS 大致相似，优缺点也大致相同，二者结合的应用可以起到增多可视卫星数目与卫星几何位置配置增强的效果，并且资金投入较少。

除了上述组合导航系统外，在近年中，车辆 GPS 的应用还与许多传感器相关联建设组合成了导航系统，比如，车辆 GPS 与里程计的组合、与模糊逻辑规则的组合、与 ABS 轮速传感器的组合等都有所应用与研究。

2.6 本章小结

本章首先概述车辆定位技术的目的与作用，然后根据定位技术在智能交通领域的应用进行分类，并对主要的定位技术包括 GPS、北斗与数字蜂窝移动通信定位系统等进行了详细介绍。最后，本章重点叙述了伽利略定位系统、航位推算定位系统、地图匹配定位系统、GPS 组合定位系统，并对这些定位系统的组成、算法进行了简要分析。

思 考 题

1. 交通信息采集感知技术有哪些？
2. 常用的数据库有哪些？其特点是什么？
3. 交通信息网络传输技术有哪些？
4. GIS 的优势是什么？
5. 常见的车辆定位技术有哪些？
6. 组合定位技术的意义及应用有哪些？

第 3 章 智能交通控制的基本理论和方法

城市交通问题层出不穷，公众对交通服务水平的要求也越来越高，智能交通控制作为解决交通问题的重要途径之一，越来越受到人们的关注，而交通控制和交通诱导作为智能交通控制中两个重要领域，对其研究也成为交通工程师的研究重点。传统的交通控制方法以及传统的控制系统的控制技术越来越不适应交通发展的需求，这就要求有更新、更有效的技术和方法来解决交通问题，顺应交通的发展。智能控制能根据具体的运行环境灵活并且实时地调整其控制策略，从而在各种条件下均能达到良好的控制效果。

3.1 道路交通流理论

交通流由单个驾驶员与车辆组成，以独特的方式在车辆之间、公路要素以及总体环境之间产生影响。由于驾驶员的判断能力及驾驶技术的影响，交通流中的车辆行为不可能一致。更进一步地讲，即使在完全相同的环境中，由于驾驶员的行为受当地特征及驾驶习惯的影响，也不会存在两个表现完全相同的交通流。

研究交通问题与研究纯物理现象是很不相同的。根据水力学的原理，通过给定特性涵管既定水流会呈现一种完全可以预知的状态。而通过既定特性道路和公路的既定交通流则会随着地点和时间的不同而不同。这就是对交通工程的一种挑战，在规划和设计时，虽确切知道某一事件所受到的特定物理条件和复杂的人类行为的约束，却仍然难以事先预知其发展情况。

然而，总是存在一个合理的、较一致的驾驶员行为范围，因而也就存在一个合理一致的交通流表现范围。

定量描述交通流，一方面是为了理解交通流特性的内在变化关系；另一方面也是为了限定交通流特征的合理范围。为了做到这些，必须定义和测量一些重要参数。基于这些参数以及由此而确定交通流发生的合理范围，交通工程必须分析、评估，并最后制订出改造交通设施的规划方案。本节将重点讨论这类参数的定义，同时也将对交通流的重要特性进行讨论。

3.1.1 交通流基本特性

交通设施从广义上被分为连续流设施与间断流设施两大类。

连续流设施是指无外部因素会导致交通流周期性中断。连续流主要存在于设置了连续流设施的高速公路及一些限制出入口的路段。在这些路上，没有停车或让路一类的交通标志，也不会由于平交而中断车流。在乡村公路重要交叉口之间的较长路段也可能属于该类设施，这些路段的设施特性接近于限制出入口路段的设施。

间断流设施是指由于外部设备而导致交通流周期性中断的设置。导致间断流的主要设施是交通信号，它使车流周期性中止运行。其他设施，如停车或让路标志，也会中止交通。同样，在一些有重要用途却没有任何控制的路段上，车流也会受到中断。

交通信号分隔出车群，因而车群有分散的趋向。当信号离得足够远时，车辆分散的趋向较明显，以致在某些路段形成了连续流。信号标志之间距离多大时才会产生连续流尚未有一个确切的标准。许多变化因素影响车流的分散，包括信号安装的合适程度、从未设信号标志的交叉口进入交通流的车辆数量和模式以及信号之间的驾驶方式。一般认为，信号标志间隔 3.2km 是足够产生连续流的距离。

1. 交通流基本特征

平均流率 Q、空间平均车速 $\bar{V}_s$、平均车流密度 K 是表征交通流特性的三个基本参数。此三参数之间的基本关系为：

$$Q = \bar{V}_s \cdot K \tag{3-1}$$

式中　Q——平均流率（辆/h）；

　　　$\bar{V}_s$——空间平均车速（km/h）；

　　　K——平均车流密度（辆/km）。

流率、密度、速度三者之间的关系式可以用三维空间中的图像来表示，如图 3-1 所示，尽管如此，为了便于理解，通常将这个三维空间曲线投影到二维空间中，如图 3-2 所示。

由图 3-2 可以找出反映交通流特性的一些特征变量：

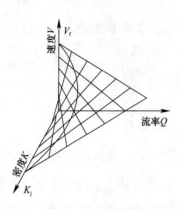 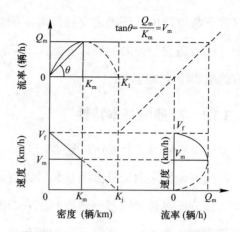

图 3-1　$Q=V \cdot K$ 交通流模型曲线图　　图 3-2　$Q\text{-}K$、$V\text{-}Q$、$V\text{-}K$ 关系曲线图

（1）极大流率 Q_m，即 $V\text{-}Q$ 曲线上的峰值。

（2）临界速度 V_m，即流率达到极大时的速度。

（3）最佳密度 K_m，即流率达到极大时的密量。

（4）阻塞密度 K_j，车流密集到车辆无法移动（$V=0$）时的密度。

（5）畅行速度 V_f，车流密度趋于零，车辆可以畅行无阻时的平均速度。

图 3-2 阐明了这些变量之间的大致关系，这些关系不仅适用于连续流，也适用于两个固定干扰点之间的间断流，这些关系会随不同地点或同一地点不同时间而有很大变化。

2. 在停车或让路标志处的车流

在停车或让路标志处的引道上，驾驶员需做出判断，以选择主干道车流中合适的间隙穿过车流。这一选择是建立在主干道车流中存在可通过的间隙，且驾驶员对间隙距离有把握安全通过的基础之上。

驾驶员确定间隙是否可以安全通过取决于穿过街道的距离、车辆操作的复杂性、主街道车流流速、视距、等待一个车间隙的时间和驾驶员自身特点等。

3. 有效性指标——延误

在间断流中，速度、密度等指标不足以表征服务水平。在某一地点，存在周期性的停止，停车的次数和延续时间是表示服务水平的一些有效手段。

延误是经常用于表征间断流服务水平的一个指标。大体说来，有两类延误：

（1）停车延误，指车辆用于等待横穿道路所消耗的停车总时间。

（2）运行延误，指预先确定最优条件下的理想运行时间与实际运行时间的差值。

它包括停车延误和由运行速度低于理想速度而造成的延误。

在信号交叉口,也用其他一些延误,称为引道延误。引道延误包括了停车延误加上减速至停止和加速至正常车速所损失的时间。虽然这一延误不好直接测量,但研究发现信号交叉口处每辆车的平均引道延误大约是每辆车平均停车延误的1.3倍。

3.1.2 跟驰模型

跟驰理论是运用动力学方法,研究在无法超车的单一车道上车辆列队行驶时,后车跟随前车的行驶状态的一种理论。它用数学模型表达跟驰过程中发生的各种状态。跟驰模型的好坏将直接影响模拟效果的精准度和方案的可靠性。正因为跟驰模型有如此重要的应用价值,车辆跟驰理论已成为交通流领域的核心研究内容之一。经过几十年的发展,车辆跟驰模型已经有多种描述形式。本节对跟驰行为的特征及人们在跟驰模型研究历程中形成的描述形式进行简要的梳理和回顾。

1. 跟驰模型特性分析

在道路上,当交通流的密度很大时,车辆间距较小,车队中任一辆车的车速都受前车速度的制约,驾驶员只能按前车提供的信息采用相应的车速,称这种状态为非自由行驶状态。在非自由行驶状态下,车辆跟驰行为表现出制约性、延迟性和传递性等基本特征,跟驰理论就是研究这种运行状态车队的行驶特性。

(1)制约性

在一队汽车中,驾驶员总不愿意落后,而是紧随前车前进,这就是"紧随要求"。同时,后车的车速不能长时间大于前车车速,只能在前车车速附近摆动,否则会发生碰撞,这就是"车速条件"。此外,前后车之间必须保持一个安全距离,在前车刹车后,两车之间有足够的距离,从而有足够的时间供后车驾驶员做出反应,采取制动措施,这就是"间距条件"紧随要求,车速条件和间距条件构成了一队汽车跟驰行驶的制约性。即前车车速制约着后者车速和两车间距。

(2)延迟性(也称滞后性)

从跟驰车队的制约性可知,前车改变运行状态后,后车也要改变运行状态。但前后车运行状态的改变不是同步的,后车运行的运行状态改变滞后于前车。因为驾驶员对前车运行状态的改变要有一个反应过程,需要反应时间。假设反应时间为 T,那么前车在某时刻 t 的动作,后车在 $(t+T)$ 时刻才能做出相应的动作,这就是延迟性。

(3) 传递性

由制约性可知,第 1 辆车的运行状态制约着第 2 辆车的运行状态,第 2 辆车又制约着第 3 辆,……,第 n 辆制约着第 $n+1$ 辆。第一辆车改变运行状态,它的效应将会一辆接一辆地向后传递,直至车队的最后一辆,这就是传递性。而这种运行状态的传递又具有延迟性。这种具有延迟性的向后传递的信息不是平滑连续的,而是像脉冲一样间断连续的。

2. Newell 模型

著名学者 Newell 于 1961 年提出了一种基于期望速度的跟驰模型。该模型认为驾驶员对不同的跟驰距离存在与之相对应的期望速度,其跟驰间距与期望速度之间的关系,可由式 (3-2) 描述。然而,驾驶员在实际驾驶过程中往往并不处于这种期望的跟驰状态。因此,驾驶员总是试图通过一个时间 t,将车速调整至期望的速度。这种跟驰策略即为 Newell 模型,其跟驰的车速控制方程如式 (3-3) 所示:

$$V(\Delta X_n(t)) = v_{\max}\left[1 - \exp\left(-\frac{c}{v_{\max}}[\Delta X_n(t) - d]\right)\right] \tag{3-2}$$

$$v_n(t+\tau) = V(\Delta X_n(t)) \tag{3-3}$$

式中 $v_{\max}$——最大速度 (m/s);

d——间距 (m);

c——模型参数;

$\Delta X_n(t)$——t 时刻的前后车间距 (m);

v_n——车辆 n 的速度 (m/s);

$V(\cdot)$——优化速度函数。

Newell 模型也是一个速度表达方程,而非加速度方程,优化速度类模型跟驰运动示意图如图 3-3 所示。

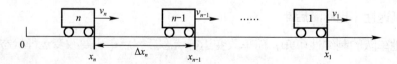

图 3-3 优化速度类模型跟驰运动示意图

3. Krauss 模型

Krauss 模型是安全距离类模型。安全距离模型基于这样的假设:即驾驶员期望与前导车保持安全车头间距，当前导车突然制动时，驾驶员能够有时间做出反应并减速停车，以避免发生碰撞。这类模型大多是基于牛顿运动学公式建立，由于模型形式简单、能够避免车辆碰撞，因而在交通仿真软件中广泛应用。

假设前车（leader）与后车（follower）之间的车距为：

$$g = x_l - x_f - l \tag{3-4}$$

式中　l——车身长度（m）。

如果要求后车（follower）在前车（leader）急刹车的情况下也不相撞，需要满足：

$$L(v_f) + v_f T < L(v_l) + g \tag{3-5}$$

式中　v_f——后车（follower）的速度（m/s），即所需计算的量；

　　　v_l——前车（leader）的速度（m/s）；

　　　$L(v_f)$——后车的刹车距离（m）；

　　　$L(v_l)$——前车的刹车距离（m）；

　　　T——驾驶员的反应时间（s）。

4. IDM 模型

Treiber 和 Helbing 两位学者借鉴牛顿力学的思想提出了社会力（Social Force）的概念，认为车辆的加速度可以看作是源于驾驶员期望提速的"动力"和前方车辆阻碍形成的"阻力"的综合影响。基于此，构造了一个全新的跟驰模型，称为智能驾驶员模型（Intelligent Driver Model，IDM），模型表达式如下：

$$a_n(t) = a\left(1 - \left(\frac{v_n(t)}{v_0}\right)^2 - \left(\frac{S_n^*(v_n(t), \Delta v_n(t))}{S_n(t)}\right)^2\right) \tag{3-6}$$

$$S_n^*(v_n(t), \Delta v_n(t)) = S_0 + v_n(t)T - \frac{v_n(t)\Delta v_n(t)}{2\sqrt{ab}} \tag{3-7}$$

式中　v_0——理想驾驶速度（m/s）；

　　　S_n^*——期望间距（m）；

　　　S_0——静止安全距离（m）；

　　　T——安全时间间隔（s）；

　　　a——起步加速度（m²/s）；

　　　b——舒适减速度（m²/s）。

智能驾驶员模型跟驰运动示意图如图 3-4 所示。

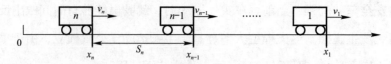

图 3-4　智能驾驶员模型跟驰运动示意图

IDM 模型考虑了期望速度、期望间距、前后车速度差等多因素对跟驰行为的影响，模型描述的跟驰行为能够较好地符合实际情况。此外，IDM 模型还具有所含参数物理意义明确、易于标定的优点。因此，该模型近年来得到了广泛的应用。

5. GM 模型

GM（General Motor）模型是最早发展的跟驰模型之一，20 世纪 50 年代由美国通用汽车公司研究小组 Chandler、Herman 以及 Montroll 提出，其形式简单直观，易于理解。该模型认为，驾驶员在驾驶车辆跟驰的过程中，自身加速度与自身车速以及前后车速度差成正比，与前后车间距成反比：

$$a_n(t) = c[v_n(t)]^m \frac{v_{n-1}(t-T) - v_n(t-T)}{[x_{n-1}(t-T) - x_n(t-T)]^l} \quad (3-8)$$

式中　$a_n(t)$——第 n 辆车在 t 时刻的加速度（m^2/s）；

$v_n(t)$——第 n 辆车在 t 时刻的速度（m/s）；

$x_n(t)$——第 n 辆车在 t 时刻的位移（m）；

T——感知-反应时间（s）；

c，m，l——模型参数。

由上式可知，当前车速度大于后车时，加速度为正值，后车加速。速度逐渐增大至与前车相等时，加速度为 0，车辆保持匀速行驶，反之亦然。

GM 模型跟驰运动示意图如图 3-5 所示。

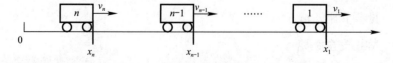

图 3-5　GM 模型跟驰运动示意图

GM 模型直观地描述了跟驰行为的动态特征，在 20 世纪的交通工程理论研究和应用领域被广泛采用。除此之外，GM 模型还有一个重要的性质，它能够建立起微观跟驰行为与交通流三参数基本图模型之间的联系。微观跟驰模型与宏观基本图模型之间有密不可分的联系，因此，交通流三参数基本图关系本质上是众多个体车辆微观跟驰行为在宏观层面的集聚体现。下面以 GM 模型中最基本的模型为例进行介绍。

令 $m=0$，$l=1$，则 GM 模型表述为：

$$a_n(t) = c \frac{v_{n-1}(t-T) - v_n(t-T)}{x_{n-1}(t-T) - x_n(t-T)} \tag{3-9}$$

将方程等式两侧积分，可得：

$$v_n(t) = c \ln[x_{n-1}(t-T) - x_n(t-T)] + C_n = c \ln[s(t-T)] + C_n \tag{3-10}$$

式中 C_n——积分常数项。

考虑交通流基本图模型描述的是平稳状态下交通流的三参数关系，在这个状态下，所有车辆都稳定运行，速度相同，间距相同。因此，车辆之间没有个体差异，n 可以省略。同时，稳态一直持续，不依赖于某一特定时刻，因此式（3-10）中反应延迟项 T 也可以省略。此时，$v_n(t)$ 即是交通流的稳态速度 V，两车间距 s 与交通密度 K 互为倒数关系，$s = 1/K$。至此，上述方程式可以转换为：

$$V = c \ln \frac{1}{K} + C \tag{3-11}$$

考虑车辆在自由流过程中，车辆可以保持期望速度自由行驶，因此密度在 0 到 K_c 的区间内，所有车辆速度都为 V_f；当达到临界密度 K_c 之后，随着密度增大，车辆速度逐渐降低，直至最大密度 K_j，此时速度为 0。基本图模型在 K_c 至 K_j 这一区间内的 V-K 关系曲线必将通过 (K_c, V_f) 与 $(K_j, 0)$ 两点，将这两点的坐标代入上式，可得：

$$0 = c \ln \frac{1}{K_j} + C \Rightarrow C = c \ln K_j \tag{3-12}$$

$$V_f = c \ln \frac{1}{K_c} + c \ln K_j = c \ln \frac{K_j}{K_c} \Rightarrow c = \frac{V_f}{\ln K_j / K_c} \tag{3-13}$$

于是：

$$V = \frac{V_f}{\ln K_j / K_c} \ln \frac{K_j}{K} = V_m \ln \frac{K_j}{K} \tag{3-14}$$

即为 Greenberg 模型。式中，$V_m = \dfrac{V_f}{\ln(K_j / K_c)}$。

GM 模型作为最早发展起来的一类跟驰模型，具有里程碑式的意义。然而，由于模型自身结构的限制，GM 模型有一些无法避免的缺陷。例如，当前后两车速度相等时，无论前后车辆之间的跟车距离如何不符合实际，后车都将维持现状而不产生加速度。此外，当后车在驾驶过程中被迫停止后，由于速度为 0，其加速度也为 0，车辆无法再启动。很明显，这些都是与实际交通运行状况不相符的。

6. Wiedemann 理论模型

1974 年 Wiedemann 提出以行为值划分跟驰状态并建立了一个行为值模型（Behavioral Threshold Model）。该模型的基本思路是：一旦后车驾驶员认为他与前车之间的距离小于其心理（安全）距离时，后车驾驶员开始减速。由于后车驾驶员无法准确判断前车车速，后车车速会在一段时间内低于前车车速，直到前后车之间的距离达到另一个心理（安全）距离时后车驾驶员开始缓慢地加速，由此周而复始，形成一个加速、减速的迭代过程，图 3-6 为 Wiedemmann 理论模型。

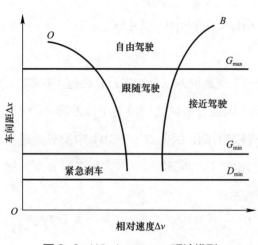

图 3-6　Wiedemmann 理论模型

Wiedemmann 理论模型的基本观点是：可以把驾驶员的行驶状态分为四种类型：

（1）Free driving：后车驾驶行为不受前车的影响。此种驾驶模式下驾驶员努力达到并维持一定的车速（期望车速）。实际上，此时的车速很难保持恒定，而是在期望车速附近摆动。

（2）Approaching：后车驾驶员减慢车速，以适应前车的车速。当后车接近前车时，后车驾驶员利用车辆减速以便到达他的期望安全距离，此时，前后车的速度差为 0。

（3）Following：后车驾驶员跟随前车，没有意图加速或是减速。后车驾驶员基本保持恒定的与前车的安全距离，实际上，前后车的速度差在 0 附近摆动。

（4）Braking：当前后车间的距离小于期望安全距离时，后车驾驶员刹车减速，减速度从中等到最大值。这种情况发生在：前车车速突然变化，或者后车前方的第三辆车（非紧随的前车）变化车道。

3.1.3　流体模型

1955 年，英国学者莱特希尔（Lighthill）和惠特汉（Whitham）将交通流比拟为流体,在一条很长的公路隧道里,对车流密度很大的交通流的规律进行研究,提出了流体力学模拟理论,该理论运用流体力学的基本原理,模拟流体的连续性方程,建立车流的连续性方程。把车流密度的疏密变化比拟成水波的起伏而抽象为车流波。当车流因道路或交通状况的改变而引起车流密度改变时,在车流中产生车流波的传播。通过分析车流波的传播速度,以寻求车流流率和密度、速度之间的关系。因此,该理论又可称为车流波动理论。

流体力学模拟理论是一种宏观的模型。它假定在车流中各单个车辆的行驶状态与它前面的车辆完全一样,这是与实际不相符的。尽管如此,该理论在"流"的状态较为明显的场合。如在分析瓶颈路段的车辆拥挤问题时,有其独特的用途。

1. 守恒方程

假设车流顺次通过断面的时间间隔为 Δt,两断面的间距为 Δx,断面示意图如图 3-7 所示。同时,车流在断面 I 的流入量为 q,密度为 k。车流在断面 II 的流出量为 $(q+\Delta q)$,密度为 $(k-\Delta k)$。Δk 取负号表示在拥挤状态,车流密度随车流率的增加而减少。

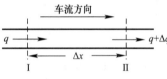

图 3-7 断面示意图

根据质量守恒定律:

流入量 − 流出量 = 数量上的变化:

$$[q-(q+\Delta q)]\Delta t = [k(k-\Delta k)]\Delta x \quad (3-15)$$

化简得到:

$$\frac{\Delta k}{\Delta t} + \frac{\Delta q}{\Delta x} = 0 \quad (3-16)$$

当 $\Delta t \to 0$,$\Delta x \to 0$ 时,得到:

$$\frac{\partial_k}{\partial_t} + \frac{\partial_q}{\partial_x} = 0 \quad (3-17)$$

最后方程即为守恒方程,表明车流率随距离而降低时,车流密度则随时间而增大。

2. 行解波

交通流中流率 q 和密度 k 并不独立,而是符合基本图关系,且依赖于时间与位置。因此,可将 q 表述成关于 k 的函数:

$$q(x,t) = Q[k(x,t)] \quad (3-18)$$

式中，$Q(\cdot)$ 为 $q(x,t)$ 关于 $k(x,t)$ 的基本图函数，比如，$Q(\cdot)$ 可以为 Greenshields 的 $q-k$ 基本图关系式。

经过一系列推倒可得，行波解为：

$$x = Q'(k)t + C_0 \tag{3-19}$$

式中　C_0——积分常数，根据行波解性质，交通流密度波速 $\mu = Q'(k)$。

反映在基本图上，波速为流率关于密度曲线的切线斜率。

3. 激波路径

单一密度状态的交通流行波解特征线相互平行，两个密度状态相遇时，反映不同密度状态的特征线相交，造成密度值发生突变，即产生激波。每条特征线的多个交点中均存在唯一一个真实反映交通状态变化的交点，所有特征线这一交点的集合称为激波路径。

为讨论方便起见，取图 3-8 所示的计算图式。

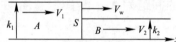

图 3-8　两种密度的车流运行情况

假设一直线路段被垂直线 S 分割为 A、B 两段。A 段的车流速度为 V_1，密度为 $k_1(x,t)$；B 段的车流速度为 V_2，密度为 $k_2(x,t)$；S 处的速度为 V_w，假定沿路线按照所画的箭头 x 正方向运行，速度为正，反之为负。并且：

V_1 为在 A 区的车辆的区间平均车速；V_2 为在 B 区的车辆的区间平均车速。则在时间 Δt 内横穿 S 交界线的车数 N 为：

$$N = (V_1 - V_w)k_1(x,t)\Delta t = (V_2 - V_w)k_2(x,t)\Delta t \tag{3-20}$$

即：

$$(V_1 - V_w)k_1(x,t) = (V_2 - V_w)k_2(x,t) \tag{3-21}$$

$$V_w = \frac{V_2 k_2(x,t) - V_1 k_1(x,t)}{k_2(x,t) - k_1(x,t)} \tag{3-22}$$

令 A、B 两部分的车流率分别为 $q_1(x,t)$、$q_2(x,t)$，则根据定义可得：

$$q_1 = k_1(x,t)V_1, \quad q_2 = k_2(x,t)V_2$$

于是，式（3-22）变为：

$$V_w = \frac{q_2(x,t) - q_1(x,t)}{k_2(x,t) - k_1(x,t)} \tag{3-23}$$

式中，V_w 为激波路径关于时间的导数，以此作为激波路径的判别条件。反映在基本图上，V_w 为流率-密度曲线上两点之间弦的斜率。

基于以上内容，q 与 k 的关系取 Greenshields 基本图，基本图与行波如图 3-9 所示。图3-9中，A 和 B 为两个密度状态，v_A 和 v_B 为 A 和 B 处的交通流速度，w_A 和 w_B 为波速，U_{AB} 为激波路径斜率，即拥堵排队速度。图3-9（b）为基本图对应的特征线与激波路径。

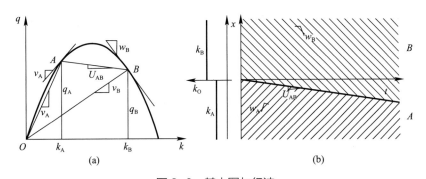

图 3-9　基本图与行波
（a）基本图；（b）基本图对应的特征线与激波路径

3.1.4　概率统计模型

当交通流率较低时，车辆的到达在某种程度上具有随机性，描述这种随机性的统计分布规律的方法有两种：一种是以描述可数事件的离散型分布为工具，考察在一段固定长度的时间或距离内到达某场所的交通数量的波动性；另一种是以描述事件之间时间间隔的连续型分布为工具，研究事件发生的间隔时间或距离的统计分布特性，如车头时距分布、可穿越空档分布、速度分布等。

1. 离散型分布

在一定的时间间隔内到达的车辆，或在一定的距离内分布的车辆数是随机变量，所得的数列可以用离散型分布描述。常用的离散型分布有如下三种：

（1）泊松分布

1）基本公式：

$$P(k) = \frac{e^{-\lambda t}(\lambda t)^k}{k!}, k = 0, 1, 2, \cdots\cdots \quad (3-24)$$

式中　$P(k)$——在计数间隔 t 内到达 k 辆车或 k 个人的概率；

λ——单位时间间隔的平均到达率（辆/s 或 人/s）；

t——每个计数间隔持续的时间（s）或距离（m）；

e——自然对数的底,取值为 2.71828。

若令 $m = \lambda t$ 为在计数间隔 t 内平均到达的车辆(人)数,则式(3-24)可写为:

$$P(k) = \frac{e^{-m} m^k}{k!} \qquad (3-25)$$

当 m 为已知时,应用式(3-25)可求出在计数间隔 t 内恰好有 k 辆车(人)到达的概率。此外,还可计算:

到达数小于 k 辆车(人)的概率:

$$P(<k) = \sum_{i=0}^{k-1} \frac{e^{-m} m^i}{i!} \qquad (3-26)$$

到达数小于等于 k 的概率:

$$P(\leq k) = \sum_{i=0}^{k} \frac{e^{-m} m^i}{i!} \qquad (3-27)$$

到达数大于 k 的概率:

$$P(>k) = 1 - P(\leq k) = 1 - \sum_{i=0}^{k} \frac{e^{-m} m^i}{i!} \qquad (3-28)$$

到达数大于等于 k 的概率:

$$P(\geq k) = 1 - P(<k) = 1 - \sum_{i=0}^{k-1} \frac{e^{-m} m^i}{i!} \qquad (3-29)$$

到达数至少是 x 但不超过 y 的概率:

$$P(x \leq i \leq y) = \sum_{i=x}^{y} \frac{e^{-m} m^i}{i!} \qquad (3-30)$$

用泊松分布拟合观测数据时,参数 m 按式(3-31)计算:

$$m = \frac{观测的总车辆数}{总计间隔数} = \frac{\sum_{j=1}^{g} k_j f_j}{\sum_{j=1}^{g} f_j} = \frac{\sum_{j=1}^{g} k_j f_j}{N} \qquad (3-31)$$

式中 g——观测数据分组数;

f_j——计算间隔 t 内到达 k_j 辆车(人)这一事件发生的次(频)数;

k_j——计数间隔 t 内的到达数或各组的中值;

N——观测的总计间隔数。

2）递推公式

$$P(0) = e^{-m} \tag{3-32}$$

$$P(k+1) = \frac{m}{k+1}P(k) \tag{3-33}$$

3）应用条件

车流密度不大，车辆间相互影响微弱，其他外界干扰因素基本上不存在，即车流是随机的，此时应用泊松分布能较好地拟合观测数据。

已经泊松分布的均值 M 和方差 D 均等于 λt，而观测数据的均值 m 和方差 S^2 均为无偏估计，因此，当观测数据表明 S^2/m 显著地不等于 1 时，就是泊松分布不合适的表示。S^2 可按式（3-34）计算：

$$S^2 = \frac{1}{N-1}\sum_{i=1}^{N}(k_i-m)^2 = \frac{1}{N-1}\sum_{j=1}^{g}(k_j-m)^2 f_j \tag{3-34}$$

式中符号意义同前。

（2）二项分布

1）基本公式：

$$P(k) = C_n^k \left(\frac{\lambda t}{n}\right)^k \left(1-\frac{\lambda t}{n}\right)^{n-k}, k=0,1,2,3,\cdots\cdots,n \tag{3-35}$$

式中　$P(k)$——在计数间隔 t 内到达 k 辆车或 k 个人的概率；

　　　λ——单位时间间隔的平均到达率（辆/s 或人/s）；

　　　t——每个计数间隔持续的时间（s）或距离（m）；

　　　n——正整数。

$$C_n^k = \frac{n!}{k!(n-k)!} \tag{3-36}$$

通常记 $p = \lambda t/n$，则二项分布可写成：

$$P(k) = C_n^k p^k (1-p)^{n-k}, k=0,1,2,3,\cdots\cdots,n \tag{3-37}$$

式中，$0 < p < 1$，n、p 称为分布参数。

用式（3-38）可计算在计数间隔 t 内到达 k 辆车（人）的概率，到达数少于 k 辆车（人）的概率：

$$P(<k) = \sum_{i=0}^{k-1} C_n^i p^i (1-p)^{n-i} \tag{3-38}$$

到达数大于 k 的概率：

$$P(>k) = 1 - \sum_{i=0}^{k} C_n^i p^i (1-p)^{n-i} \quad (3-39)$$

其余类推。

由概率论可知，对于二项分布，其均值 $M = np$，方差 $D = np(1-p)$，$M > D$。因此，当用二项分布拟合观测数时，根据参数 p、n 与方差和均值的关系式，用样本的均值 m、方差 S^2 代替 M、D、p、n 可按下列关系式估算：

$$p = \frac{m - S^2}{m} \quad (3-40)$$

$$n - \frac{m}{p} = \frac{m^2}{m - S^2} \quad \text{（取整数）} \quad (3-41)$$

式中，m 和 S^2 根据观测数据按式（3-31）、式（3-34）计算。

2）递推公式

$$P(0) = (1-p)n \quad (3-42)$$

$$P(k+1) = \frac{n-k}{k+1} \cdot \frac{p}{1-p} \cdot p(k) \quad (3-43)$$

3）应用条件

车流比较拥挤、自由行驶机会不多的车流用二项分布拟合较好。

此外，已经知道二项分布均值 M 大于方差 D，当观测数据表明 S^2/m 显著大于 1 时就是二项分布不适的表示。

（3）负二项分布

1）基本公式：

$$P(k) = C_{k+\beta-1}^{\beta-1} p^\beta (1-p)^k, \quad k = 0, 1, 2, \cdots\cdots, n \quad (3-44)$$

式中　p、β——负二项分布参数，$0 < p < 1$，β 为正整数。
其余符号意义同前。

同样的，用式（3-44）可计算在计数间隔 t 内到达 k 辆车（或人）的概率，到达数大于 k 的概率可由下式计算：

$$P(>k) = 1 - \sum_{i=0}^{k} C_{k+\beta-1}^{\beta-1} p^\beta (1-p)^i \quad (3-45)$$

其余类推。

由概率论可知，对于负二项分布，其均值 $M = \beta(1-p)/p$，$D = \beta(1-p)/p^2$，

$M < D$。因此，当用负二项分布拟合观测数据时，利用 p、β 与均值和方差的关系式，用样本的均值 m、方差 S^2 代替 M、D，p、n 可由下列关系式估算：

$$p = m/S^2 , \quad \beta = m^2/(S^2 - m) \quad （取整数） \quad (3-46)$$

式中，观测数据的均值 m 和方差 S^2，按式（3-31）、式（3-34）计算。

2）递推公式

$$P(0) = p^\beta \quad (3-47)$$

$$P(k) = \frac{k + \beta - 1}{k}(1 - p)P(k - 1) \quad (3-48)$$

3）应用条件

当到达的车流波动性很大或以一定的计算间隔观测到达的车辆数（人数），其间隔长度一直延续到高峰期间与非高峰期间两个时段时，所得数据可能有较大的方差。例如，选择信号灯的下游观测，信号循环的绿灯时间，交通流率大多较大，常达饱和；而信号循环的黄灯和红灯时间，交通流率通常很小。但是，当计数间隔相当于信号周期的绿灯时间或相当于整个周期时间，则这种不均匀影响不太明显；若计数间隔短于绿灯时间或短于整个周期时间，则观测数据将出现较大的方差，即 S^2/m 显著大于 1，此时应使用负二项分布拟合观测数据。

2. 连续型分布

描述事件之间时间间隔的分布称为连续型分布。连续型分布常用来描述车头时距或穿越空档、速度等交通流特性的分布特征。

（1）负指数分布

1）基本公式

若车辆到达符合泊松分布，则车头时距就是负指数分布。

由式（3-24）可知，在计数间隔 t 内没有车辆到达 ($k = 0$) 的概率为：

$$P(0) = e^{-\lambda t} \quad (3-49)$$

上式表明，在具体的时间间隔 t 内，如无车辆到达，则上次车到达和下次车到达之间，车头时距至少有 t，换句话说，$P(0)$ 也是车头时距等于或大于 t 的概率，于是得：

$$P(h \geq t) = e^{-\lambda t} \quad (3-50)$$

而车头时距小于 t 的概率则为：

$$P(h < t) = 1 - e^{-\lambda t} \quad (3-51)$$

若 Q 表示每小时的交通量，则 $\lambda = Q/3600$（辆/s），式（3-50）可以写成：

$$P(h \geq t) = e^{-Q_t/3600} \qquad (3\text{-}52)$$

式中　$Q_t/3600$——到达车辆数的概率分布的平均值。

若令 M 为负指数分布的均值，则应有：

$$M = 3600/Q = 1/\lambda \qquad (3\text{-}53)$$

负指数分布的方差为：

$$D = 1/\lambda^2 \qquad (3\text{-}54)$$

用样本的均值 m 代替 M、样本的方差 S^2 代替 D，即可算出负指数分布的参数 λ。此外，也可用概率密度函数来计算。负指数分布的概率密度函数为：

$$P(t) = \frac{d}{dt}P(h<t) = \frac{d}{dt}[1 - P(h \geq t)] = \lambda e^{-\lambda t} \qquad (3\text{-}55)$$

于是：

$$P(h \geq t) = \int_t^\infty P(t)dt = \int_t^\infty \lambda e^{-\lambda t}dt = e^{-\lambda t} \qquad (3\text{-}56)$$

$$P(h < t) = \int_0^t P(t)dt = \int_0^t \lambda e^{-\lambda t}dt = 1 - e^{-\lambda t} \qquad (3\text{-}57)$$

2）适用条件

负指数分布适用于车辆到达是随机的、有充分超车机会的单列车流和密度不大的多列车流的情况。通常认为当每小时每车道的不间断交通量等于或小于 500 辆时，用负指数分布描述车头时距是符合实际的。

由式（3-55）可知，负指数分布的概率密度函数曲线是随车头时距 t 单调递降的，这说明车头时距愈短，其出现的概率愈大。这种情形在不能超车的单列车流中是不可能出现的，因为车辆的车头之间至少应为一个车身长，所在车头时距必有一个大于 0 的最小值 t。负指数分布应用的局限性也即在于此。

（2）移位负指数分布

1）基本公式

为克服负指数分布的车头时距越趋近零其频率出现越大这一缺点，可将负指数分布曲线从原点 O 沿 t 轴向右移一个最小间隔长度 t（根据调查数据确定，一般在 1.0~1.5 s）得到移位负指数分布曲线，它能更好地拟合观测数据。

移位负指数分布的分布函数：

$$P(h \geq t) = e^{-\lambda(t-\tau)}, t \geq \tau \tag{3-58}$$

$$P(h < t) = 1 - e^{-\lambda(t-\tau)}, t \geq \tau \tag{3-59}$$

其概率密度函数为:

$$f(t) = \begin{cases} \lambda' e^{-\lambda'(t-\tau)}, & t \geq \tau \\ 0, & t < \tau \end{cases} \tag{3-60}$$

式中，$\lambda' = \dfrac{1}{\bar{t}-\tau}$，$\bar{t}$ 为平均车头时距分布的均值和方差，分别为：

$$M = \frac{1}{\lambda'} + \tau, \quad D = \frac{1}{\lambda^2} \tag{3-61}$$

用样本均值 m 代替 M、样本的方差 S^2 代替 D 则可算出移位负指数分布的两个参数 λ 和 τ。

2）适用条件

移位负指数分布适用于描述不能超车的单列车流的车头时距分布和车流率低的车流的车头时距分布。

由式（3-60）可知，移位负指数分布的概率密度函数曲线是随 $t-\tau$ 单调递降的，也就是说，服从移位负指数分布的车头时距，越接近 t，其出现的可能性越大。这在一般情况下是不符合驾驶员的心理习惯和行车特点的。从统计角度看，具有中等反应灵敏度的驾驶员占大多数，他们行车时是在安全条件下保持较短的车间距离，只有少部分反应特别灵敏或较冒失的驾驶员才会不顾安全去追求更短的车间距离。因此，车头时距分布的概率密度曲线一般总是先升后降的。为了克服移位负指数分布的这种局限性，可采用更通用的连续型分布，如爱尔朗（Erlang）分布、韦布尔（Weibull）分布、皮尔逊Ⅲ型分布、对数正态分布、复合指数分布等。

3）应用举例

如果优先的主要车流的车头时距服从移位负指数分布，则通过与负指数分布一节中相类似的推导过程，得到下列公式：

$$N_{\text{左}} = g_\mu \cdot \frac{(1-e^{-\lambda na_0})\lambda e^{-\lambda(\alpha-t)}}{(1+\lambda\tau)(1-e^{-\lambda a_0})} \tag{3-62}$$

对于横穿交通流所需安全间隔以及交通流中的开段与闭段问题，亦可用类似的推导方法得出与负指数分布相类似的公式和结果，这里不再赘述。

（3）爱尔朗分布

爱尔朗分布亦是较为通用的车头时距、速度等交通特征的分布模型。根据分布函数中参数"l"的改变而有不同的分布函数。

累积的爱尔朗分布可写成：

$$P(h \geq t) = \sum_{i=0}^{l-1} (\lambda lt)^i = \frac{e^{-\lambda lt}}{i!} \quad (3-63)$$

当 $l=1$ 时，式（3-63）简化成负指数分布；当 $l=\infty$ 时，式（3-63）将产生均一的车头时距。这说明，爱尔朗分布中，参数 l 可以反映畅行车流和拥挤车流之间的各种车流条件。l 越大，说明车流越拥挤，驾驶员自由行车越困难。因此，l 值是非随机性程度的粗略表示，非随机性程度随着 l 值的增加而增加。

实际应用时，l 值可由观测数据的均值 m 和方差 S^2 用式（3-64）估算：

$$l = \frac{m^2}{S^2} \quad (3-64)$$

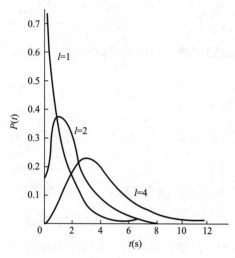

图 3-10　λ 固定时，$l=1,2,4$ 时的概率密度曲线

l 值四舍五入，取整数。爱尔朗分布的概率密度函数为：

$$P(t) = \lambda e^{-\lambda t} \frac{(\lambda t)^{l-1}}{(l-1)!} \quad l=0,1,2,3,\cdots\cdots \quad (3-65)$$

图 3-10 为 λ 固定时，$l=1,2,4$ 时的概率密度曲线。

3.1.5　排队论模型

排队论也称随机服务系统理论，是研究"服务"系统因"需求"拥挤而产生等待行列（即排队）的现象以及合理协调"需求"与"服务"关系的一种数学理论。它以概率论为基础，是运筹学的一个重要分支。

1. 基本概念

（1）"排队"与"排队系统"

"排队"单指等待服务的顾客（车辆或行人），不包括正在被服务的顾客；而"排队系统"既包括了等待服务的顾客，又包括了正在被服务的顾客。例如，一队汽车在加油站排队等候加油，它们与加油站构成一个排队系统。其中尚未轮到加油、依次排队等候的汽车行列称为排队，所谓"排队车辆"或"排队（等待）时间"都是仅指排队本身而言；如说"排队系统中的车辆"或"排队系统（消耗）时间"则把正在受服务的车辆也包括在内，后者当然大于前者。

（2）排队系统的三个组成部分

1）输入过程

就是指各种类型的顾客按怎样的规律到来，有各种各样的输入过程，例如：

① 定长输入：顾客等时距到达。

② 泊松输入：顾客到达符合泊松分布或顾客到达时距符合负指数分布。这种输入过程最容易处理，因而应用最广泛。

③ 爱尔朗输入：顾客到达时距符合爱尔朗分布。

2）排队规则

指到达的顾客按怎样的次序接受服务。例如：

① 损失制：顾客到达时，若所有服务台均被占，该顾客就自动消失，永不再来。

② 等待制：顾客到达时，若所有服务台均被占，它们就排成队伍，等待服务。服务次序有先到先服务（这是最通常的情形）和优先服务（如急救车、消防车等）等多种规则。

③ 混合制：顾客到达时，若队长小于可接受排队长度，就排入队伍；若队长等于可接受排队长度，顾客就离去，永不再来。

3）服务方式

指同一时刻有多少服务台可接纳顾客，为每一顾客服务了多少时间。每次服务可以接待单个顾客，也可以成批接待，例如，公共汽车一次就装载大批乘客。服务时间的分布主要有以下几种：

① 定长分布服务：每一顾客的服务时间都相等。

② 负指数分布服务：每一顾客的服务时间相互独立，服从相同的负指数分布。

③ 爱尔朗分布服务：每一顾客的服务时间相互独立，服从相同的爱尔朗分布。

为了以后叙述上的方便，引入下列记号：令 M 代表泊松输入或负指数分布服务，D 代表定长输入或定长服务；E 代表爱尔朗输入或服务。于是，泊松输入、负指数分布服务，N 个服务台的排队系统可以定成 $M/M/N$；泊松输入、定长服务、单个服务台

的系统可以写成 $M/D/1$。同样，可以理解 $M/E_k/N$、$D/M/N$ 等记号的含义。如果不附其说明，则这种记号一般都指先到先服务、独个顾客服务的等待制系统。

（3）排队系统的主要数量指标

最重要的数量指标有三个：

1）等待时间

从顾客到达时起至开始接受服务时为止的这段时间。

2）忙期

服务台连续繁忙的时期，这关系到服务台的工作强度。

3）队长

有排队顾客数与排队系统中顾客数之分，这是排队系统提供的服务水平的一种衡量。

2. $M/M/1$

计算公式。

由于 $M/M/1$ 系统排队等待接受服务的通道只有单独一条，也叫单通道服务系统，如图 3-11 所示。

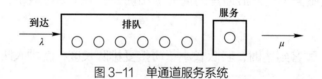

图 3-11 单通道服务系统

设顾客平均达到率为 λ，则到达的平均时距为 $1/\lambda$。排队从单通道接受服务后通过的平均服务率为 μ，则平均服务时间为 $1/\mu$。比率 $p=\lambda/\mu$ 叫作服务强度或交通强度或利用系数，可确定各种状态的性质。所谓状态，指的是排队系统的顾客数。如果 $p<1$，并且时间充分，每个状态都按一定的非零概率反复出现。当 $p \geqslant 1$ 时，任何状态都是不稳定的，而排队的长度将会变得越来越长。因此，要保持稳定状态即确保单通道排队能够消散的条件是 $p<1$（即 $\lambda<\mu$）。

（1）在系统中没有顾客的概率：

$$P(0)=1-\rho \tag{3-66}$$

（2）在系统中有 n 个顾客的概率：

$$P(n)=\rho^n(1-\rho) \tag{3-67}$$

（3）系统中的平均顾客数：

$$\overline{n} = \frac{\rho}{1-\rho} \tag{3-68}$$

（4）系统中顾客数的方差：

$$\sigma = \frac{\rho}{(1-\rho)^2} \tag{3-69}$$

（5）平均排队长度：

$$\overline{q} = \frac{\rho^2}{1-\rho} = \rho \cdot \overline{n} = \overline{n} - \rho \tag{3-70}$$

（6）非零平均排队长度：

$$\overline{q_w} = \frac{1}{1-\rho} \tag{3-71}$$

（7）排队系统中的平均消耗时间：

$$\overline{d} = \frac{1}{\mu - \lambda} = \frac{\overline{n}}{\lambda} \tag{3-72}$$

（8）排队中的平均等待时间：

$$\overline{w} = \frac{\lambda}{\mu(\mu - \lambda)} = \overline{d} - \frac{1}{\mu} \tag{3-73}$$

3. $M/M/N$

计算公式。

在 $M/M/N$ 排队系统中，服务通道有 N 条，所以也叫"多通道服务"系统。

设 λ 为进入多通道服务系统顾客的平均到达率，排队行列从每个服务台接受服务后的平均输出率为 μ，则每个服务的平均服务时间为 $1/\mu$。记 $\rho = \lambda/\mu$，则 ρ/N 称为 $M/M/N$ 系统的服务强度或交通强度或利用系数，亦可称为饱和度。和 $M/M/1$ 相仿，当 $\rho/N < 1$ 时，系统是稳定的；而 $\rho/N \geq 1$ 时，系统的任何状态都是不稳定的，排队长度将趋向于无穷大。$M/M/N$ 系统根据顾客排队方式的不同，又可分为：

（1）单路排队多通道服务

单路排队多通道服务是指排成一个队等待数条通道服务的情况，排队中头一顾客可视哪个通道有空就到那个通道去接受服务，单路排队多通道服务如图 3-12 所示。

（2）多路排队多通道服务

多路排队多通道服务是指每个通道各排一个队，每个通道只为其相对应的一队顾客服务，顾客不能随意换队，多路排队多通道服务如图 3-13 所示。这种情况相当于由

N 个 $M/M/1$ 系统组成的系统,其计算公式亦由 $M/M/1$ 系统的计算公式确定。

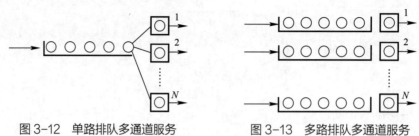

图 3-12 单路排队多通道服务　　图 3-13 多路排队多通道服务

对于单路排队多通道服务的 $M/M/N$ 系统,其计算公式如下:

1) 系统中没有顾客的概率为:

$$P(0) = \frac{1}{\sum_{k=0}^{N-1} \frac{\rho^k}{k!} + \frac{\rho^N}{N!(1-\rho/N)}} \tag{3-74}$$

2) 系统中有 k 个顾客的概率为:

$$P(k) = \begin{cases} \dfrac{\rho^k}{k!} \cdot P(0) & k < N \\ \dfrac{\rho^k}{N! N^{k-N}} \cdot P(0) & k \geq N \end{cases} \tag{3-75}$$

3) 系统中的平均顾客数为:

$$\bar{n} = \rho + \frac{\rho^{N+1}}{N!N} \cdot \frac{P(0)}{(1-\rho/N)^2} \tag{3-76}$$

4) 平均排队长度为:

$$\bar{q} = \bar{n} - \rho \tag{3-77}$$

5) 系统中的平均消耗时间为:

$$\bar{d} = \frac{\bar{q}}{\lambda} + \frac{1}{\mu} = \frac{\bar{n}}{\lambda} \tag{3-78}$$

6) 排队中的平均等待时间为:

$$\bar{w} = \frac{\bar{q}}{\lambda} \tag{3-79}$$

3.1.6　交通网络流理论

出行者的出行决策可以概括为四个步骤:是否出行、出行目的地选择、出行方式选择和出行路径选择,在交通规划中就对应交通规划的四阶段法,即出行生成、交通分布、交通方式划分和交通分配。处理城市交通问题往往需要用到城市道路网络上的交通流量。无论是中远期的交通规划,还是短期的交通管理和控制,都需要合理地分析预测交通网络上的交通流量,恰当地理解交通需求在网络上的分布情况。因此,如何建立一个有效的模型来分析网络上的流量分布成为一个关键问题。

1. 交通网络均衡

交通网络均衡源于路段出行时间和路段流量的相互依赖关系。假设网络上用户的出行需求已经确定,即,在交通规划四阶段法中前三个阶段已经完成。从起点到终点存在数条路径相连。那么接下来的问题是,各个 OD 对之间的出行需求是如何分布到这些路径上的?如果所有的用户都选择了相同的道路出行(一般是这些路径中的最短路径),这条路径上的拥挤程度就会随着这条路径上的用户的增加而不断增加。拥挤程度增加导致路径出行时间变长,当出行时间长到一定程度的时候,这条路径就不再是最短出行路径了。这时,一部分出行者就会放弃这条路径,选择当前最短路径出行。

假设所有出行者独立地做出令自己出行费用最小的决策,可以得到一个广泛认可的流量平衡原则,即 Wardrop 第一原则,通常称为用户均衡(User Equilibrium,UE)原则。用户均衡原则认为,网络上的平衡流量应满足两个条件:第一,在任何一个 OD 对之间,所有被使用了的路径(流量大于零)的出行时间相等,用符号 u^{rs} 来表示他们的出行时间;第二,所有未被使用的路径的出行时间均大于或等于 u^{rs}。在用户均衡状态下,没有用户能够通过单方面的路径变更行为,来减少自己的出行时间。

2. 用户均衡的数学等价条件

上文中所描述的用户均衡模型的两个条件,可以利用如下的数学符号来表述:

$$f_k^{rs} \begin{cases} =0 & c_k^{rs} > u^{rs} \\ >0 & c_k^{rs} = u^{rs} \end{cases} \quad \forall r \in R, s \in S, k \in K^{rs} \qquad (3-80)$$

满足:

$$\sum_{k \in K^{rs}} f_k^{rs} = q^{rs} \quad \forall r \in R, s \in S \qquad (3-81)$$

$$f_k^{rs} \geq 0 \quad \forall r \in R, s \in S, k \in K^{rs} \qquad (3-82)$$

式中　　R——出行起点的集合;

　　　　$r \in R$——其中一个出行起点;

　　　　S——出行终点集合;

　　　　$s \in S$——其中一个出行终点;

K^{rs}——r 到 s 之间的路径集合；

$k \in K^{rs}$——其中的一条路径；

f_k^{rs}——OD 对 (r,s) 之间第 k 条路径的路径流量；

q^{rs}——OD 对 (r,s) 之间的需求量；

c_k^{rs}——OD 对 (r,s) 之间第 k 条路径的出行时间，可通过该路径所经过的路段上的出行时间求和而得。

式（3-80）表示只有当第 k 条路径的是最短路的时候（出行时间等于 u^{rs}），才有用户选择这条路径，这条路径上才有流量分配上去，式（3-81）是 OD 对 (r,s) 之间的路径流量守恒约束，式（3-82）是非负约束。

式（3-80）~式（3-82）可以等价转化为如下的式子，被称为用户平衡的数学条件：

$$f_k^{rs}(c_k^{rs} - u^{rs}) = 0 \tag{3-83}$$

$$c_k^{rs} - u^{rs} \geq 0 \quad \forall r \in R, s \in S, k \in K^{rs} \tag{3-84}$$

满足：

$$\sum_{k \in K^{rs}} f_k^{rs} = q^{rs} \quad \forall r \in R, s \in S \tag{3-85}$$

$$f_k^{rs} \geq 0 \quad \forall r \in R, s \in S, k \in K^{rs} \tag{3-86}$$

式（3-83）与式（3-80）完全等价。在该数学条件的基础上，可以进一步计算用户平衡的流量，并构造其他容易求解的数学模型。

$$q = x_1 + x_2 \tag{3-87}$$

路段出行时间是受路段流量影响的函数，路段流量越高，道路越拥挤，出行时间越长。出行者可根据各条路径的出行时间选择最短路径出行。

3. 等价数学规划模型简介

尽管上节介绍了用户均衡的定义及简单网络（由两条路段组成的网络）下的计算方法，要在大规模网络中利用用户均衡条件来求解流量非常困难。1956 年，Beckmann 等提出用如下的非线性数学规划模型来代替上述用户均衡模型的最优化条件，从而利用效率更高的数学算法来求解网络均衡流量。

$$\min z = \sum_{a \in A} \int_0^{v_a} t_a(x) \mathrm{d}x \tag{3-88}$$

满足:

$$\sum_k f_k^{rs} = q^{rs} \quad \forall r \in R, s \in S \qquad (3\text{-}89)$$

$$v_a = \sum_{r \in R}\sum_{s \in S}\sum_k f_k^{rs} \delta_{a,k}^{rs} \quad \forall a \in A \qquad (3\text{-}90)$$

$$f_k^{rs} \geq 0 \quad \forall r \in R, s \in S, k \in K^{rs} \qquad (3\text{-}91)$$

该模型被称为 Beckmann 变换式。

式中　A——网络中所有路段的集合;

v_a——路段 a 上的出行流量;

t_a——路段 a 上的出行时间;

f_k^{rs}——OD 对 (r,s) 之间第 k 条路径的路径流量;

q^{rs}——OD 对 (r,s) 之间的交通需求;

$\delta_{a,k}^{rs}$——一个二元变量，表示路径和路段之间的关系，例如，$\delta_{a,k}^{rs} = 1$ 表示路径 $k \in K^{rs}$ 经过了路段 a，$\delta_{a,k}^{rs} = 0$ 则表示没有经过。式（3-89）～式（3-91）是网络中的流量守恒条件，作为模型的约束条件。该数学模型具有如下两个性质:

（1）Beckmann 变换式的最优解与用户均衡条件等价。Beckmann 变换式这个数学模型的最优解就是满足用户均衡条件的网络流量。

（2）Beckmann 变换式存在最优解且最优解是唯一的。

因此，求解 Beckmann 变换式可以得到网络上的均衡流量。在此之前，用户均衡的概念还停留在理论阶段，无法应用到实际交通规划中。Beckmann 变换式将用户均衡条件转化为非线性数学规划问题，该数学规划问题是一个凸规划问题。1975 年 LeBlanc 用 Frank-Wolfe 算法对该模型成功进行了求解。Frank-Wolfe 算法是 Frank 和 Wolfe 于 1956 年提出的一种求解带线性约束的非线性规划问题的线性化算法，属于可行方向法的一种。Frank-Wolfe 算法在交通网络均衡问题上的应用对于推动交通网络流理论的发展具有里程碑式的意义。

3.2　道路车辆行驶协同理论

车路协同系统（Cooperative Vehicle Infra-structure System，CVIS）是基于先进的传感器和无线通信等技术，能够实现车内（In-vehicle）、车间（Vehicle to Vehicle，

V2V），以及车路（Vehicle to Infrastructure，V2I）动态信息的实时交互，完成全时空动态交通信息采集和融合，从而保障在复杂交通环境下车辆的安全行驶、实现道路交通主动控制、提高路网运行效率的新一代智能交通系统。在传统交通系统中，由于行人、道路、车辆等组成要素分割且未能充分协调优化的问题严重弱化了交通系统的服务效能，因此建立"知己知彼"和智能协同的CVIS作为智能交通的发展理念和解决交通问题的重要手段，在许多发达国家已经被广为接受和实施。目前，欧美日等发达国家及地区和我国都在积极推进相关技术的研究和应用。

随着交通需求的增加，道路交通流密度越来越大，其与早期低密度交通的本质性差异表现在，车与车的协同关系已经成为影响道路交通效率的一个决定性因素。因此，在车与车协同关系基础上实现道路交通系统各要素的充分协调与优化，是解决日益严峻的交通问题的重要途径，迫切需要新的理论和系统支撑。

本节基于跟驰理论的车辆协同模型进而研究道路车辆行驶协同理论。

3.2.1 基于跟驰理论的车辆协同模型

随着科学技术的发展和进步，人们希望利用先进的科学技术手段提升道路的使用率，交通系统的稳定性、安全性和舒适性。CVIS作为智能交通系统发展到更高阶段的产物在这种背景下应运而生。基于CVIS系统，驾驶员可以获得道路上其他车辆的各种相关信息，为实现车车协同行驶提供有力支撑，为探索协同行驶下车辆跟驰行为提供新的契机。与传统驾驶环境相比，协同行驶条件下的车辆跟驰行为表现出的制约性、延迟性和传递性基本特征将发生根本性变化，从传统驾驶环境视角构建起来的跟驰理论已不能完全适应车车协同行驶环境，为此需要进行再认识。同时，伴随ITS向车车协同的高级阶段发展，对应的交通流理论也迫切需要与时俱进，以适应新系统发展的理论需要。当前，信息化条件下的车辆协同行驶建模及车辆稳定性研究已逐渐成为研究热点。沿着这个方向，国内外一些学者在假设驾驶员可以获得其他车辆信息的前提下，前瞻性地探索了不同信息下车车协同机制给交通流带来的致稳效应，并构建了基于车辆跟驰理论的车车协同行驶模型。这些信息从内容上包括速度信息、位置信息和加速度信息等。从产生的位置来看，可以分为多前导车信息（前向观测）和尾随车信息（后视效应）。从产生信息交换的车辆是否相邻，可以分为邻近车辆信息和非邻近车辆信息两类。下面按照前向观测和后视效应两个大类别分别阐述协同行驶模型的构建方式及代表性的协同行驶模型。

3.2.1.1 基于前向观测信息的协同行驶模型

随着智能交通系统，特别是车路协同系统的发展和部署应用，所有车辆的交通信息可以实时发布、交互和整合，车流中每辆车可以获得其他车辆的信息，使驾驶员可以预先获得前面各车辆的行为和运动趋势信息，从而使驾驶员能够及时做出反应并选择最有利于稳定整个车流的协同行驶行为。这些信息包括前车及多前车的位置信息、速度信息、加速度信息和非邻近前车信息等。下面逐一介绍涉及上述信息的各种协同行驶模型。

1. 多前车车头间距信息的协同行驶模型

在前向观测类跟驰模型中，学者基于车辆协同行驶的全新视角，探索了多辆前车位置信息对车队的致稳作用。这些模型主要有两种形式：第一种是 Lenz 等提出的连续模型，该模型将目标车辆的驾驶行为看作是多个优化函数综合作用的结果；第二种是 Ge 等提出的离散模型，该模型将目标车辆的优化速度函数看作是多辆前车车头间距共同决定的。

Lenz 和 Ge 等的研究结果均证实，基于协同行驶条件下的多前车位置信息，驾驶员可以更加准确地感知前方车辆的运行状态和干扰信息，实现前后车辆间的有效配合和协同行驶。这有利于减少内部车辆间的博弈和冲突，从而有效地抑制交通阻塞。

2. 多前车速度差信息的协同行驶模型

2006 年，王涛等认为考虑多辆前车速度差信息可以预先获得前面车辆队列的运

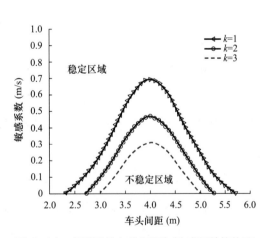

图 3-14 多模型的车头间距与敏感系数的临界曲线

动趋势信息，从而目标车辆的驾驶员可以提前做出加速或者减速决策，缩短延迟时间。这一过程能有效避免驾驶员频繁加速或减速，从而减少污染和降低能耗。基于此，王涛等探索了多前车速度差信息下的车队协同行驶策略，提出多速度差模型（Multiple Velocity Difference，MVD），图 3-14 直观展示了协同行驶条件下，多模型的车头间距

与敏感系数的临界曲线。随着提供速度差信息车辆数目的增加，MVD 模型的临界稳定曲线及临界点位置逐渐下降，相应的不稳定区域被压缩，而稳定区域获得扩大。这意味着多前车速度差信息在车辆协同行驶过程中的确起到稳定车流和抑制交通阻塞的作用。

3. 多前车车头间距和速度差信息的协同行驶模型

前面的研究结果表明，在车辆协同行驶过程中，单独采集和利用多前车的位置（车头间距）信息和速度差信息均能有效提高车流的稳定性。我国学者孙棣华和彭光含基于车辆跟驰理论探索了多前车车头间距信息和速度差信息综合作用的协同行驶模型，提出多车跟驰（Multiple Car-Following，MCF）模型。MCF 模型在稳定性研究中，采用 Helbing 和 Tilch 提出的优化速度函数，即：

$$V_H(\Delta x) = V_1 + V_2 \tan h\left[C_1(\Delta x - l_C) - C_2\right] \quad (3-92)$$

式中，$l_C = 5\text{m}$，是车辆长度；$V_1 = 6.75\text{m/s}$；$V_2 = 7.91\text{m/s}$；$C_1 = 0.13$；$C_2 = 1.57$。

从另外一种角度，为了引入不同车型的影响并区分不同前导车辆的影响程度，孙棣华等提出另外一种多前车和速度差信息模型（Multiple Ahead and Velocity Difference，MAVD），其表达式为：

$$a_n(t) = a\left(V\left(\sum_{j=1}^{q}\beta_j\Delta x_{n+j-1}(t)\right) - v_n(t)\right) + \lambda\sum_{j=1}^{q}\xi_j\Delta v_{n+j-1}(t) \quad (3-93)$$

式中，$\beta_j \in N$，且 $\beta_j \geq 0$ 为 $\Delta x_{n+j-1}(t)$ 的权重函数，假设 β 随 j 的增大而减小，这意味着车辆间距的影响随着前导车距离跟驰车辆的间距增大而减小；$\xi_j \in R$，且 $\xi_j \geq 0$ 为 $\Delta v_{n+j-1}(t)$ 的权重函数；β_j 和 ξ_j 的引入是考虑不同车型的影响及区分不同前导车辆的影响程度。

4. 多前车头间距、速度差和加速度信息的协同行驶模型

前述研究表明，车头间距信息和车辆速度差信息的引入均是提高车流稳定性的重要途径。除此之外，李永福等的研究结果揭示了车辆的加速度差信息在很大程度上也会影响车流的稳定性。由于这个模型是前向观测模型中包含车辆信息种类最多，扩展最为彻底的一个经典模型，因此下面对此模型进行介绍。

孙棣华和李永福等在 OV 模型基础上，综合考虑多前车的位置信息、速度差信息和加速度差信息对跟驰车辆的协同作用，提出一种基于多前车位置、速度差和加速度差信息（Multiple Headway Velocity and Acceleration Difference，MHVAD）的协同行驶

模型。假设考虑 m 辆前导车辆，则 MHVAD 模型的运动方程为：

$$a_n(t) = a\left(V\left(\sum_{j=1}^{q}\xi_j\Delta x_{n+j-1}(t)\right) - v_n(t)\right) + \lambda\sum_{j=1}^{q}\theta_j\Delta v_{n+j-1}(t) + \gamma\sum_{j=1}^{q}\mu_j\Delta a_{n+j-1}(t) \quad (3-94)$$

式中，$x_n(t)>0$，$v_n(t)>0$ 和 $a_n(t)$ 分别为第 n 辆车的位置（m）、速度（m/s）和加速度（m/s²）；t 为时间（s）；$q \in N$ 为考虑的前导车辆数目；$\alpha, \lambda, \gamma \in R$ 且 $a>0$，$\lambda \geq 0$，$\gamma \geq 0$ 及 $\lambda, \gamma \in [0,1]$ 分别为不同的常数敏感系数；$\Delta x_n(t) = x_{n+1}(t) - x_n(t)$、$\Delta v_n(t) = v_{n+1}(t) - v_n(t)$ 和 $\Delta a_n(t) = a_{n+1}(t) - a_n(t)$ 分别为车辆的位置差（m）、速度差（m/s）和加速度差（m/s²）；$\beta_j, \theta_j, \mu_j \in R$ 且 $\beta_j \geq 0$，$\theta_j \geq 0$，$\mu_j \geq 0$ 分别为不同的权重系数。

为了便于讨论，假设 $\beta_j = \theta_j = \mu_j$，$V(\cdot)$ 为优化速度函数，其一般表达式为：

$$V(\Delta x_n(t)) = \frac{v_{\max}}{2}[\tan h(\Delta x(t) - h_c) + \tan(h_c)] \quad (3-95)$$

3.2.1.2 基于后视效应协同行驶模型研究

在实际驾驶过程中，驾驶员可以通过后视镜捕获尾随车流的运动信息（后视效应），从而自适应调整自身驾驶行为。特别地，随着智能交通系统的普遍应用，驾驶员对后方车辆运动状态感知的范围获得极大扩展。这种感知信息引入车辆协同行驶模式中，驾驶员可望依据后方尾随车辆和前方车辆的相互作用信息来动态优化和精准控制车辆。下面对此类协同行驶模型进行系统讨论，展示后视效应下协同行驶车辆队列的时空演化机制。

1. 考虑后视效应和多前车信息的跟驰模型

网联车跟驰模型的研究可为未来实施大规模的实地测试提供模型参考，已成为交通流及智能交通领域的研究热点。2021 年，为了更好地研究智能网联车辆的跟驰特性，在 MVD 模型的基础上，惠飞等提出了一种考虑后视效应和多前车信息的跟驰模型（BL-MVDAM），利用线性稳定性分析方法推导出 BL-MVDAM 模型的交通流稳定性判断依据，并分别分析了模型中各参数对系统稳定性的影响，给出分析结果并进行了数值仿真实验，仿真实验选取在环形道路上给行驶过程中的车队施加轻微扰动，并根据跟驰车对后车的关注程度 P 和前车数量 k 设计数值模拟实验，当其他条件一致时，相比 FVD，MVD，OMVC 和 BLVD 模型，BL-MVDAM 模型中车队的速度波动率较小，尤其是当 $P = 0.8$，$k = 3$ 时，车队速度平均波动率最小可以达 0.24%，实验分析结果表明，所提出模型在引入后视效应和多前车信息后，具备更优的稳定区域，能较好地吸收扰动且有利于增强车队行驶的稳定性。

2. 考虑无人驾驶汽车后视效应和前车加速度信息的跟驰模型

2022 年，刘卫平和化存才在无人驾驶环境下研究车辆跟驰模型。在双速度差模型（Two-Velocity Difference，TVD）的础上，考无人驾驶汽车后视效应和前车加度信息对车辆驰行为的影响，提出一种改进的跟驰模型（BL-ATVD）。利用线性定性方法得到了 BL-ATVD 型的定性条件，并分析了稳定区域的扩大情况和占比率；利用约化摄动方法导出了 BL-ATVD 模型分别在定区域和不定区域内的 Burgers 方程 mKdV 方程给出相应的孤立波解扭结－反扭结波解值模拟结果表明 BL-ATVD 模型的交通流稳定性好于全速度差（Full Velocity Difference，FVD）模型，且稳定性随后视效应权重的减小或前车加速度敏感系数的增大而增强。因此，BL-ATVD 模型适合用于描述无人驾驶车辆的跟驰特性。

3. 考虑预测车头时距变化和前方车辆后视效应的连续交通流模型

前车减速过程中的汽车尾灯可能会极大地影响后车的加减速过程。此外，驾驶员可以从周边交通信息预测下一时间段的车头时距，并根据预测的车头时距与当前车头时距信息的差异调整车辆加速度。2021 年，翟聪等为了分析这些组合效应，提出了一种新的考虑预测车头时距变化和前方车辆尾灯的连续交通流模型。在线性和非线性稳定性分析中导出了连续体模型的稳定性条件和 KdV-Burgers 方程。通过求解 KdV-Burgers 方程得到的密度波解可用于描述近稳定条件下交通拥堵的形成和传播机理。仿真再现了冲击波、稀疏波、局部簇效应等复杂交通现象。结果表明，前方车辆的尾灯信息和驾驶员的预测时间步长均对交通流的稳定性和能耗有较大贡献。

4. 考虑电子节气门（ET）和后视效应的修正连续体模型的非线性分析

2019 年，焦玉磊等综合考虑"电子节气门（ET）"动力学和"后视"效应的影响，建立了新的跟驰模型。改进后的跟驰模型通过微观变量与宏观变量之间的关系转化为新的连续体模型。根据线性稳定性理论可以得到扩展连续体模型的线性稳定性条件。中性稳定性曲线表明，后视效应会提高交通流的稳定性。通过非线性分析推导出 KdV-Burgers 方程，可用于描述中性稳定线附近交通拥堵时交通流密度波的传播行为。已经进行了数值实验，包括冲击波、稀薄波和能量消耗。数值模拟结果表明，考虑 ET 动力学和后视效应可以提高交通流的稳定性。此外，上述两个因素也能有效降低能耗。

3.2.2 基于元胞自动机的车辆协同模型

元胞自动机实质上是定义在一个由具有离散、有限状态的元胞组成的元胞空间上，按照一定的局部规则，在离散的时间维度上进行演化的动力学系统。一个元胞自动机最基本的构成包括元胞、元胞空间、邻居及规则四部分。

依据对元胞自动机模型组成的分析，可以将其抽象成一个用数学符号表示的四元组，即 $A = (L^d, S, N, f)$。其中，A 为一个元胞自动机系统；L^d 为元胞空间；d 为空间维数；S 为元胞有限的离散的状态集合；N 为邻域内所有元胞的组合（包括中心元胞在内）；f 为局部转换函数，也就是规则。从上面的叙述可以看出，元胞自动机可以简单地看成由一个元胞空间和定义于该空间的变换函数构成。元胞自动机不同于一般的动力学模型，不是由严格定义的物理方程或函数来描述，而是由一系列的演化规则构成。

1. 不同车道数量的元胞自动机模型

（1）维单车道

一维单车道模型研究车辆在一条车道上运动形成的交通流。其基本结构是：将一条车道划分为等尺寸的格点，每个格点看作一个元胞，其最多仅能有一辆车占据，每个元胞被设计为具备两种明确的状态：空闲或被车辆所占据。时间的处理采用离散化方法，以等步长的方式逐步推进。在此过程中，选取车辆的位置与速度作为关键的状态变量，以全面描述系统的动态变化。在每个时刻，根据定义的规则进行状态更新。各模型的区别主要在于状态更新规则，按是否包含随机因素可分为确定性模型和随机性模型。整个系统采用周期边界条件，以保持车辆数守恒。

一维单车道交通流元胞自动机模型忽略了十字路口、交通灯和交叉口方向上车辆的影响，只考虑同一路段上同方向车辆的相互作用。这种模型适合于模拟高速路上的交通流。交通流元胞自动机模型具有规则简单、计算速度快的特点，目前已成为交通微观模拟研究的重要工具。其在描述交通流特性方面的独特优势，必将会使它有非常广阔的发展前景。

（2）双车道

双车道元胞自动机模型实施过程中，一般是把每个时间步划分为两个子时间步：在第一个子步内，车辆按照换道规则进行换道；在第二个子步内，车辆在两条车道上按照单车道的更新规则进行更新。

通常驾驶员换道的动机由两部分组成：①旁道上的行驶条件比本车道要好；②车辆在本车道上无法按照期望速度行驶。实施换道必须满足两个条件：①换道动机，即本车是不是想换道；②安全条件，即本车如果要换道，对自身和其他车辆是不是安全的。

研究人员提出了各种各样的换道规则：有对称型的，有非对称型的，有的规则对条件要求比较严苛，有的规则对条件则比较宽松。对双车道交通而言，如果采用对称型换道规则，那么车辆的换道策略就和车辆换道的方向无关。非对称型换道规则同样受到关注，例如车流密度小时车辆倾向于在左车道行驶，或者右侧车道禁止超车。

这些换道规则都可以通过调整元胞自动机的部分规则细节得以实现，充分体现了元胞自动机的灵活性。

（3）多车道换道

基于大量实测数据，Peter Hidas 把机动车的驾驶换道行为划分为 3 类，其中，将那些不受外界因素干扰的自主换道行为定义为"自由换道"。在交通流微观仿真系统中，自由换道模型构成了其他复杂换道模型的基石。早期阶段，构建自由换道模型时，主要聚焦于车辆内部及其邻近车辆的局部运行状态信息，如车速、车间距等，以这些因素为核心来探讨它们对换道行为的影响。

对换道驾驶行为的影响，基于这种纯数据驱动的换道模型构建思路，20 世纪末，Ricked 等通过在 NaSch 模型中引入 1 套经典换道规则形成了最基础的双车道 STCA 模型从而使得交通流元胞自动机模型具有了换道功能，21 世纪初 Pedersen、Daoudia 等学者进一步扩展了这一模型，提出了适用于三车道的改进 STCA 换道规则模型。为了有效避免多车同步更新时可能发生的换道碰撞，该模型创新性地采用了横向（即车行道宽度方向）顺序更新策略，规定先到达冲突位置的车辆享有优先占据权。这一方法在当时成为解决多车道换道冲突的主流方案。

然而，为了更精细地处理换道冲突，敬明等人另辟蹊径，提出了纵向（车行道长度方向）顺序更新法。该方法中，位于元胞空间前端的车辆相较于其后的车辆拥有优先更新权，这一设计在规避换道冲突的同时，也便于计算纵向相邻车辆间的行驶状态相关性，该方法也被称为"纵向串行更新"。

尽管上述两种串行更新方法在解决换道冲突问题上各有千秋，但它们都在一定程度上牺牲了元胞自动机模型的并行计算效率，且未能充分考虑现实中不同驾驶员在同一换道冲突情境下可能采取的多样化应对策略。因此，纯数据驱动的换道规则模型在解析深受驾驶员心理特性影响的驾驶决策过程时，存在一定的局限性。

换道模型是多车道元胞自动机交通流模型的核心子模块之一，在分析现实中驾驶员执行换道时处理车辆冲突过程的基础上，2018年邓建华等依据其蕴含的不同换道驾驶行为特征把驾驶员采取的换道冲突策略划分为保守型、机敏型与激进型3类，并通过进一步优化车辆状态更新算法，提出了换道冲突处理策略，在车辆状态更新次序随机的多车道换道模型获得不同空间占有率条件下，驾驶员分别采取保守、机敏或激进策略时所产生的换道动机次数和换道成功次数，通过数据分析发现：在特定空间占有率区间，不同换道冲突处理策略将引起较显著换道动机概率差异与换道成功概率差异。

2. 关于混入智能网联车队的混合交通流元胞自动机模型

2022年，蒋阳升等针对现有自动-手动驾驶混合交通流元胞自动机模型未考虑智能网联车队队列行为，提出了考虑智能网联车队的混合交通流元胞自动机模型，研究混入智能网联车辆车队的混合交通流特征。对混合交通流中的跟驰行为进行分析，基于跟驰行为的特征，分别构建人工驾驶跟驰模式、自适应巡航模式、协同自适应巡航车队模式的元胞自动机规则，基于数值仿真实验对不同智能网联车辆渗透率下的混合交通流特性及拥堵情况进行了分析，图3-15为混合交通流中的跟驰模式。

其研究表明智能网联车辆的应用可显著提高道路通行能力和车辆平均速度，进而有效地缓解交通拥堵。

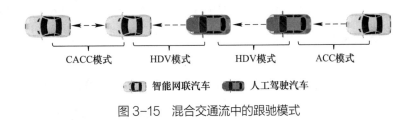

图3-15 混合交通流中的跟驰模式

3.2.3 基于宏观动力学理论的路段协同行驶模型

宏观交通流模型的研究始于LWR模型的提出。随后，交通流理论先驱Payne等提出PW高阶模型，极大地完善和推动了LWR模型，使宏观交通流模型进入崭新的领域。此后，高阶模型沿着密度梯度和速度梯度两个大类展开。另一方面，国内外学者对宏观交通流的研究获得的经典成果大多是针对单车道场景。由于没有涉及换道和超车行为，因此，大大局限了单车道宏观模型的应用。一个值得探索的问题是，如何将经典的单车道模型扩展到多车道系统，以提高模型的普适性。围绕多车道系统车流运动特性，Daganzo、Tang 等、Huang 等、Tang 等、Sun 等和 Peng 等国内外学者从宏观层面进行了系统研究，取得了一系列成果。本节将分别介绍部分经典的单车道和两车道宏观动力学模型。在此基础上，重点研究基于宏观动力学理论的路段协同行驶模型及其构建方法，同时探索宏观协同行驶策略在车流稳定性方面的潜在应用价值。

LWR 模型。

交通流宏观模型的研究始于 LWR 模型。1955 年，Lighthill 和 Whitham 首次提出一阶连续介质模型的概念，随后 Richards 也独立提出类似的模型，因此这一里程碑式的成果被合称为 LWR 模型。其建立的依据是车辆数目守恒这一基本原理。依据这一基本原理，交通流平均密度 k 和交通流量 q 满足如下守恒方程：即：

$$\frac{\partial q}{\partial x} + \frac{\partial k}{\partial t} = s(x,t) \quad (3-96)$$

式中　　$s(x,t)$——流量产生率，表示通过出入匝道进入或离开路段的流量[辆/(km·h)]；

　　　　α、t——空间（km）和时间（h）。

对于没有进出匝道的公路，$s(x,t)=0$；否则，$s(x,t)\neq 0$。交通流平均密度（k）、交通流量（q）和平均速度（u）的关系为：

$$q = ku \quad (3-97)$$

LWR 模型中存在密度和速度两个变量而仅有一个方程，所以方程不封闭，不能求解。为了封闭方程，LWR 理论假设车流始终处于均衡状态，从而引入关于速度和密度的平衡速度－密度关系式，即：

$$u = u_e(k) \quad (3-98)$$

通过式（3-95）～式（3-97），可以得到简单交通流问题的解析解。采用特征线分析方法或者数值模拟，可以捕捉到交通激波和交通稀疏波的演化性质。

当 $s(x,t)=0$ 时，守恒方程的推导可以采用下面的方法：考察一个单向连续路段，在该路段选择两个交通计数站（图 3-16），两站间距为 Δx，两站之间没有出口或入口，即该路段上没有交通流的产生或离去。

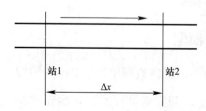

图 3-16　$s(x,t)=0$ 时车辆守恒方程的推导示意图

设 N_i 为 Δt 时间内通过 $i(i=1,2)$ 站的车辆数，q_i 是通过站 i 的流量，Δt 为 2 个站同时开始计数所持续的时间。令 $\Delta N = N_2 - N_1$，则有：

$$q_1 = N_1/\Delta t \tag{3-99}$$

$$q_2 = N_2/\Delta t \tag{3-100}$$

$$\Delta q = q_2 - q_1 = \Delta N/\Delta t \tag{3-101}$$

如果 Δx 足够短，使该路段内的密度 k 保持一致，那么密度增量可以表示为：

$$\Delta k = \frac{-(N_2 - N_1)}{\Delta x} = -\frac{\Delta N}{\Delta x} \tag{3-102}$$

式中，(N_2-N_1) 前面之所以加上"-"号是因为如果 $(N_2-N_1) > 0$，说明从站 2 驶离的车辆数大于从站 1 驶入的车辆数，也就是两站之间车辆数减少，即密度减小。

换句话说，ΔN 与 Δk 的符号相反，于是有：

$$\Delta k \Delta x = -\Delta N \tag{3-103}$$

同时，根据式（3-100）有：

$$\Delta q \Delta t = \Delta N \tag{3-104}$$

因此，由式（3-102）、式（3-103）有：

$$-\Delta q \Delta t = -\Delta k \Delta x \tag{3-105}$$

即：

$$\frac{\Delta q}{\Delta x} + \frac{\Delta k}{\Delta t} = 0 \tag{3-106}$$

假设两站间车流连续，且允许有限的增量为无穷小，那么取极限可得式（3-107），即：

$$\frac{\partial q}{\partial x} + \frac{\partial k}{\partial t} = 0 \tag{3-107}$$

式（3-107）描述了道路交通系统中宏观车流的守恒规律，即车辆守恒方程或连续方程。这个方程与流体力学的方程有相似的形式。

3.2.4 基于格子流体力学的路段协同行驶模型

道路交通流的运行状态直接影响整个城市交通系统的稳定性，一旦城市交通系统失稳将给社会环境带来各种不利因素，如交通堵塞、环境污染、资源浪费、事故频发等。2015 年，王涛利用格子流体力学理论研究了封闭系统和开放系统中的宏观交通流建模问题。一方面，在封闭系统中借助智能交通系统理念，分别构建了单车道、双车道格子流体力学模型，并对模型进行线性和非线性分析，通过数值仿真验证理论分析结果，进一步在亚稳态区域研究不同扰动在交通流中的演化情况；另一方面，城市交通系统本身就是开放的复杂巨系统,而其中交通瓶颈是阻碍交通系统运行状态的集中点,也是引起城市交通病的症结所在。本书将新建的道路交通模型应用到不同类型的交通瓶颈中,重现实测观察到的交通流拥挤模式,分析不同交通拥挤模式演化机理及形成条件。

(1)在封闭系统中,借助智能交通系统,充分考虑前面多个格子的密度信息对当前格子的影响,建立基于密度差格子流体力学合作驾驶模型。采用线性稳定性理论和摄动理论对新建模型进行分析,前者可以得到模型的线性稳定性条件,后者推导出了描述拥挤区域密度波的 mKdV 方程,同时求得了关于密度的扭矩—反扭矩解。通过数值仿真发现合作驾驶能够提高交通流的稳定性。把单车道密度差格子流体力学模型扩展到双车道,建立双车道格子流体力学模型。与合作驾驶模型一样,通过上述两种理论方法和数值模拟对该模型中的交通流特性进行理论分析和仿真研究。结果表明:在双车道系统中考虑密度差的作用同样可以提高交通流的稳定性。

(2)进一步依据 Kerner 三相交通流理论中描述的同步流特征,单纯的密度并不能完全反映拥挤区域的交通流状况,因此考虑下游多个格子的流量信息建立合作驾驶模型。通过对所构建的新模型进行理论分析得到解析的线性稳定性条件,通过非线性分析方法对模型进行分析,推导出了其 mKdV 方程并求得解析解。在上述分析的基础上,采用敏感系数—密度的相空间图(图 3-17)阐述流量差信息在改善交通流稳定性方面的作用。并通过数值模拟得出在 ITS 系统中合作驾驶的最优作用范围。

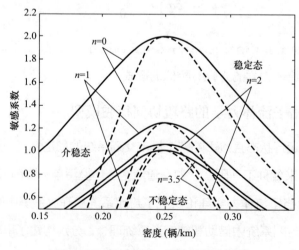

图 3-17 敏感系数—密度的相空间图

(3)基于上述所构建的双车道密度差模型,在封闭系统中采用摄动方法推导模型的 KdV 方程，此方程中通过逆散射变换求得准确的孤子解。在开放边界条件下对模型进行数值模拟，得到随着时间的推移保持其形状不变且向上游传播的孤子。此外，通过在开放系统下游设置格子的密度以随机扰动的方式进行波动研究实测阻塞交通流模式。通过调整系统初始密度，系统复现了各种实测交通流拥挤模式，并给出了这些拥堵模式的相基本图（图 3-18）。实测的拥挤模式主要包括：运动局部阻塞、引发的时走时停交通波、振荡拥挤流和均匀拥挤流。此外，通过数值模拟，可以给出相基本图中所有交通流模式的时空演化图（图 3-19）。

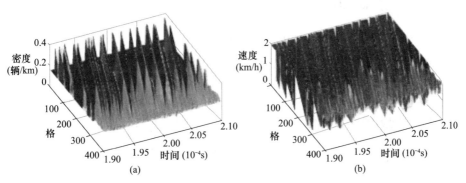

图 3-18 拥堵模式的相基本图
（a）密度；（b）速度

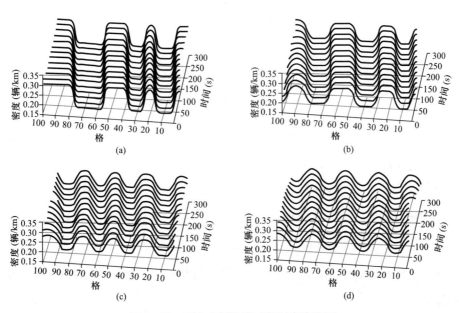

图 3-19 所有交通流模式的时空演化图
（a）$n=1$；（b）$n=2$；（c）$n=3$；（d）$n=4$；

3.3 道路与车辆控制理论

现代交通系统中，道路与车辆控制理论扮演了至关重要的角色。本节将介绍一些核心的控制理论，包括最优控制理论、PID 控制理论、模糊控制理论以及它们的优化算法，这些理论和方法在提高交通流效率、确保交通安全和推动自动驾驶技术方面具有重要作用。

3.3.1 最优控制理论

Luque 和 Friesz 采用路段上不同终点的行驶车辆数 $x_a^n(t)$ 作为状态变量，以路段上不同终点的车辆流入率 $u_a^n(t)$ 作为控制变量，将网络扩展至多个终点，建立了动态交通分配的最优控制模型。该模型假定路段流出函数为线性函数，即 $g_a(x_a(t)) = \xi_a x_a(t)$，由 FIFO 规则，不同类型、不同终点的车辆在路段中均匀混合，没有任何特定的车辆具有优先权，因此有 $g_a^n(x_a^n(t), x_a(t)) = \xi_a x_a^n(t)$。最优条件由 Pontryagin 极大值定理获得，模型如下：

$$min : J = \sum_{a \in A} \int_0^T \int_0^{x_a(t)} \xi_a(c_a(\omega)) \mathrm{d}\omega \mathrm{d}t \tag{3-108}$$

$$x_a^n(t) = u_a^n(t) - \xi_n x_a^n(t) \tag{3-109}$$

$$\sum_{a \in A(k)} u_a^n(t) = q_{k,n}(t) + \sum_{a \in B(k)} \xi_n x_a^n(t) \quad k \neq n \tag{3-110}$$

$$\sum_{a \in A(n)} u_a^n(t) = 0 \tag{3-111}$$

$$x_a^n(0) = 0; \ x_a^n(t) \geqslant 0; \ u_a^n(t) \geqslant 0; \ v_a^a(t) \geqslant 0 \tag{3-112}$$

模型中，$\forall a \in A, \forall n \in N, \forall k \in N, \forall t \in [0, T]$。

该模型在利用 Pontryagin 极大值定理推导最优条件过程中，对路段流出率函数的线性特性做出了限制。实际上路段流出率函数一般为非凸非线性，导致解的可行域非凸，不能直接运用 Pontryagin 极大值定理推导最优解。

Luque 和 Friesz 提出动态交通分配的最优控制模型后，众多的研究者在此基础上做了一些改进：

（1）在路段状态方程中加入滞后，滞后时间为路段自由行驶时间 f_a，避免车辆一进入路段即对路段末端流出率产生影响。

$$x_a^n(t) = u_a^n(t-f_a) - \frac{x_a^n(t)}{x_a(t)} g_a(x_a(t)) \quad \forall a \in A, \forall n \in N, \forall t \in [0,T] \qquad (3-113)$$

（2）引入控制变量 $r_a(t) = \frac{x_a^n(t)}{x_n(t)} g_a(x_a(t))$，添加不等式约束。

$$g_a(x_a(t)) \geqslant \sum_{n \in N} r_n(t) \cdot x_a^n(t) \qquad (3-114)$$

改造原问题为凸控制问题，以便利用 Pontryagin 极大值定理推导最优条件。

（3）分别从系统最优、用户最优的角度对目标函数做出修正。

系统最优（System Optimum）：

$$\min: J = \sum_{a \in A} \int_0^T x_a(t) \mathrm{d}t \qquad (3-115)$$

反应型用户最优（Reactive User Optimum）：

$$\min: J = \sum_{a \in A} \int_0^T \int_0^{x_a(t)} \xi_a(c_a(\omega)) \mathrm{d}\omega \mathrm{d}t \qquad (3-116)$$

预测型用户最优（Predictive User Optimum）：

$$\min: J = \sum_{a \in A} \int_0^T c_a(x_a(t))(u_a(t) - v_a(t)) \mathrm{d}t \qquad (3-117)$$

3.3.2 PID 控制理论

PID 控制（Proportional-Integral-Derivative Control）理论和滑模控制（Sliding Mode Control，SMC）理论都是常用于控制系统的控制策略，它们各自具有不同的特点和应用领域。以下是对这两种控制方法的简要介绍：

1. PID 控制理论

（1）概念

PID 控制理论是一种反馈控制策略，用于调整系统的输出以使其接近或维持在期望的参考值（设定点）。PID 控制理论基于系统的误差，其主要由三个组成部分组成：比例项（Proportional，P）、积分项（Integral，I）和微分项（Derivative，D）。

（2）组成部分

比例项（P）：比例项根据当前误差的大小来产生控制输出，它决定了控制输出与误差的线性关系。

积分项（I）：积分项根据误差的积分历史来产生控制输出，它用于消除系统的稳态误差。

微分项（D）：微分项根据误差的变化率来产生控制输出，它用于减小系统的过冲和振荡。

2. 滑模控制（Sliding Mode Control，SMC）理论

（1）概念

滑模控制理论是一种非线性控制策略，旨在通过引入一个"滑模面"来将系统的状态迅速推向所期望的状态。滑模控制理论的关键是将系统的状态引导到一个预定义的滑模面，然后在该面上维持系统的稳定性。

（2）滑模面

滑模面是一个具有特殊属性的曲面，当系统的状态进入该曲面时，控制器会在该曲面上产生一个恒定的控制输入，从而将系统保持在该曲面上。

（3）特点

滑模控制理论对于系统的建模误差、外部干扰和不确定性具有强鲁棒性。

它通常用于需要快速响应和强鲁棒性的系统，如飞行器控制、电机控制、机器人控制等。

（4）应用

滑模控制理论在需要高精度和高性能的系统中得到广泛应用，尤其是在需要对不确定性和干扰具有强鲁棒性的情况下。它也用于一些非线性系统，其中传统的 PID 控制可能不够有效。

总之，PID 控制理论是一种经典的线性控制策略，适用于许多工业和自动化应用，而滑模控制理论是一种鲁棒性较强的非线性控制策略，适用于需要快速响应和强鲁棒性的系统。选择哪种控制策略通常取决于系统的性质和要求。

3.3.3 模糊控制理论

模糊控制理论是以模糊集理论、模糊语言变量和模糊逻辑推理为基础的一种智能控制方法，它是从行为上模仿人的模糊推理和决策过程的一种智能控制方法。该方法首先将操作人员或专家经验编成模糊规则，然后将来自传感器的实时信号模糊化，将模糊化后的信号作为模糊规则的输入，完成模糊推理，将推理后得到的输出量加到执行器上，图 3-20 为模糊控制理论示意图。

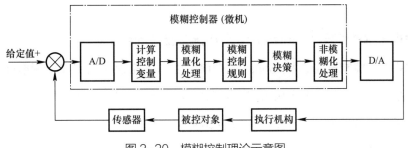

图 3-20 模糊控制理论示意图

模糊控制器（Fuzzy Controller，FC）：也称为模糊逻辑控制器（Fuzzy Logic Controller，FLC），由于所采用的模糊控制规则是由模糊理论中模糊条件语句来描述的，因此模糊控制器是一种语言型控制器，故也称为模糊语言控制器（Fuzzy Language Controller，FLC），图 3-21 为模糊控制器示意图。

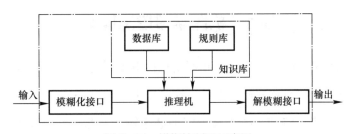

图 3-21 模糊控制器示意图

1. 模糊化接口（Fuzzy interface）

模糊控制器的输入必须通过模糊化才能用于控制输出的求解，因此它实际上是模糊控制器的输入接口。它的主要作用是将真实的确定量输入转换为一个模糊矢量。

2. 知识库（Knowledge Base，KB）

知识库由数据库和规则库两部分构成。

（1）数据库（Data Base，DB），数据库所存放的是所有输入、输出变量的全部模糊子集的隶属度矢量值（即经过论域等级离散化以后对应值的集合），若论域为连续域则为隶属度函数。在规则推理的模糊关系方程求解过程中，向推理机提供数据。

（2）规则库（Rule Base，RB）模糊控制器的规则是基于专家知识或手动操作人员长期积累的经验，它是按人的直觉推理的一种语言表示形式。模糊规则通常由一系列的关系词连接而成，如 if-then、else、also、end、or 等，关系词必须经过"翻译"才能将模糊规则数值化。最常用的关系词为 if-then、also，对于多变量模糊控制系统，还有 and 等。

3. 推理与解模糊接口（Inference and Defuzzy-interface）

推理是模糊控制器中，根据输入模糊量，由模糊控制规则完成模糊推理来求解模糊关系方程，并获得模糊控制量的功能部分。在模糊控制中，考虑推理时间，通常采用运算较简单的推理方法。最基本的有 Zadeh 近似推理，它包含有正向推理和逆向推理两类。正向推理常被用于模糊控制中，而逆向推理一般用于知识工程学领域的专家系统中。推理结果的获得，表示模糊控制的规则推理功能已经完成。但是，至此所获得的结果仍是一个模糊矢量，不能直接用来作为控制量，还必须作一次转换，求得清晰的控制量输出，即为解模糊。通常把输出端具有转换功能作用的部分称为解模糊接口。

3.4 机器学习控制理论

机器学习控制理论是一种涵盖控制理论和机器学习方法的交叉学科领域。它将传统的控制理论与机器学习方法相结合，旨在开发能够自动适应和优化控制系统的算法和模型。这种融合使得控制系统能够更好地适应复杂、非线性以及难以建模的系统，以提高系统性能和鲁棒性。

常用的机器学习方法有很多，例如，决策树、SVM、随机森林、逻辑回归等，本节主要围绕支持向量机和随机森林为例，讲解其原理。

3.4.1 支持向量机

支持向量机（Support Vector Machines，SVM）是一种强大的监督学习算法，广泛应用于二分类、多分类和回归问题。在交通领域，SVM 可用于交通流量预测、交通事故分析等任务。

SVM 的基本原理是找到一个超平面，将不同类别的数据点分隔开，并且使得支持向量（距离超平面最近的数据点）到超平面的距离最大化。SVM 的目标是找到最优超平面，使得间隔最大化。

1. SVM 目标函数

对于线性可分的情况，SVM 的目标函数可以表示为：

输入：训练数据集 $T = \{(x_1, y_1), (x_2, y_2), \cdots\cdots, (x_N, y_N)\}$，其中，$x_i \in R_n$，$y_i \in \{+1,$

−1}，$i = 1, 2, \cdots, N$。

输出：分离超平面和分类决策函数

选择惩罚参数 $C > 0$，构造并求解凸二次规划问题。

$$\frac{1}{2}\sum_{i=1}^{N}\sum_{j=1}^{N}\alpha_i\alpha_j y_i y_j (x_i \cdot x_j) - \sum_{i=1}^{N}\alpha_i \tag{3-118}$$

$$\text{s.t.} \quad \sum_{i=1}^{N} a_i y_i = 0 (0 \leq \alpha_i \leq C, i=1,2,\cdots,N)$$

得到最优解 $\alpha^* = (\alpha_1^*, \alpha_2^*, \cdots, \alpha_N^*)^N$

2. 计算

$$w^* = \sum_{i=1}^{N}\alpha_i^* y_i x_i \tag{3-119}$$

选择 α^* 的一个分量 α_j^* 满足 $0 < \alpha_j^* < C$，计算：

$$b^* = y_j - \sum_{i=1}^{N}\alpha_i^* y_i (x_i \cdot x_j) \tag{3-120}$$

3. 分类超平面（图 3-22）

$$w^* \cdot x + b^* = 0 \tag{3-121}$$

分类决策函数：

$$f(x) = \text{sign}(w^* \cdot x + b^*) \tag{3-122}$$

式中　（w）——超平面的法向量；

　　　（b）——偏置；

　　　（x_i）——样本点；

　　　（y_i）——样本点的类别（−1 或 1）。

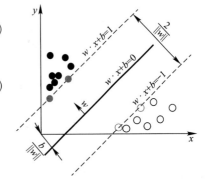

图 3-22　分类超平面

随着城市道路基础设施的建设，交通拥堵状况越发严重。建立智能交通系统，可以为出行者提供实时精确的交通道路状况，制订最优的出行方案，缓解和改善交通堵塞问题。采用合理的算法精确判别实时交通状况具有重要的应用价值，但智能交通判别中不同方法得到的分类结果不同。在 21 世纪初期，支持向量机技术被应用到智能交通系统中。对道路采集数据进行训练，通过支持向量机算法对道路交通情况进行实时判别，包括程序设计、仿真和调试等。科学智能地对交通情况进行分类判别，进而为城市出行人员提供实时准确的路况信息，实现交通诱导。

3.4.2 随机森林

随机森林是一种强大的集成学习算法,由多个决策树组成。它常用于分类、回归和特征选择。在交通领域,随机森林可用于交通流量预测、交通信号优化等。

随机森林通过随机选择数据和特征来构建多个决策树,并通过投票(分类问题)或平均(回归问题)综合这些树的结果。

随机森林就是通过集成学习的 Bagging 思想将多棵树集成的一种算法:它的基本单元就是决策树。随机森林的名称中有两个关键词,一个是"随机",一个就是"森林"。"森林"很好理解,一棵叫作树,那么成百上千棵就可以叫作森林了,其实这也是随机森林的主要思想——集成思想的体现。

要将一个输入样本进行分类,就需要将它输入到每棵树中进行分类。将若干个弱分类器的分类结果进行投票选择,从而组成一个强分类器,这就是随机森林 Bagging 的思想,图 3-23 为随机森林思想示意图。

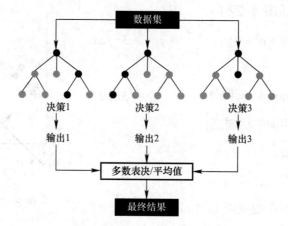

图 3-23 随机森林思想示意图

关键算法:

(1)随机选择样本集合和特征子集合。

(2)构建决策树。

对于分类问题,通过投票选择最终结果;对于回归问题,通过平均获得最终结果。

近几年来,高速公路事故发生率居高不下,事故后果严重、伤害性大,因此,众多学者开展高速公路事故预测研究。基于随机森林模型,提取历史数据中的事故样例与非事故样例进行对比,通过对历史交通流量和事故检测器数据进行分析,对高速公路上的事故风险进行实时预测，实现交通事故识别。

这2种机器学习模型在交通领域都有广泛的应用。支持向量机可以用于交通事故的分类和预测，随机森林可用于路况预测和交通信号控制。这些模型和方法为改善交通系统的安全性、效率性和智能化水平提供了有力支持。

3.5 本章小结

本章简要介绍道路交通流理论、道路车辆行驶协同理论、道路与车辆控制理论以及机器学习控制理论，以上理论作为智能交通系统的基础理论，将为今后智能交通系统的发展以及实际应用提供坚实的理论基础，其指导意义极其深远。

思 考 题

1. 简述 M/M/1 与 M/M/N 的不同。
2. 目前，协同理论在交通上的应用有哪些方面？并做相应的解释。
3. 简述道路与车辆控制理论在交通上的应用。
4. 列举机器学习控制理论在交通方面的应用及各自特点。

第4章 智能交通控制技术与应用

4.1 智能交通控制系统

智能交通控制系统是指利用先进的信息技术和传感器设备在道路的边缘或旁边实现智能化交通管理和控制的系统。这种系统通过集成交通信号灯、车辆检测器、视频监控等设备,并借助智能算法和数据分析,实现对交通流量的实时监测、信号优化调度以及交通事故预警等功能。

具体而言,智能交通控制系统可以实现以下功能:实时监测道路上的交通流量,包括车辆数量、速度、密度等信息;根据交通流量情况,自动调整信号灯的配时方案,以优化交通流畅性和减少拥堵;通过车辆检测器和视频监控,及时发现并处理交通违法行为,如闯红灯、超速等;基于数据分析和预测模型,提供交通事故预警和路况信息,帮助驾驶员选择最佳路径;支持智能交通管理中心对路侧设备进行远程监控和管理,实现集中控制和响应。

智能交通控制系统的引入可以提高交通管理的效率和精确度,减少交通拥堵和事故发生率,提升交通流畅性和安全性。同时,它也为城市交通规划和管理提供了更多的数据支持,有助于优化道路资源配置和交通运行策略。

4.1.1 智能路侧交通系统简介

智能路侧交通系统主要包含3个子系统。(1)信息采集子系统,即通过设置的各类传感器进行信息采集;(2)通信子系统,完成车辆与路侧设备、路侧设备与控制中心之间的信息交互;(3)交通控制及信息发布子系统,负责处理路侧设备采集到的信息和车辆采集到的信息,进行实时的交通控制和信息发布。其中,通信子系统所采用的关键技术与车车/车路通信技术类似,因此下面主要介绍信息采集子系统和交通控制及信息发布子系统。

1. 信息采集子系统

（1）交通流状态检测技术。

交通流状态检测技术是车联网环境下进行交通控制、交通诱导等所需的重要参数。传统的交通流信息采集主要是靠布设的固定型检测器进行采集。随着车联网技术的发展，基于车路通信，路侧单元通过获取其通信范围内车辆的相关信息，也可实现对交通流状态检测技术（图4-1）。此外还可将相关信息发送到其通信范围内的车辆。

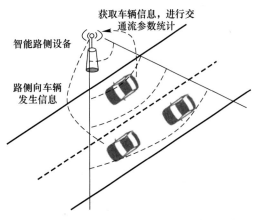

图4-1　车联网环境下交通流状态检测技术

（2）行人和非机动车检测技术。

我国城市交通的一大特征就是人车混行、机非混行，因此对行人和非机动车的检测非常重要。对于行人和非机动车检测可通过在路侧单元中安置的视频传感器、雷达、红外传感器等设备获取。同时还可将智能路侧交通系统检测到的信息与智能车载系统检测到的信息进行融合，以提高检测的范围和精度。

（3）路面状态和环境检测技术。

路面状态和环境检测技术可采用激光、视频、红外、气象雷达等传感器来确定。由于路侧单元受空间和重量的限制小，与车载单元相比可以使用精确度更高、更复杂的检测设备。但由于路侧单元固定，每个单元能够检测的范围有限，因此，将大范围的路侧单元和车载单元进行融合，是路面状态及环境检测技术的发展趋势。

2. 交通控制及信息发布子系统

为了引导交通流平稳、安全、高效和有序地运行，确定合理的交通管理控制手段非常重要。其中包括为车辆提供安全运行车速，以平稳安全交通流运行；动态协调道路使用权，提高路网的通行能力；及时控制交通违法行为，保障交通流有序运行；合理发布安全预警信息，以预防交通事故的发生。

（1）复杂路况下的交通流安全运行速度确定方法。

雾、雪、暴雨和沙尘等不利天气会降低空气能见度和路面抗滑性能，并对驾驶员心理的产生不良影响,导致车辆超速行驶,发生交通事故。因此,为交通流提供安全的运行车速是非常必要的,特别是在道路交通事件下。通过分析各类因素对交通流运行的影响,并对其进行量化,以道路通行能力和安全系数最优化为目标,确定安全运行车速范围,以达到协调各车辆的速度值,降低车速的离散性,增强交通流运行的安全性,同时提高交通运行效率的目的。

(2)动态协同车道技术。

城市道路中常出现公交专用道闲置,以及由于道路交通事件等原因引起的道路一个方向交通顺畅而另外一个方向交通拥堵情况,因不能动态协调交通流,而使用空闲车道或逆向畅通车道,大大降低了城市道路通行能力与效率。而动态协同车道技术可对这一现象进行有针对性的交通控制与优化。

公交车专用车道使用权动态协调技术,主要根据公交车专用车道和相邻车道的交通状况,以及车辆身份和车辆运行状态等信息,确定相邻车道的车辆进入和离开专用道的时机;道路交通事件条件下逆向车道使用权的动态协调技术,根据道路交通事件信息、逆向车道的交通状况和可变信息板(Variable Message Signs,VMS)的位置等信息,确定车辆安全进入和离开逆向车道的时机,以及 VMS 关闭车道的时机与方式。

利用上述技术即可实现车车/车路通信下道路使用权的动态协调,显著提高智能化交通服务水平。

(3)路段车辆违法行为识别与控制技术。

车辆在路段上的违法行为多种多样,严重影响了道路的通行效率和安全性,我国现有的违法行为识别技术与设备仅能对超速、违章占道等少数违法行为进行识别,还缺乏对大多数违法行为的识别研究与推广应用。在车路协同下,通过车车/车路信息交互,可以获得可靠、丰富的交通信息,系统将综合人、车、路段和环境等各方信息,重点对路段上车辆多种违法行为种类识别、车辆违法行为严重程度判别、违法行为综合控制等技术进行研究,为控制路段违法行为提供信息和技术支持,保障交通流安全有序运行。

(4)协同安全预警技术。

交通流安全预警信息的合理发布,对于提升交叉口和路段的通行能力和运行安全性非常重要。交通控制及信息发布子系统能够根据区域交通状态和交通事件影响范围,在对车路协同条件下驾驶员信息反映特性进行研究的基础上,确定预警信息的服务对象及紧急级别、发布频率和发布时机,确定表达方式及制订最优的发布策略。通过车车/车路交互技术,将限速值和交通事件等安全预警信息及时可靠、有区别地分别发布至可变信息板和相关参与车辆。

4.1.2 典型智能交通管理系统

智能交通管理系统的涉及面较为广泛,相关应用系统也很多。在实际智能交通管理系统中,常见的典型应用系统主要包括智能交通监控系统、电子警察系统、智能公交管理系统、停车诱导系统及突发事件应急管理系统等。本小节将对各典型应用系统进行详细介绍。

1. 智能交通监控系统

智能交通监控系统是目前交通管理领域应用最为广泛的系统。智能交通监控系统按信息的流程可以分为三个部分,即信息采集、信息处理、信息发布。监控信息采集可以看作是一个信息管理系统,包括信息的采集、传输和分类存储。信息处理是整个智能交通监控系统中的关键部分,信息处理根据采集和检测到的各种数据和信息,通过处理、分析、判断提供控制策略,通过相应的设备对有关的交通运行情况进行相应的调控。信息发布作为智能交通监控系统信息流输出的终端,担负着与驾驶员对话的任务,为了智能交通监控系统的控制策略和警告信息能及时传递给使用者,需要信息发布能通过各种途径及时地影响使用者。智能交通监控系统适用于高速公路、重要桥梁隧道、城市道路交通管理等场合。

2. 电子警察系统

电子警察系统作为一种现代高科技交通管理手段,不仅能有效解决警力与管理任务之间的矛盾,全天 24h 监控路面,提高交通参与者自觉守法的意识,而且能有效地规范执法行为,促进执法公正,为打击规避年检、肇事逃逸、盗抢车辆等违法犯罪行为也提供了有力的侦察手段。由于电子警察系统可以全天候工作,因此在一定程度上消除了道路交通管理在时间和空间上的盲点,扩大了交通管理的监控时段和监控范围,有效地抑制了机动车驾驶员的违章、违法行为,得到了各级道路交通管理部门的认同,目前在国内各级城市都有广泛应用。

3. 智能公交管理系统

智能公交管理系统是将现代通信、信息、电子、控制、计算机、网络、GPS、GIS

等技术集成应用于公共交通系统，在公交网络分配、公交调度等关键基础理论研究的前提下，通过建立公共交通智能化调度系统、地理信息系统、公共交通信息服务系统、公交电子收费系统等，使管理者、运营者以及个体出行者变得更为便捷，相互能够更为协调，能够做出更为明智的决策。通过智能公交系统的建设与实施，实现缓解公交客流压力、平衡公交车辆负荷、降低公交运营成本、提高出行效率的目的，从而建立便捷、高效、舒适、环保、安全的公共交通运营体系，实现公共交通调度、运营、管理的信息化、现代化和智能化，提高公交出行比例，缓解城市交通拥挤，有效解决城市交通问题。

智能公交管理系统主要以出行者和公交企业为服务对象。对于出行者而言，智能公交管理系统通过采集与处理动态数据（如客流量、交通流量、公交车辆位置、公交站点候车状况等）和静态交通信息（如交通法规、道路管理措施、大型公交出行生成地的位置等），通过多种媒介为出行者提供动态和静态公共交通信息（如发车时刻表、换乘路线、最佳出行路径诱导等），从而实现规划出行、最优路径选择、避免交通拥挤、节约出行时间的目的；对于公交企业而言，智能公交管理系统主要实现对公交车辆的动态监控、实时调度、科学管理等功能，并实现公交企业的现代化、信息化管理，从而提高公交服务水平和公交企业的经营效益。

4. 停车诱导系统

停车诱导系统（Parking Guidance Information System，PGIS）包括大型停车场停车智能引导系统与城市停车诱导系统，它是以多级信息发布为载体，实时地提供停车场（库）的位置、车位数、空满状态等信息，从而指引驾驶员停车的系统，它对于调节停车需求在时间和空间分布上的不均匀、提高停车设施使用率、减少由于寻找停车场而产生的道路交通、减少为了停车造成的等待时间、提高整个交通系统的效率、改善停车场的经营条件以及增加商业区域的经济活力等方面具有重要的作用。

5. 突发事件应急管理系统

突发事件应急管理系统是一个以人为主导，以科学的管理理论为指导，在科学的管理制度的基础上，利用计算机硬件、软件、网络通信设备对道路网络的运行状况进行全天候监视控制，对突发事件进行快速监测和判断，并迅速采取恰当的事件响应措施，以避免交通事故（或二次事故）的发生和保证事故发生后的及时救护与事故排除为目的，支持司乘人员、通行车辆、基层作业的集成化人机系统。

4.1.3 智能交通控制系统的发展动态

交通信号控制系统是城市交通管理的核心内容，是保障交通秩序、效率、安全的重要技术手段。传统的交通信号控制系统主要以视频、线圈、地磁等固定点检测器数据采集为基础，对信号配时方案进行优化与评价。交通信号控制优化模型与算法历经几十年的发展已较为成熟，主要包括感应控制、多时段控制、自适应控制等方法，在实际系统中已有广泛应用。

随着检测技术、大数据、云计算、人工智能、物联网、车联网等先进技术的发展以及计算机技术和硬件设备的不断提高，交通控制技术、模式、方法等的研究迎来了新的机遇和挑战，如何利用新的理论和技术进一步提升智能交通信号控制系统的实时性、动态性、精度和效率成为近几年交通信号控制研究的热点。

随着大数据、物联网、车联网等新兴技术的发展，智能交通控制系统的交通数据变得更加丰富、多样，"互联网+"和车路协同等技术为交通信号控制提供了实时、准确的交通状态数据。其中，互联网公司拥有庞大的道路路网运行数据，包括浮动车轨迹数据、路况数据、城市地图数据，可以比较精确地计算样本车流量和流向占比，对交通信号控制系统是非常好的数据补充。车路协同则借助路侧交通系统、智能汽车和车联网等交通物联网关键技术获取截面的流量、车型、车头时距、转向比等交通流参数以及运动轨迹、排队长度等线段数据，从而为交通信号控制提供必要信息。

1. "互联网+交通信号"控制

近年来，以阿里云和百度云为代表的互联网企业开始逐步进军智能交通系统领域，开始广泛与传统智能交通企业、交通信号控制系统厂商、公安交通管理用户部门、高校科研院所等进行深入交流，并且开始引进传统智能交通行业人才，加深对业务领域理解，继而百度云的智慧信号灯、百度智慧信号灯研判平台亮相，"互联网+交通信号"逐渐开始落地，并取得了一些阶段性进展。

发展动态。"互联网+交通信号"主要定位于以互联网大数据为基础，利用互联网企业在云计算、人工智能等技术方面的优势对城市路网交通运行效率进行动态评价，并通过建立交通控制优化模型为点到线到面的信号配时优化提供服务。利用互联网大范围、连续、稳定的车辆轨迹数据,"互联网+交通信号"的目标是实现实时交通流数据采集、交通信号配时方案优化、交通信号配时方案执行、交通信号运行状态评价、交通信号配时方案再优化的数据闭环流动,形成快速、持续地评估、迭代优化的交通信号闭环控制。

随着互联网企业的加入,交通信号控制与优化也开始走向互联网时代。目前,以广州、济南、武汉等城市为代表的大多数城市都在积极探索"互联网+信号控制"的新模式,以期为探索城市智能交通控制新技术提供新的解决方案。

2016年,广州市公安局交通警察支队与高德地图合作,以海珠区、天河区为试验区,构建了全国首个"互联网+信号灯控制"优化实验研究平台,基于高德地图导航大数据主动监测路口失衡(各方向拥堵不均)、出口溢出等异常交通情况,提供控制优化建议和方案。

2017年,北京市公安局公安交通管理局与百度合作,构建了百度地图智慧信号灯研判平台,平台初期主要覆盖二环内以及上地、望京等主要商务出行区域内400多个路口的路况监测,实现信号灯路口拥堵分钟级发现、实时报警,将原来的人工监测转变为远程平台化监控,提高了信号灯路口异常拥堵的发现率。同时,百度与北京市公安局公安交通管理局的信号控制系统已经实现大范围的秒级数据互通,也是国内首次信号控制系统与互联网平台的打通。

2. 基于车路协同的交通信号控制

21世纪以来,各级政府对智能交通的建设与研发日益重视,在快速发展的计算机、大数据、物联网、控制和人工智能等理论与技术的推动下,我国智能交通领域多项产品与技术相继实现突破,并已得到成功应用。检测技术、预测技术、卫星定位技术、车辆识别技术、通信技术等先进技术的发展以及国家相关部委的高度重视为车路协同技术的发展创造了有利形势。车路协同技术已经成为智能交通的热点研究领域,也被逐步应用于交通信号控制领域。

发展动态。车路协同系统通过先进的无线通信和互联网等技术,全方位实施人、车、路动态信息实时交互,在全时空动态交通信息的基础上开展车辆协同安全控制和道路交通主动控制,保证交通安全、提高通行效率。作为引领未来智能交通发展的前沿技术,车路协同技术正在迅速发展,未来车路协同技术的全面实施可以采集到更为海量的多种类型的交通流及车辆信息，可以为交通信号控制的发展提供新的数据支撑。

2006年，我国在"863"计划中设立了现代交通技术领域，并成立了中国智能交通协会，注重结合实际需求开展研发应用。

2010年，国家确定车联网为"十二五"发展的国家重大专项。

2011年，由多所高校、研究所、企业组织申请的"车路协同系统关键技术"项目通过了国家"863"立项，并于2014年2月通过科技部验收，该项目攻克了多项关键技术，并进行了车路协同系统的集成测试与演示，实现了10余项经典的车路协同应用场景，其中包括车路协同与交通信号控制的相互协调。

2015年，随着"互联网+""中国制造2025"等战略的实施，集成运用大数据、云计算、智能移动互联、智能感知等技术于一体的智能车路协同系统已经得到了政府部门、高校科研院以及汽车生产和互联网企业的广泛重视，车路协同技术运用于交通信号控制的研究逐渐深入。

2016年，在工业和信息化部支持下，"上海—国家智能网联汽车（上海）试点示范区（A NICE CITY）""重庆基于宽带移动互联网的智能化汽车和智慧交通测试评价及试验示范区（i-VISTA）"的一期工程分别于2016年6月、11月举行了开园仪式，并正式投入运行，大力推动了车路协同技术在交通信号控制智能化与网联化的成熟与应用。

2017年，在无锡召开的世界物联网博览会上，公安部交通管理科学研究所、中国移动、华为、奥迪、一汽、无锡交警等联合进行了车路协同的展示。展示时，公安部交通管理科学研究所副主任提出，在信号控制方面，车路协同系统需要获取道路上的交通状态，如将道路上静态的、动态的标志信息定向地发送到车载设备上，或者定向地发送到进入该区域、道路的车载设备上。

总体来说，车路协同系统技术的研究起步较晚，基于车路协同技术的交通信号控制系统研究较少，成果及应用不多；而车路协同系统又能较快检测到道路实时交通状况，有利于及时优化、调整交通信号控制方案。因此，积极开展车路协同技术在交通信号控制领域的应用研究具有重要意义。

3. 交通控制技术的智能化

随着我国国民经济的飞速发展以及城市化进程的不断加快，城市交通日趋紧张，交通堵塞与拥挤现象日趋突出，对交通控制系统的要求也变得越来越高。目前，我国大多数城市的道路通行能力还没有被充分利用，造成拥堵的主要原因之一就是缺乏先进的交通控制技术。因此，采用先进的交通控制技术、建立功能强大的交通控制系统成为解决我国城市交通问题的有效途径。交通信号控制技术的智能化成为近年研究的热点，深度学习的应用及联网联控的实施成为未来智能交通信号控制的发展方向。其中，深度学习支持远程监控及人工指挥调度，通过采用智能调度算法实现通行效率的提高，能减少等待时间成本、燃油浪费和环境污染；同时，基于深度学习的交通信号控制系统能够根据路口实时数据决策适应实时状况，不浪费绿灯时间，从而实现交通信号的智能化控制。而将交通控制信号接入统一的后台实行联网联控时，系统可通过交通流量数据产生配时的方案和周期，实现远程调控路口交通信号配时，实时解决路口拥堵问题，缓解交通压力。

（1）基于深度学习的交通信号控制

机器学习是人工智能领域的一个重要学科。自20世纪80年代以来，机器学习在算法、理论和应用等方面都获得了巨大成功。2006年以来，机器学习领域中的深度学习开始受到学术界的广泛关注，到今天已经成为互联网大数据和人工智能的一个热潮，过去十几年开始不断有专家、学者就深度学习对交通信号控制的影响进行研究，并将其逐渐应用于交通领域中。

1）发展动态。

深度学习是一种通过多层神经网络对信息进行抽取和表示并进行分类、检测等复杂任务的算法结构。深度学习技术从控制理论、统计学、心理学等相关学科发展而来，其本质是解决"决策"问题，即通过试错学会自动决策。如果把信号机、检测器等组成的交通信号控制系统当成一个"智能体"，将人、车、路当成"环境"，则通过如下方式就可以构造深度学习系统：传感器从环境获取观测状态（例如流量、速度、排队长度等）并传递给信号机，信号控制系统根据这些状态选择一个得分最高的状态动作执行（例如当前相位保持绿灯或者切换成红灯），并对执行效果进行反馈（例如采用排队长度作为回报函数），系统根据回报结果调整打分系统的参数，这样就形成一个循环的过程，就能达到不断学习改进的目的。

基于深度学习的智能交通信号控制系统研究也逐渐成为智能交通领域的热点。传统配时方式无法很好地适应实时路况的变化，这主要是因为传统配时设置大多依靠经验，缺乏实时交通数据采集和决策，没有数学模型支持，也没有通行效率评估模块。没有远程人工指挥调度功能，没有远程监控功能，没有交通拥堵自动检测和报告功能，路口浪费的时间会造成额外的时间成本、燃油消耗和环境污染。

而基于深度学习的智能交通控制系统能很好地规避以上传统配时的缺点，同时拥有更多的优点和独特技术以及功能：采用智慧调度算法实现最高通行效率，减少等待时间成本，减少燃油浪费和环境污染；根据路口实时数据决策，适应实时情况，不浪费绿灯时间；支持远程人工指挥调度；支持远程监控；交通拥堵自动检测和报告；稳定、易于维护、设备故障自动上报；维修记录和备件库存管理、预算与实际支出统计等设备维护功能；工期短、成本低；支持包括传统配时在内的多种调度策略。

2）发展趋势。

① 强化学习应用。

随着车路协同、高精度定位和车联网技术的发展，以强化学习为代表的深度学习方法必将在交通信号控制中发挥重要的实战作用。强化学习是一类算法，是指从环境状态到行为映射的学习，以使系统行为从环境中获得的累积奖励值最大；在强化学习中，人们并没有直接告诉主体要做什么或者要采取哪个动作，而是主体通过看哪个动作得到了最多的奖励以自己发现规律。试错搜索和延期强化是强化学习方法最重要的特性。

未来，在实际部署交通信号控制的深度学习系统时，需要一定形式的强化学习，这可能会成为一个必不可少的流程。除此之外，人们将会看到强化学习越来越多地用于深度学习训练。

② 学习模型优化。

深度学习模型中最重要的是打分函数，如果分打得不好，优化会走向相反的方向。一些具有代表性的信号企业已经在部分地区部署了高精度定位系统，可以做到整个城市车辆厘米级别的定位，在这种情况下，车辆在哪个车道、在车道的什么位置都可以定位得到，道路的网格化、矩阵化也就成为可能。

虽然自问世以来，深度学习已经取得了很多改进，但是依靠交通工程专家建立打分恰当的模型，并且解决自动打分问题，无论是现在还是未来，都是深度学习模型在交通信号优化控制现实应用中需要重点考虑的问题。

（2）智能交通信号联网联控

为应对多发的城市交通拥堵问题，研究适合于我国城市交通特点的路网交通组织优化、动静态交通协调控制等关键技术，突破城市交通状态感知、信号控制等智能联网联控技术应用的瓶颈，集成构建城市交通信号智能联网联控平台，是近年来我国提升城市交通信号控制和服务智能化水平的重要手段。

1）发展动态。

2014年8月，科技部发布《科技部关于国家科技支撑计划交通运输领域2014年项目立项的通知》（国科发计[2014]222号），"十二五"国家科技支撑项目"中等城市道路交通智能联网联控技术集成及示范"（编号：2014BAG03B00）正式立项。项目共设置五个课题，旨在围绕我国中等城市道路交通管理发展的需求，针对中等城市交通运行特征和面临的交通信号控制技术难点，研究适合于中等城市交通管理与信号控制的关键技术，从而提高道路畅通水平。

为落实《"十四五"国家科技创新规划》《交通领域科技创新中长期发展规划纲要（2021—2035年）》相关任务，统筹推进"十四五"交通领域科技创新发展，加快建设科技强国、交通强国，交通运输部、科学技术部联合制订了《"十四五"国家科技创新规划》。政策支持新一代信息技术与交通运输深度融合。推动5G通信技术应用，实现重点运输通道全天候、全要素、全过程实时监测。突破道路交通运输组织、路网监测、仿真测试、运营管控等智能化、自主化技术。攻克船舶环境感知与智能航行、基于新一代移动通信的船岸通信等技术，开发基于区块链的全球航运服务网络平台和智慧航运综合服务平台。研发新一代轨道交通移动闭塞/车车通信及专用移动通信系统、智慧行车、智慧车站调度等技术。研发新一代空管系统，推进空中交通运行服务、流量管理和空域管理智能化，突破有人/无人驾驶航空器混合运行、空天地一体化网络等技术。突破基于新一代信息技术的邮政快递收寄、安检、投递、客服等技术，构建绿色与智能邮政科技产品的测评体系。

2）发展趋势。

① 多种手段联动集成。

受限于控制策略的局限与约束，传统信号控制技术及控制系统只能针对城市动态交通流优化器信号控制方案，缺乏多种交通控制手段之间的有机联动，且其控制理念也仅是重新配置既定交通需求，未能限制和均衡交通需求。以先进的信息检测及数据处理技术为基础，以网络整体运行效率最优为目标，通过动静态协同管控与连续流和间断流协调控制，集成利用多种控制技术，必能大幅提高城市路网的运行效率，缓解城市交通拥堵，改善居民出行环境，减少城市由交通拥堵造成的经济损失。

② 优化控制实时反馈。

随着大数据、车联网、物联网等技术的快速发展，基于卫星定位技术的检测、基于车牌识别的检测及基于电子标签的检测等技术能使信号控制系统从原来的单项数据输入—模型优化—信号输出的过程转变为可以反馈的数据输入—模型优化—信号输出—效果评价—模型反馈的过程，可获得的实时数据越来越多，交通控制设备与车辆将实现无缝衔接，交通安全、效率、排放、油耗等将达到综合最优的水平；充分利用微处理器技术的发展，考虑控制中心平台、主控制机与信号控制机的分工协作，将一些交通流信息分析、短时预测、配时参数的优化等工作交给智能化日渐增加的交通信号控制机，使系统的实时性、可靠性等进一步提高。

4.2 城市道路智能交通信号控制系统

进入 21 世纪以来，我国的城市化、机动化进程不断加快，城市道路网络迅速扩大，小汽车保有量以每年 10%～20% 的速度增长，导致城市道路交通拥堵状况逐渐加剧。在城市路网中城市平面交叉口作为道路相交点，往往成为城市道路网络交通流运行的瓶颈，作为城市平面交叉口的主要控制方式，城市交通信号控制在城市道路交通管理中受到越来越多的关注。

交通信号控制是在无法实现道路交通流空间分离的地方（主要为平面交叉口），用来在时间上给相互冲突的交通流分配通行权的一种交通管理措施。根据美国相关研究的估计，在典型城市区域，全部机动化出行中，接近 2/3 的车辆公里数和超过 2/3 的车辆小时数是在交通信号控制下的交通基础设施上完成的，因此，作为城市交通管理的重要手段，交通信号控制的质量水平在很大程度上决定了城市道路网络机动车交通流的运行质量。

4.2.1 单路口的智能交通信号控制

单路口是交通网中最基本的节点,单路口的交通信号控制是路网控制的基础。通过对单路口交通信号控制的研究,可以发现城市交通控制中的一些基本规律,有助于寻找对整个路网的交通信号进行有效控制的新方法。

4.2.1.1 动态规划法

城市道路交通系统是随机性非常强的系统,路网任何时段的交通状况不仅取决于当前时段的驶入与驶出交通量,而且取决于前几个周期的交通状况与控制策略,每个周期路网的情况都在发生变化,因此,在优化当前周期的信号控制策略时必须同时考虑前几个周期的交通状况和当前周期的交通状况,需要将信号控制系统离散为多步决策过程,以更好地适应交通运行状况与环境的变化。

动态规划法是一种求解多级决策过程最优化的方法。多级决策主要是指将整个决策过程分为若干阶段,通过递推转移决策过程,将多步最优控制问题转化为多个一步最优控制问题,最终使整个过程取得最优效果。动态规划法的核心思想是 Bellman 原理,通过对目标函数的不断迭代来寻求最优解,从初始值开始通过正序不断利用 Bellman 方程进行修正,通过对最优评价函数直接进行搜索,计算出最优状态值后得出最优策略。

将动态规划法应用于信号控制的优点在于将信号控制优化过程转化为多个一步最优控制过程,通过不断迭代计算交叉口的性能评价指标,判断是否需要延长各相位的绿灯时间,并通过实时检测将控制效果及时进行反馈以调整下一步的优化过程,具有自适应能力。

4.2.1.2 传统信号配时理论法

信号控制是城市道路交通信号控制的最主要部分,目前各城市的众多信号控制交叉口都运行在单点控制模式下,因此,如何优化单点信号配时成为交通信号控制的关键基础工作。交叉口处红绿灯的时间配比称为信号配时。先进的城市交通控制系统是提高城市交通运行效率的重要途径之一,同时它也是城市现代化的一个重要标志。

在对单点交叉口进行定时信号配时设计时,存在两种设计思路:一种思路是,先对各项参数进行优化,再根据实际约束条件与服务水平要求进行校核,如果不符合约束条件与服务水平的要求,则需要对配时参数甚至是交叉口车道渠化方案及交通信号控制相位方案进行相应的优化调整;另一种思路是,先列出各项实际约束条件,再结合这些约束条件进行各项参数的寻优。第一种思路得到的最终结果可能并非最优,但是计算方法简便;第二种思路得出的结果更加科学,但是寻优过程较为复杂,适合于应用计算机软件进行计算,可以使用多种复杂的优化模型或智能控制技术。本节主要结合第一种思路进行介绍。

单点交叉口定时交通信号配时设计,首先要按照不同时刻的交通流量来划分信号配时的不同时段,在每个时段内确定相应的配时方案。

需要注意的是,信号配时往往没有一个绝对正确的设计方法,信号配时优化往往包括工程师的判断因素和很多实际的工程设计因素在里面。在信号配时设计过程中,需要不断地对设计方案加以论证,通过性能指标计算与实地交通调查,对信号控制配时方案进行完善和优化。

4.2.1.3 优化算法

1. 遗传算法

众所周知,在人工智能领域中,有不少问题需要在复杂而庞大的搜索空间中寻找最优解或准最优解。像货郎担问题(Traveling Saleman Problem,TSP)和规划问题等组合优化问题就是典型的例子。在求解此类问题时,若不能利用问题的固有知识来缩小搜索空间则会产生搜索的组合爆炸。因此研究在搜索过程中能够自动获取准最优解的通用搜索算法一直是令人瞩目的问题,遗传算法(Genetic Algorithm,GA)就是其中具有代表性且较为有效的方法。

GA 是由美国 Michigan 大学的 John Holland 教授 1975 年提出的,是一类借鉴生物界的进化规律遗传算法的基本特征。由于 GA 的原始思想源于达尔文的进化理论,自然界生物群体的进化方式的根本特征就是"适者生存"。从人类对自然界的认识考虑,这一自然法则具有效率高和鲁棒性强等特点,而从自然界的角度看,评价群体的唯一标准就是其对环境的适合度,评价的结果只有两类,生存或淘汰。因而对群体来说,其生存与否决定于其个体对环境的整体适合度,这一整体适合度是该群体中大多数个体对环境适应程度的综合,只有大多数个体适合度达到某一下限,该群体才不会被淘汰。为此群体内部也必须有某种"优胜劣汰"的机制,这一机制是通过与周围环境的交互而实现的。因此在自然界中,"适者生存"可以看作一个多层次概念,它存在于群体之间，也存在群体内的个体之间，其评价标准是完全依赖于生存环境，这就保证了自然界从整体的角度所体现完美的鲁棒性。从群体内部来看，遗传和变异构成进化的最根本特征，通过对环境适合度的评价，遗传使个体中的优势特征在下一代中得以体现，而变异则是进化的根源，它保持其群体多样性的同时，使下一代具有超出父代的特性。

在 GA 中，问题的解被表示为染色体（Chromosome），每个染色体也就是一个个体（Individual），每个个体被赋予一个适度值（Fitness），代表此个体对环境的适应程度。由若干个体构成群体（Population），在群体的每一代进化过程中，通过选择（Selection）、交叉（Crossover）和变异（Mutation）等遗传操作（Genetic Operation）产生新的群体。适合度值大的个体被继承的概率也大，通过交换和变异操作能够产生适合度值更大的个体。在 GA 作用下，群体不断进化，最后收敛到问题的最优解。GA 的主要操作步骤如下：

（1）确定群体规模 n（整数），随机产生或其他方法产生一组 n 个可行解 $X(k)$ $(1 \leqslant i \leqslant n)$ 组成初始群体；

（2）计算每一个体的适合度值 $f(X(k))$（变量 k 称为"代"数，初始值 $k=1$），作为评价个体的标准；

（3）计算每一个体 $X(k)$ 的生存概率 $R(k)$，然后依 $R(k)$ 以一定的随机方法，设计随机选择器产生配种个体 $X(k)$；

（4）依据一定的随机方法选择配种个体 $X_1(k)$、$X_2(k)$，并根据交叉概率和变异概率对配种个体组成初始群体 $X_1(k)$、$X_2(k)$ 进行交换和变异操作，构成新一代的个体 $X_1(k+1)$、$X_2(k+1)$，直到新一代 n 个个体形成；

（5）重复（2）～（4）步，直到满足终止条件要求（解的质量达到满意的范围、迭代次数或时间限制等）。

遗传算法与其他优化搜索算法相比具有许多独特的性质：

（1）遗传算法的处理对象不是参数本身，而是对参数集进行编码后的个体。由于应用了编码技术，可直接对结构对象进行操作，不存在求异和函数连续性的限定，因此适用于各类优化问题；

（2）遗传算法具有内在的隐式并行性，与其他优化算法相比，它具有更好的全局寻

优能力;

(3)遗传算法采用概率化的寻优方法,能自动获取和指导优化的搜索空间,在解的空间上进行多点搜索;

(4)相应地调整搜索方向,依赖于随机规则。

2. 蚂蚁算法

蚂蚁算法(Ant Algorithm)是一种源于大自然生物世界的新的仿生类算法。作为一种全新的通用型随机优化方法,它吸收了昆虫王国中蚂蚁的行为特征,通过其内在的搜索机制,在一系列困难的组合优化问题中取得了成效。由于在模拟仿真中使用的是人工蚂蚁概念,因此有时亦被称为蚂蚁系统。

据昆虫学家的观察和研究,发现生物世界中的蚂蚁有能力在没有任何可见提示下找出从其窝巢至食物源的最短路径,并且能随环境的变化而变化,适应性地搜索新的路径,产生新的选择。蚂蚁在寻找食物源时,能在其走过的路径上释放一种蚂蚁特有的分泌物——信息素(Pheromone),使得一定范围内的其他蚂蚁能够察觉到并由此影响它们以后的行为。当一些路径上通过的蚂蚁越来越多时,其留下的信息素轨迹也越来越多,以致信息素强度增大(当然,随时间的推移会逐渐减弱),使后来的蚂蚁选择该路径的概率也很高,从而更增加了该路径的信息素强度。

仔细研究蚂蚁从其窝巢出发,其对食物源的路径搜索过程,恰好和公交网络中从某一公交起(终)点站出发寻找一条最优公交线路的过程相对应。蚂蚁的窝巢对应某公交起(终)点,蚂蚁每向前行走一步,对应公交网络中从一个节点到另一个节点。蚂蚁在路径上留下的信息素,对应于网络从一种状态变化到另一种状态,路段权值发生的变化。因此,可以将蚂蚁算法应用于公交网络优化的求解过程。

4.2.1.4 神经网络法

在信号控制系统中,两个神经网络作为控制器处于系统的底层。任何时刻只有一个在工作,而另一个则根据需要(由评价准则确定)处于学习或空闲状态。

1. 网络结构

在该控制系统中,两个神经网络采用相同的拓扑结构,均为 3 层 BP 网络,用以模拟从各相位排队长度 $\overline{P}(j)$ 到信号周期 C 和各相位绿信比 λ_j 之间的函数关系,神经网络法拓扑结构如图 4-2 所示。

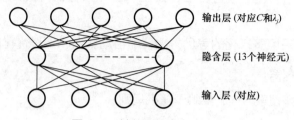

图 4-2 神经网络法拓扑结构

在仿真时发现神经网络在自学习完成后的实际运行过程中,其输出的各相位绿信比 λ_j 之和往往不正好等于 1,而是一个与 1 相差很小的值。此时可采用以下的归一化处理方法:

$$\theta = 1/\sum_{j=1}^{4}\lambda_j \tag{4-1}$$

$$\overline{\lambda}_j = \theta\lambda_j \tag{4-2}$$

显然有:

$$\sum_{j=1}^{4}\overline{\lambda}_j = 1 \tag{4-3}$$

式中 λ_j——神经网络输出的绿信比;

$\overline{\lambda}_j$——归一化后的实际绿信比。

2. 学习样本和训练方式

神经网络法的学习样本分两个阶段获取。第一,在网络运行前,先将交警的指挥经验用规则的形式表示出来,然后用这些准则来训练两个神经网络,训练好的神经网络即可作为信号控制器投入运行。由于控制信号是 4 相位的(相当于四维模糊控制器),信号控制规则的获取比较困难,且控制规则也往往不具备遍历性,因而此时的神经网络性能还不是最优的,还需要在运行过程中逐步进行优化。第二,在系统运行过程中,每隔一个评价周期(6 个信号周期)按照前面所述的方法计算一次 $\overline{P}(j)$ ($j = 1, 2, 3, 4$)、C 和 λ_j($j = 1, 2, 3, 4$),然后以 $\overline{P}(j)$(共 4 个)作为输入,C 和 λ_j(共 5 个)作为输出,训练处于空闲状态的神经网络。训练完成后的下一个周期立即调换两个网络的状态,即原来处于工作状态的神经网络变为空闲状态,而原来处于空闲状态的神经网络则变为工作状态,并将刚才训练好的神经网络参数传给另一个神经网络,这样又进入了下一个评价周期。然后用在下一个评价周期中获得的训练样本训练此时空闲的神经网络,这样一直重复下去。随着时间的推移,训练样本将会越来越多,网络训练也将会越来越困难。为避免出现"样本爆炸"问题,在本节的研究中采取了所谓的"样本截断"法,即事先规定训练样本的规模(如300个,可以根据需要任意设定),然后按照"顺序移位"的方式用新样本逐个淘汰旧样本。一旦在第一阶段中获得的训练样本全部退出规模有限的样本集(300个),则视控制效果的满意程度,既可保持现有神经网络的稳定性(即阶段性的停止训练),也可继续训练下去。最后,训练好的神经网络即可作为信号控制器进行实际的信号控制。

3. 控制系统的工作方式

信号控制系统处于学习运行状态时,两个神经网络总是交替处于工作和学习状态。实际上,网络训练是需要一段时间的,在这段时间内可让处于工作状态的神经网络继续进行信号控制,直至另一个网络训练结束。一旦神经网络的阶段性训练结束,则下一个周期立即变换它们所处的状态,并将新的网络参数传给另一个神经网络。神经网络完成自学习后就可作为信号控制器使用,即根据车辆传感器检测到的交通状况计算出 $\overline{P}(j)$ $(j=1,2,3,4)$,再经过神经网络的计算得到信号周期 C 和绿信比 $\lambda_j(j=1,2,3,4)$ 及其归一化值 λ_j,从而以信号控制参数 C 和 λ_j 对交叉口实施信号控制。

4.2.1.5 强化学习算法

强化学习算法是最近几年机器学习领域的最新进展。强化学习算法的目的是通过和环境交互学习到如何在相应的观测中采取最优行为。行为的好坏可以通过环境给予的奖励确定。不同的环境有不同的观测和奖励。例如,驾驶中环境观测是摄像头和激光雷达采集到的周围环境的图像和点云,以及其他的传感器的输出,例如行驶速度、GPS 定位、行驶方向。驾驶中的环境的奖励根据任务的不同,可以通过到达终点的速度、舒适度和安全性等指标确定。

强化学习和传统机器学习的最大区别是强化学习是一个闭环学习的系统,强化学习算法选取的行为会直接影响环境,进而影响强化学习算法之后从环境中得到的观测。传统的机器学习把收集训练数据和模型学习作为两个独立的过程。例如,如果需要学习一个人脸分类的模型,则传统机器学习法首先需要雇用标注者标注一批人脸图像数据,然后在这些数据中学习模型,最后可以把训练出来的人脸识别模型在现实的应用中进行测试。如果发现测试结果不理想,那么需要分析模型中存在的问题,并且试着从数据收集或者模型训练中寻找原因,然后从这些步骤中解决这些问题。对于同样的

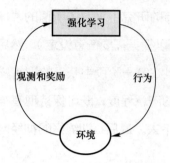

图 4-3 强化学习和环境交互过程

问题,强化学习采用的方法是通过在人脸识别的系统中尝试进行预测,并且通过用户反馈的满意程度调整自己的预测,从而统一收集训练数据和模型学习的过程。强化学习和环境交互过程如图 4-3 所示。

强化学习存在很多传统机器学习不具备的挑战。(1)在强化学习中没有确定在每一时刻应该采取哪个行为的信息,强化学习算法必须通过探索各种可能的行为才能判断出最优行为。如何有效地在可能行为数量较多的情况下有效探索是强化学习中最重要的问题。(2)在强化学习中,一个行为不仅可能会影响当前时刻的奖励,而且还可能会影响之后所有时刻的奖励。在最坏的情况下,一个好行为不会在当前时刻获得奖励,而会在很多步都执行正确后才能得到奖励。在这种情况下,强化学习需要判断出奖励和很多步之前的行为有关是非常有难度的。

虽然强化学习存在很多挑战,但是它也能够解决很多传统的机器学习不能解决的问题。(1)由于不需要标注的过程,强化学习可以更有效地解决环境中存在的特殊情况。比如,无人车环境中可能会出现行人和动物乱穿马路的特殊情况。只要模拟器能够模拟出这些特殊情况,强化学习就可以学习到如何在这些特殊情况中做出正确的行为。(2)强化学习可以把整个系统作为一个整体的系统,从而对其中的一些模块增加健壮性。例如,自动驾驶中的感知模块不可能做到完全可靠,但强化学习可以做到,即使在某些模块失效的情况下也能做出稳妥的行为。(3)强化学习可以比较容易地学习到一系列行为。自动驾驶中需要执行一系列正确的行为才能成功驾驶。如果只有标注数据,则学习到的模型如果每个时刻偏移了一点,则到最后可能就会偏移非常多,产生毁灭性的后果,而强化学习能够学会自动修正偏移。

智能化汽车的决策是指给定感知模块解析出的环境信息如何控制汽车的行为以达到驾驶目标。例如,汽车加速、减速、左转、右转、换道、超车都是决策模块的输出。决策模块不仅需要考虑汽车的安全和舒适性,保证尽快到达目标地点,还需要在旁边车辆恶意驾驶的情况下保证乘客安全。因此,决策模块一方面需要对行车计划进行长期规划,另一方面还需要对周围车辆和行人的行为进行预测。而且,自动驾驶中的决策模块对安全和可靠性具有严格要求。现有自动驾驶的决策模块一般根据规则构建,虽然可以应对大部分驾驶情况,但对于驾驶中可能出现的各种突发情况,基于规则的决策系统不可能枚举到所有突发情况，因此需要一种自适应系统以应对驾驶环境中出现的各种突发情况，在 TORCS 模拟器中使用强化学习如图 4-4 所示。

图 4-4　在 TORCS 模拟器中使用强化学习

自动驾驶的决策过程中，模拟器起到非常重要的作用。决策模拟器负责对环境中常见的场景进行模拟，例如车道情况、路面情况、障碍物分布和行为、天气等，同时还可以将真实场景中采集到的数据进行回放。

模拟器的另一个重要的功能是进行强化学习，可以模拟出各种突发情况，然后强化学习算法利用其在这些突发情况中获得的奖励学习如何应对。这样，只要能够模拟出足够的突发情况，强化学习算法就可以学习到对应的处理方法，而不用每种突发情况都单独写规则处理。而且，模拟器也可以根据之前强化学习对于突发情况的处理结果尽量产生出当前的强化学习算法无法解决的突发情况，从而强化学习效率。

现有的强化学习算法在自动驾驶模拟环境中获得了很有希望的结果。但是如果需要强化学习真正能够在自动驾驶的场景下应用，还需要很多改进。

第一个改进方向是强化学习的自适应能力。现有的强化学习算法在环境性质发生改变时，需要试错很多次才能学习到正确的行为。而人在环境发生改变的情况下，只需要很少次试错就可以学习到正确的行为。如何只用非常少量的样本学习到正确的行为是强化学习能否实用的重要条件。

第二个改进方向是模型的可解释性。现在强化学习中的策略函数和值函数都是用深度神经网络表示的，其可解释性比较差，在实际的使用中出了问题，很难找到原因，也比较难以排查。在自动驾驶这种人命关天的任务中，无法找到原因是完全无法接受的。

第三个改进方向是推理和想象能力。人在学习的过程中很多时候需要有一定的推理和想象能力。比如在驾驶时，不用亲身尝试，也知道危险的行为会带来毁灭性的后果。这是因为人类对这个世界有一个足够好的模型以推理和想象做出相应行为可能会发生的后果。这种能力不仅对于存在危险行为的环境非常重要，在安全的环境中也可以大大加快收敛速度。

只有在这些方向做出了实质性突破，强化学习算法才能真正使用到自动驾驶或机器人这种重要的任务场景中。

4.2.1.6 博弈论法

博弈论（Game Theory）法最初主要用来研究象棋中的胜负问题。博弈论法的实际应用非常广泛，主要是用来进行资源分配，如信道分配、带宽分配、功率控制等，可以有效处理异构环境中的竞争和互动，从而提高选择的准确性。《孙子兵法》中的田忌赛马取胜，就是利用博弈论的原理。1944 年，由现代计算机之父 Von Neumann 和 Morgenstern 著作的 *Game Theory and Economic Behavior* 是博弈论确立为一门学科的标志。书中提出了合作博弈、非合作博弈的理论和分析方法。合作博弈是指相互作用的博弈参与者之间存在约束力条件，非合作博弈则相反。本节是对城市路网区域交通信号控制展开的研究，通过各智能体之间相互合作实现路网全局最优，采用的是合作博弈。

P：博弈的参与者。不仅能够独立决策，也能独立承担责任，以最终实现利益最大化为目标。

A：博弈参与者的所有可能的动作策略的集合。

S：博弈的进程，也是博弈者在博弈中采取行动策略的次序。

I：博弈信息，能够影响博弈最终结果的所有博弈者的信息，信息在博弈中占据非常重要的地位，信息的准确度和多少能够决定博弈结果。

U：博弈者获得的收益。

博弈论在交通问题中的初步应用：

两辆车在某个交叉口相遇，每辆车都有两个战略：等待，前行。如果两辆车都选择前行，那么就会相撞，对双方都会造成极大的损失；如果两辆车都选择等待，双方虽然没有损失，但是双方都浪费了时间；如果一方选择等待，另一方选择前行，双方就都没有损失且前行能够更快到达目的地。二者博弈收益矩阵如表 4-1 所示。

表 4-1 博弈收益矩阵

车辆 1/车辆 2		车辆 2	
		等待	前行
车辆 1	等待	0, 0	1, 5
	前行	5, 1	−100, −100

注：表中 0、1、5、−100：表示每个决策者获得的收益情况。数值越大，收益越大；数值越小，收益越小，则损失越大。

通过分析可知：纳什均衡显然是（车辆 1 等待，车辆 2 前行）或者是（车辆 1 前行，车辆 2 等待），任一方改变自己的策略都会无法使自己的收益最好。

从上面的例子中可知，形成一个完整的博弈模型需要有四个要素：

（1）2 个或 2 个以上的决策者 A（车辆 1、车辆 2）；

（2）每个决策者都有自己行动的信息 I，包括其他决策者的特征和行动策略，这有利于他们自己采取行动；

（3）每个决策者有自己能够选择的策略 S（等待、前行）；

（4）每个决策者都要能获取资源或收益 U。

4.2.1.7 其他方法（SLAM）

SLAM 的全称为 Simultaneous Localization and Mapping，即在一个静态的未知环境中，通过一个机器人的运动和测量学习环境地图，并确定机器人在地图中的位置，SLAM 建图效果如图 4-5 所示。

图 4-5 SLAM 建图效果

SLAM 可分为视觉 SLAM（VSLAM）和激光 SLAM，视觉 SLAM 基于摄像头返回的图像信息，激光 SLAM 基于激光雷达返回的点云信息。

激光 SLAM 比视觉 SLAM 起步早，在理论、技术和产品落地上都相对成熟。基于视觉的 SLAM 方案目前主要有两种实现路径：一种是基于 RGBD 的深度摄像机，比如 Kinect；还有一种就是基于单目、双目或者鱼眼摄像头。视觉 SLAM 目前尚处于进一步研发和应用场景拓展、产品逐渐落地阶段。视觉 SLAM 的应用场景要丰富很多，在室内外均能开展工作，但是对光的依赖度高，在暗处或者一些无纹理区域无法工作。

而激光 SLAM 主要应用在室内。激光 SLAM 是目前比较成熟的定位导航方案，视觉 SLAM 是未来研究的主流方向。所以，未来多传感器的融合是一种必然趋势。取长补短，优势结合，才能打造出真正好用、易用的 SLAM 方案。

最初，SLAM 的提出就是为了解决未知环境下移动机器人的定位和建图问题。所以，SLAM 对于无人驾驶的意义就是如何帮助车辆感知周围环境，以更好地完成导航、避障、路径规划等高级任务。

现已有高精度地图，暂且不考虑这个地图的形式、存储规模和如何使用的问题。首先，这个构建好的地图真的能帮助无人驾驶完成避障或者路径规划等类似任务吗？至少环境是动态的，道路哪里有一辆车，什么时候会出现一个行人，这些都是不确定的。所以从实时感知周围环境这个角度来讲，提前构建的地图是不能解决这个问题的。另外，GPS 的定位方式是被动、依赖信号源的，这一点使得其在一些特殊场景下是不可靠的，比如城市环境中 GPS 信号被遮挡、野外环境信号很弱，还有无人作战车辆作战中信号被干扰以及被监测等。所以像 SLAM 这种主动且无源的工作方式在上述场景中是十分需要的一项技术。

4.2.2　城市干线交通信号控制

4.2.2.1　基本概念

在线控系统中，为使各交叉口的交通信号能取得协调，各交叉口的交通信号周期长度必须统一。为此必须先按单路口信号控制的配时方法，计算其周期长度，然后从中选出最大的周期长度作为这个系统的共用周期。对应最大周期的交叉口也叫关键路口。在线控系统中，如果某些交叉口的交通量较小，可把共用周期的一半作为其周期，称为双周期信号控制。

线控系统中各交叉口信号的绿信比不一定相同，通常要根据每一个交叉口各方向的交通量的流量比确定。一般将周期最长的那个路口沿干道方向的绿灯时间定为干道各交叉口的最小绿灯时间，各交叉口沿干道方向的最大绿灯时间则根据相交道路交通流所需要的最小绿灯时间来确定。

相位差直接决定线控系统的有效性，因此必须认真仔细加以确定。在线控系统中，一般使用绝对相位差。把干线上某一路口作为基准路口，其他各路口的协调相位起始时刻滞后于基准路口的协调相位起始时刻的最小时间差，称为绝对相位差。显然相位差与相邻路口之间车辆的行驶速度有关。

通常采用时距图的方式来描述线控系统中信号配时和交叉口间距的关系。图 4-6 是一个具有 4 个信号交叉口的线控系统时距图，图中干线各交叉口的绿灯时间等于周期长度的一半，各交叉口间距相等。这是一种比较特殊的情况，主要用来说明以下几个概念。

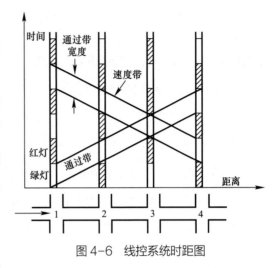

图 4-6　线控系统时距图

（1）通过带

在时距图上，画两根平行的车辆行驶速度线，并尽可能使两根速度线分别位于各交叉口上该信号绿灯时间的始端和终端，那么，两速度线之间的空间称为通过带。从时距图中可以看出，无论在哪个交叉口，只要车辆在通过带内的时刻到达，并以该速度线所示的速度行驶就可以顺利地通过各交叉口而不会受阻。

（2）通过带速度

图 4-6 中速度线斜率的倒数为通过带速度，它表示沿干线道路可以顺利通过各交叉口的车辆推进速度。

（3）通过带宽度

图 4-6 中两平行速度线之间以时间表示的宽度，它表示可供车辆使用以通过交叉口的时间。图 4-6 是一个比较特殊的情况，其通过带宽度恰好为干线的绿灯时间。

4.2.2.2　控制方式

从时距图可以知道，通过带的宽度越宽越能处理更多的交通流，控制效率越高。然而，一般来说，要在上、下行都能达到高带宽是困难的，通常有下面一些运行方式。

1. 优先相位差方式

优先相位差方式让某一方向优先并且设置比较宽的通过带。在早、晚交通高峰时间，上、下行交通量差别显著的情况下，按交通量大的方向设置相位差，使其通过带尽可能宽，则可以得到较高的系统效率。该方式是最容易实现的线控方式，其相邻路口间相位差可按下式确定：

$$t_{os} = \frac{S}{v} \tag{4-4}$$

式中 t_{os}——相邻路口间的相位差（s）；

S——相邻路口间的间距（m）；

v——车辆在相邻路口间的平均行驶速度（m/s）。

2. 同步式协调控制

干线上所有的交叉口，在同一时刻，显示相同的信号灯色，即相邻路口之间的相位差恰好等于信号周期的长度。有两种情况适合于采用这种协调方式：（1）车辆在相邻交叉口间的行驶时间等于信号周期长度的倍数，即：

$$S = vC \tag{4-5}$$

式中 C——周期长度（s）。

（2）干线上交叉口间距较短，且干线上的交通量远远大于次干线方向的交通量，此时把相邻交叉口看成一个交叉口。

3. 交互式协调控制

车辆在相邻交叉口间的行驶时间等于信号周期长度一半的倍数，此时采用半周期为相位差可使车辆连续通过干线上的交叉口，此时：

$$S = \frac{vC}{2} \tag{4-6}$$

与单路口的信号配时一样，线控系统的配时方案也是对于一组给定的交通条件制订的，当这些条件发生变化时，该配时方案的有效性也就大打折扣。因此，如果能自动检测交通流的变化，并对配时进行在线优化，就可以提高线控系统的效率。交通流的变化通常分为两类：（1）干线上一个或几个路口的交通量发生变化，导致这些路口的周期和绿信比需要改变；（2）交通流在方向上不均衡，即在双向运行的干线上，沿干线上、下行的交通量发生变化。如果将干线上、下行两个不同方向的交通流分别称为入境交通流和出境交通流，则可能存在如下3种基本情况：

（1）入境交通流大于出境交通流。

（2）出境交通流大于入境交通流。

（3）入境交通流与出境交通流基本相等。

第（1）种情况常出现在早高峰时间，此时，可对入境方向提供较宽的通过带。第（2）种情况常出现在晚高峰时间，可设置一个有利于出境交通流的配时方案。第（3）

种情况为非高峰交通流，采用的配时方案应同等对待入境交通流和出境交通流。由此可见，考虑交通流在方向上的不均衡性，线控系统至少要配备 3 种不同的配时方案。

4.2.3 城市区域协调控制

城市区域协调控制简称面控，是指将一个区域内的多个信号交叉口视为整体进行相互协调，控制区内各交通信号都受交通控制中心控制的集中式管理控制方式。对范围较小的区域，可以整区集中控制；对范围较大的区域，可以分区分级控制。根据控制策略和控制结构的不同，可以将城市区域协调控制进行如下分类。

（1）按控制策略分类。定时式脱机控制系统利用交通流历史及现状统计数据进行脱机优化处理，得出多时段的最优信号配时方案并存入控制器或控制计算机内，对整个区域交通实施多时段定时控制。

定时式脱机控制系统简单、可靠且效益投资比高，但不能适应交通流的随机变化，特别是当交通量数据过时后，其控制效果明显下降，在重新制订优化配时方案时，进行交通调查将消耗大量的人力。目前比较成熟的定时式脱机控制系统有 TRANSYT、CORSIM（Corridor Simulation）、PASSER（Progression Analysis and Signal System Evaluation Routine）等。

感应式联机控制系统在控制区域交通网中设置车辆检测器，实时采集交通数据并进行交通模型辨识，进而得到与配时参数有关的优化问题，在线求解该问题的配时方案，并实施联机最优控制。

感应式联机控制系统能及时响应交通流的随机变化，控制效果好，但控制结构复杂、投资高、对设备可靠性要求高。目前比较成熟的在线控制系统有 SCATS 系统、SCOOT 系统等。

（2）按控制结构分类。集中式控制结构将区域内所有的信号机都连接成一个网络，利用一台中小型计算机或多台计算机在线联网的方式在一个控制中心实现对区域内所有交叉口进行集中交通信号控制，集中式交通控制系统结构示意图如图 4-7 所示。

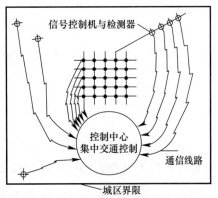

图 4-7　集中式交通控制系统结构示意图

分层式控制结构将整个交通信号控制系统分上层、下层两个子系统，上层子系统接收来自下层子系统的交叉口配时方案，对这些配时方案从整体的角度进行协调、分析、处理，从而使下层子系统的配时方案得到修正；下层子系统则根据修正后的方案再做必要的调整。上层子系统主要完成整个系统的协调优化任务，下层子系统主要完成区域内交叉口配时调节的执行任务，分层式交通控制系统结构一般分为三级，如图4-8所示。

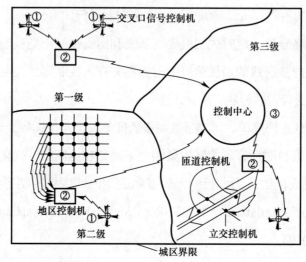

图4-8　分层式交通控制系统结构
①交叉口信号控制机；②地区控制机；③控制中心

第一级位于交叉口，由交叉口信号控制机控制，其功能应包括监视设备故障（检测器、信号灯和其他局部控制设施）、收集和汇总检测数据、把有关交通流和设备性能等数据传送到第二级控制、接收上级下达的指令并按指令操作。

第二级位于所控制区域内的一个比较中心的位置，其功能应包括监视从第一级控制送来的交通流和设备性能的数据并传到第三级控制中心；操纵第一级控制，决定要执行的控制类型（单点控制或区域控制），选择控制方法并协调第一级控制。

第三级位于城市中一个合理的中心位置，发挥命令控制中心的作用，负责整个系统的协调控制。控制中心能监视控制区域内任意信号交叉口的数据，接收、处理有关交通流条件的数据，确定第二级控制的控制策略，并提供监视和显示设备。此外，控制中心还能接收有关设备故障的信息，以便采取相应的措施。

4.2.4 不同智能网联车辆渗透压下的智能交通信号控制

通信技术的快速发展推动了交通系统信息化和智能化的进程。无线通信技术的发展为高速移动的汽车实现车与车、车与路、车与管理中心的互联提供了基础条件，推动了车联网与车路协同技术的快速发展。

4.2.4.1 网联车与机动车混合下的智能交通信号控制

智能交通信号控制离不开交通流参数检测，在道路的某些特定地点或选定路段，为收集车辆运行的相关数据而展开的工作称为交通调查。交通调查的具体对象因研究目的而异，但主要是交通流参数。交通调查使用的相关技术称为交通检测技术，传统的交通检测技术主要有人工调查、环形感应线圈、视频检测、红外检测等。然而受制于检测范围局限、成本高、损坏率高等现实弊端，导致传统检测设备的运营效能较差。随着车联网技术的逐步部署，V2X 通信可以提供大量车联网数据，如车辆的实时速度、位置信息等，直接将这些数据应用于交通流参数预测可缓解传统检测方法的固有缺陷。

网联环境下对交叉口进行信号控制以制订合理可行的信号配时方案，仅依赖实时的交通流参数检测结果是不够的，实际中往往还需运用检测到的实时数据对未来的交通流参数进行预测。而在车联网环境下，由于行驶速度、信道质量、环境变化等其他不确定性因素的广泛存在，无线信号传输会受到不同程度的干扰，可能造成数据缺失或数据错误。因此，需要对采集到原始数据的完整性、合理性和有效性进行进一步分析，对原始数据进行过滤，从而剔除不合理的数据。

车联网能够直接对车辆经过路段上下游检测器的时间进行检测，因此可以根据车辆的行程时间判断在该路段采集到的原始数据是否正确。

4.2.4.2 全智能车辆下的无信号交叉口优化控制

全智能车辆下的无信号交叉口优化控制是指基于全智能车辆和智能交通系统技术，在无信号交叉口场景下，通过优化车辆间的交互和协同、动态路径规划、智能红绿灯控制、车辆调度等方式来提高交叉口的通行效率和道路的流畅性，减少交通拥堵和交通事故，以实现更智能化、更高效的交通管理。在无信号交叉口场景下，车辆根据自身位置、速度、行驶意图等信息进行协同通信和协同行驶，根据实时交通情况进行调整和优化，协同通过交叉口，提高道路的通行能力和交通的流畅性。该优化控制需要全智能车辆和智能交通系统的共同支持，并且需要涉及车辆、交通基础设施、通信等多个方面的综合策略。

在全智能车辆下的无信号交叉口优化控制方面，可以采用以下策略进行优化：

（1）协同通信与交互：全智能车辆可以通过协同通信进行实时交互，共享自身位置、速度、行驶意图等信息。通过交互，车辆可以相互了解并预测其他车辆的行动，从而优化交叉口的控制策略。

（2）车辆联动决策：基于交互的信息，车辆可以进行联动决策，通过协调自身的行驶速度和行进路线来避免交叉口的冲突。通过优化车辆的联动决策，可以最大限度地减少等待时间和交通拥堵。

（3）动态路径规划：全智能车辆可以通过动态路径规划来选择最佳的行驶路线，以避免交叉口拥堵。路径规划法可以综合考虑交通流量、交叉口情况和车辆之间的协同行驶需求，来选择最优路径，提高交叉口通过率。

（4）智能红绿灯控制：虽然是无信号交叉口，但可以考虑在道路上安装智能传感器，并使用机器学习或优化算法来控制红绿灯。这些传感器可以检测车辆数量和流量，并根据实时交通情况来灵活地调整红绿灯的时长，让交叉口的通行效率最大化。

（5）利用智能交通系统：利用智能交通系统来监控和管理交叉口的交通流量。该系统可以实时收集和分析交叉口的数据，并根据交叉口的负载情况来调整和优化交通流。例如，在交通高峰期，系统可以采取限流措施，调整车辆的流动方式，以减少交叉口的拥堵。

全智能车辆下的无信号交叉口优化控制可以通过协同通信与交互、车辆联动决策、动态路径规划、智能红绿灯控制和智能交通系统等手段来实现。这些策略可以协同作用，最大限度地提高交叉口的通过效率和道路的流畅性。

4.2.4.3 智能网联车辆与机动车混合下的多目标信号控制

智能网联车辆与机动车混合下的多目标信号控制是指针对道路上同时存在的智能网联车辆和机动车，通过优化交通信号控制策略，以实现多个目标的平衡，如安全性、效率性、环境友好性等，以提高交通流的通行效率和道路的流畅性。

在该场景下，需要考虑以下多目标信号控制策略：

（1）行人和车辆的平衡：为了保障行人的安全，需要在信号控制中设置相应的步行信号。同时，在保证行人安全的前提下，尽可能减少信号控制对机动车和智能网联车辆的干扰，以提高道路吞吐量。

（2）动态优化信号控制：针对不同的交通压力和拥堵程度，动态调整信号控制的相位时长、周期长度、转移等规则，协同机动车和智能网联车辆相互配合，达到最优的交通流动状态。

（3）环境保护和能源节约：利用环境感知技术，综合考虑下一步车辆数量、排放出口及时间等信息，动态优化信号控制，以降低大气污染和能耗，提高道路运输效率。

（4）智能诱导交通：利用智能网联车辆、信号设备及路侧设备等信息，通过普及大数据和人工智能技术，实现对道路通行状况的精准预测和推荐，主动地向驾驶员和智能车辆转移流量，引导车流合理分布和车速控制，以缓解高峰拥堵和提高出行安全性。

智能网联车辆与机动车混合下的多目标信号控制要考虑多个方面，如行人安全、交通流动性、环境保护等。在信息技术和交通管理方面，需要综合运用智能交通系统等技术手段，提高信号控制的精准性、实时性和智能化水平，以实现交通领域的持续发展和改善。

4.2.5 多目标智能交通信号控制

利用新型雷达多目标检测技术，建立单路口交通状态全息解析图像，实时展现路口交通状态，形成支撑交通信号控制、交通事件检测等的基础数据平台。

基于区域交通状态全息模型，系统设计智能信号控制优化方案。以路口全息交通状态为数据基础，研究交通流实时分析算法，实现非饱和交通流状态下交通信号自适应控制；以人工智能为仿生对象，研究交通流实时分析和预测判断相结合的分析方法，创建饱和交通流状况下仿人工智能的交通信号控制算法。基于系统设计方案，研发应用软件，将研究成果应用于实际交通路口，达到人工智能控制疏导的目标。

利用先进的微波阵列雷达检测技术提供的数据，实现交通路口信号的智能化控制，自适应地调整交通路口的信号控制时间，达到最佳的通行效率。

全新的雷达多目标检测技术（图4-9），能够准确地检测出每辆车的坐标和车速，并实时获取每个道路方向每车道的车流量、车速、车辆排队长度等交通数据。以往所有的检测手段中都无法进行如此全面的检测，检测精度和检测范围都是以往检测技术所无法比拟的，能够为交通信号的智能控制提供准确可靠的数据，为系统的精细化控制奠定基础，具体包括如下内容。

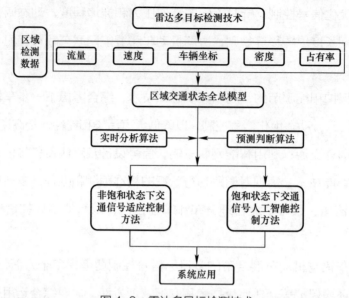

图 4-9 雷达多目标检测技术

（1）车辆运动坐标。雷达设备安装初始即设定好检测区域 X-Y 坐标系，目标车辆被检测到后即可在检测坐标系生成实时 X 坐标和 Y 坐标数据，用以标记车辆的运行位置。

（2）交通流量计数及分类。雷达多目标检测技术可实现流量检测，测量点被跟踪车辆占据并产生一个函数调用，通过跟踪 ID 对比已经存储的 ID 进行车道流量统计。测量点还可以扩展为一个测量区域，避免当目标接近测量线之前误被忽略或者发生遗漏。同时根据雷达反射量的不同，判定车辆大小与类型。

（3）队列长度测量。排队检测线圈仅能实现特定距离上的排队长度检测，雷达多目标检测能突破特定长度检测的限制，实现检测区域内任意排队长度的实时检测。

1）检测区域目标车辆坐标数据、车速数据。

2）当目标保持静止，且形成多个静止数据的空间队列，这个队列是排队有效数据。空间局部多个静止数据也可以认为是排队有效数据，如局部交通事故引起的排队，该排队数据归属异常事件排队，不作为常规排队进行计算。

3）每个车道均可进行队列检测，进口方向排队以设定车道属性最长排队为准。超过车道方向属性的排队定义为进口排队。

（4）预估到达时间。通过检测目标车辆实时坐标距离和车速，测定车辆到达队尾或进口停止线的时间。

4.2.6 过饱和交通流场景下的智能交通信号控制

这本手册由美国交通研究委员会（Transportation Research Board）于 2000 编写。《美国道路通行能力手册（HCM2000）》*Highway Capacity Manual* 把过饱和交通状况定义为车辆在某个交叉口的到达率超过该路口在特定点的通行能力，或者通行能力服务水平为 F 时城市道路的交通处于过饱和状态，道路服务水平为 F 时的表现形式为车辆的平均延误时间超过 1min；车道的实际交通量与设计交通量之比大于 1。

数十年前开始开发的道路交通信号控制系统的模型及优化方法主要是基于非饱和交通流所开发的，而随着全球机动化水平的不断提高，交通拥堵已经成为全球大中城市所面临的共同问题，因此在近年来研究的交通信号控制法与系统中，开始出现专门针对饱和或过饱和交叉口的控制模型及策略，并且在一些城市的交叉口进行现场测试，取得了良好的效果，未来需要继续完善针对饱和及过饱和交叉口的交通信号控制模型及策略的研究与应用。

信号控制系统的总目标一般是在未饱和交通条件下，通过采用相应的交通信号控制措施，降低车辆行驶延误，减少停车次数，缩短车辆在路网内的行驶时间，提高路网的整体通行能力。因此，各种类型的交通信号控制系统均对交通流提出了一定的要求。只有通过相应的交通管理使交通流达到信号控制系统的应用要求时才能取得好的控制效果。目前国内众多的大中城市纷纷从国外引进比较成熟的交通信号控制系统，而应用效果往往难以达到预期目标，其中与国内交通流状况与信号控制系统的协调程度有一定关系。无论是哪一种交通信号控制系统，都对交通流的运行规律性有一定的要求，只有交通流的规律满足系统的适用条件，才能产生良好的协调，取得好的控制效果。

过饱和交通流场景下的智能交通信号控制，是指在道路交叉口或高速公路等场景下，交通流量超过道路通行能力造成拥堵和塞车现象的情况下，通过智能交通信号控制和交通管理策略，优化交通流动，缓解拥堵和提高道路通行能力。

该场景下的智能交通信号控制需要考虑以下因素：

（1）智能信号控制和协调：基于智能交通系统，通过路侧设备、交通控制中心和车联网等信息技术手段，实现信号控制的智能化和协调化，根据实时交通情况和道路网络拓扑结构，灵活地调整信号的相位和时长，以缓解压力区域拥堵和提高道路通行能力。

（2）动态引导和路由规划：根据实时交通信息和出行需求，对车辆进行动态引导和路由规划，将交通流量分散到多个途径，实现绕行、换乘等策略，降低焦点区域的交通负荷。

（3）行人安全和便捷：结合人行信号灯、行人过街天桥、下沉式过街通道等多种交通设施，实现行人通行的安全与便捷，杜绝行人跨越道路交通行为的产生，减轻交通压力区域。

（4）综合辅助和规定措施：通过叠加多种交通管理手段，如道路优化、交通限制、通行平衡等措施，配合智能交通信号控制，协同解决过饱和交通流场景下的问题。

过饱和交通流场景下的智能交通信号控制需要在保证人民生命财产安全的前提下，采取有针对性的交通管理和控制策略，以提高道路通行效率，缓解拥堵状况，实现人车和谐共处和可持续交通发展。

4.3 智能公共交通控制

4.3.1 新技术在公共交通控制中的应用

4.3.1.1 交通地理信息系统

交通地理信息系统（Geographic Information System for Transportation，GIS-T），是收集、存储、管理、综合分析和处理空间信息和交通信息的计算机软、硬件系统，是GIS技术在交通领域的延伸，是GIS与多种交通信息分析和处理技术的集成。随着GIS技术不断地发展，其在交通领域将发挥越来越多的作用，可以说它是交通进入数字化时代的标志。在城市交通流诱导系统中，需要交通电子地图来描述城市道路交通信息，而交通电子地图即属于GIS地理信息系统的一种应用。对于任何车辆的定位和导航系统，只要涉及与地图有关的功能，地理信息系统数据库是必不可少的。在交通流诱导中主要用于数字电子地图的制作，建立各种类型的地理信息库，并可作为交通管理监控中心的工作平台。其实，GIS不但可以和GPS、计算机技术相结合用在车载装置和工作站上，而且可以进一步和Internet结合发展成互联网GIS（Web GIS），使用多线程下载经过高效的压缩方案压缩过的地图数据，所有地图显示在客户端完成，使用户通过网页浏览实现对车辆等目标进行监控、导航，使GIS的功能和使用范围进一步拓广。

GIS-T 不仅能够直观展示道路网络、公共交通站点、线路布局等静态空间信息，还能实时或准实时地监控交通流量、拥堵状况、车辆位置等动态交通信息。这种综合能力使得 GIS-T 在公共交通领域的应用尤为广泛，它不仅提升了公共交通系统的运营效率，也显著增强了乘客的出行体验。例如，通过 GIS-T 的支持，公共交通管理部门可以更加精准地调度车辆，减少等待时间，优化线路设计；同时，乘客也能通过相关平台获取实时的公交到站信息，规划更加合理的出行路线。

正是基于 GIS-T 的坚实基础，公共交通地理信息系统（Geographic Information System-Public Transit，GIS-PT）得以进一步发展，并逐渐成为智能公共交通系统中不可或缺的一部分。本节主要阐述服务于智能公共交通系统的公共交通地理信息系统（GIS-PT）的功能和构成。

GIS-PT 的功能和构成：GIS-PT 也是一种 GIS，只不过是更加强调在公共交通领域的应用，增加了公交线网、公交站点等图层，更能方便地应用于智能公共交通系统。因此，GIS-PT 必然具有一般地理信息系统的所有特征。其功能和构成也和一般地理信息系统大致相同。图 4-10 所示为 GIS 能够实现的功能。

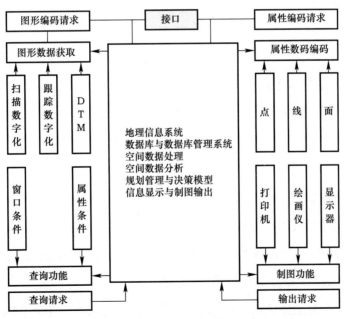

图 4-10 GIS 能够实现的功能

4.3.1.2 定位技术

定位技术是智能公共交通系统的核心技术之一。为了实现对公交车辆的实时跟踪和实时调度，必须精确而可靠地确定车辆的位置。

在 ITS 的 28 种服务中就有 11 种需要知道车辆的实时位置，因此，对在路面上行驶的车辆如何进行定位在 ITS 中是一项非常重要的技术。

自 20 世纪 50 年代由美国国防部建立罗兰 C（Loran C）系统以来，无线定位技术得到了广泛的重视，特别是全球卫星定位（GPS/GLONASS）的出现，极大地促进了无线定位技术的应用。从理论上讲，无论采用何种系统，如果某一终端能够同时接收多个位置的无线电信号，那么均可以通过相对位置矢量的解确定该终端的当前位置信息。从目前发展情况来看，可用于移动车辆定位的主要方法有：

（1）GPS 单独定位；

（2）GLONASS 单独定位；

（3）GPS/GLONASS 组合定位；

（4）GPS/DRS 组合定位；

（5）GPS/INS 组合定位；

（6）GNSS 定位；

（7）GSM/CDMA 定位；

（8）北斗卫星导航系统。

GPS 自问世以来，已充分显示了其在无线电导航、定位领域的优势地位。经近 10 年我国测绘等部门的使用表明，GPS 以全天候、高精度、自动化、高效益等显著特点，赢得广大测绘工作者的信赖，并成功地应用于大地测量、工程测量、航空摄影测量、运载工具导航和管制、地壳运动监测、工程变形监测、资源勘察、地球动力学等多种学科。

4.3.1.3 通信技术

智能公共交通系统的核心实际上是如何快速、准确、及时、高效地获取和处理相关信息。而信息的获取和传输都离不开通信技术。通信技术和地理信息系统技术一样，都为智能公共交通系统的实施提供了一个基础平台。

由于智能公共交通系统所需信息（比如：从交通控制中心获取的实时交通流量信息、调度中心发布的调度指令、公交车辆回传的定位信息、实时客流量信息等）一般需要无线通信方式。而且，在构建系统时，既要满足系统对通信手段的要求，又要充分利用现有的具有数据通信功能的通信系统，以降低成本。从目前来看，智能公共交通系统可利用的通信方式有如下几种：

1. 定频率通信方式

定频率通信方式是使用单一频率进行通信，不同的车辆由时隙来区分，因此可以称为 TDMA（时分多址）方式。使用的电台可以是双工或半双工的。这种方式具有系统容量小、覆盖范围小的缺点，常用于集群监控系统。

2. 集群移动系统通信方式

集群移动系统（Trunk Mobile Radio System）通信方式是一种专用的调度通信系统，其特点是"频率共用"，即系统内用户共同使用同一组频率，用户每次建立通话前首先向调度台提出申请，调度台将搜索到的空闲信道分配给用户。集群移动系统通信方式具有信道利用率高、服务质量好、通话阻塞率低、通话具有私密性、可进行数据传输、系统智能化程度高等优点，并具有交换功能。呼叫方式有：单呼、组呼、群呼、无线互联呼叫等。多用于容量较大的监控系统。

3. 蜂窝网移动通信方式

蜂窝网移动通信方式的核心概念是频率复用，即多个用户共同使用一组频率，同时多组用户在不同的地方仍使用该组频率进行通信，从而大大提高了频率的利用率。目前，蜂窝移动通信方式已从第一代 FDMA（Frequency Division Multi Access）方式和模拟体制，历经第二代 TDMA（Time Division Multi Access）数字体制发展到第三代 CDMA（Code Division Multi Access）数字体制。目前最广泛使用的蜂窝方式是以 TDMA 体制为核心的 GSM 网，GSM 数字蜂窝移动通信系统提供的业务有：电信业务和承载业务。电信业务又包括话音通信和经济实惠的短消息服务等。

4. 广播电台调频副载波信息发布方式

广播电台调频副载波信息发布方式是一种单向信息传输方式，可以用于向电子站牌发布信息，比如：系统对时信息、下班车到达时间信息等。这是一种相当经济的信息发布方法。

5. 卫星通信方式

卫星通信方式是利用通信卫星提供转发功能，实现远距离、大覆盖的通信。目前，INMARSAT—D+地面站已经建立，DRGS 完全可以选用该系统。INMARSAT—D+是第一个全球双向卫星短消息传输系统，可以使用户在全球的任何地方与卫星固定终端进行双向短消息通信，也可传送 GPS 的定位信息，可弥补 GSM 通信方式覆盖面受限制的不足。

公共交通智能化调度系统的通信部分主要包括：调度中心和车载机通信，调度中心和电子站牌通信两大部分。通信方式采用无线电台通信。

调度中心与车载机的通信过程是：调度中心的综合信息处理服务器生成的调度指令经过通信服务器、调制解调器编码、信道机（每台公交车对应一个信道）和电台发射。车载机电台接收到信息后，判断是否是发给本车载机的信息，如果是，则按照调度指令执行；如果不是，则不做任何处理。车载机回传的信息（包括驾驶员发回的短信息和 GPS 定位数据、当前时间、速度等）也通过调制解调器编码，然后通过电台发射。调度中心通过电台接收，经过信道机、调制解调器解码，然后传回通信服务器、综合信息处理服务器。

调度中心与电子站牌的通信过程是：调度中心的综合信息处理服务器将各电子站牌显示的下班公交车辆位置信息和车辆到达最近前方站点的预测到达时间通过通信服务器、信道机、调制解调器编码、信道机（每个电子站牌占用一个信道）和电台发射。电子站牌的电台接到信息后，通过调制解调器解调送给单片机系统，单片机系统首先识别是否是给本站牌发布的信息，如果是则在数码管和点阵屏上显示相应信息。

4.3.2 公共交通系统优化理论方法

4.3.2.1 公共交通网络优化设计方法

1. 基于 GIS-PT 的公交网络优化设计

本小节将建立基于 GIS-PT 的公共交通网络优化模型。以往研究所建立的公交网络优化模型虽然形式上不尽相同，目标函数有简有繁，考虑的约束条件有多有少，但是它们有一个共同点：总是首先从选择起终点对出发，然后建立目标函数、约束条件，求出初始路网，最后根据不同城市的实际情况进行调整。建立的公共交通网络优化模型突破这一固有思路，不是从寻找公交起讫点对出发，而是把现有公交起讫点平等考虑，作为寻找公交线路的起点，之后再利用"逐条布设、优化成网"的方法建立路网。在公交客流分配时，首次提出根据不同情况将小区出行直接分配到各个站点的方法，这样分配的结果比以往基于小区的分配结果更为准确，所规划的线路就更加能够满足实际需要。而且在公交线网规划过程中，处处结合 GPS，GIS 等高新技术，使得规划结果更为直观，效果良好。所建立的公交网络优化模型基于如下假设条件：

（1）仍以目前公交路网中的起终点站为优化后的起终点站。即不在路网中新增起终点站；

（2）由于公交线路开线必须满足道路宽度大于 7m（即：可以并排通过两台公交车）而现有公交路网大多覆盖了所有满足此条件的街道。因此，我们仍以目前公交路网中的线路所经过的道路作为优化后路网所经过的道路，即不新增道路。具体建模和求解步骤如下：

步骤 1：利用全球定位系统（GPS）确定城市路网中各个公交站点（相当于节点）的位置，对公交站点编号，并标注于电子地图上，形成公交路网现状图；

步骤 2：利用 GIS 计算节点间距离的功能求出所有公交站点间的距离，并保存在距离矩阵中；

步骤 3：对公交网络起终点编号，并建立起终点数据库；

步骤 4：根据网络节点的连接关系建立公交站点的链接数据库；

步骤 5：将居民公交出行 OD 矩阵中的出行量分配到各公交站点，形成一个公交站点 OD 矩阵；

步骤 6：建立公交网络优化模型；

步骤 7：调用蚂蚁算法，求出第一条满足约束条件的公交线路；

步骤 8：将本组中最优解代表的公交线路所运送的客流量从公交站点 OD 矩阵中减掉，返回步骤 7，直到没有满足布线条件的线路为止；

步骤 9：根据所规划城市的实际情况，对路网进行调整。

2. 公交站点 OD 矩阵的生成

布设公交线路的根本目的在于方便居民出行，因此公交线路的布设必须以居民出行分布为依据。公交线网优化就是在各节点对间客流已知的情况下，确定如何布设公交线路，以最小的投入获得最大的社会效益和经济效益。因此，在建立公交线网优化模型之前，必须首先获取路网各节点的布局及它们之间的客流情况。

本节分以下几个部分讨论公交站点 OD 矩阵的生成过程：交通小区取舍、站点标定为节点、小区客流预测、小区客流分配为节点客流和节点间距离矩阵的生成。

(1)交通小区取舍

小区即是规划中用以研究交通情况的最小区域单元。交通小区的个数和大小并没有严格规定。一般来说与调查目的、所要求的数据项目、调查区域的面积、人口密度及所采用的模型方法有关。通常,交通小区应具有均匀一致的社会经济特征,小区内部出行少,并且在可能的条件下利用自然的、行政的、历史的边界。

(2)站点标定为节点

当前居民的公交出行是以现有公交线路为基础的,其出行发生于现有线路的各站点,公交线路的布设实际上也是对各站点或节点的连接。为了充分利用现有站点的基础设施,并且使优化后的公交网络与现有网络相互结合,使居民很快能够接受优化后的网络,方便出行,需要对现有公交线路的站点进行标定,称为"节点"。优化线网即是对这些节点的合理连接。对于乘客步行至节点的时间,不易统计,予以忽略。

站点标定时遵循以下原则:

1)现有线路的起点站和终点站首先标定。

2)对于一些大型广场和多路公交车的起点站、终点站或中途站,采取合众为一的办法,即:对于广场型的节点,选取广场中心作为节点的定位点;对于多路车经过的大型站点,选择车站密集区作为节点的定位点。

3)对于位于一些交叉口处的站点,取交叉口的中心为节点的定位点。

以上这些原则是为了在构造站点距离矩阵和布设路线时便于标记和测量。

(3)小区客流预测

由于获取小区出行 OD 数据的时间一般与规划线路网络的时间有所差别,所以通常在将小区出行客流分配到站点之前,要对小区公交出行 OD 数据进行预测,以获得规划期小区出行 OD 数据,这样规划的结果才能更加接近实际情况。居民出行矩阵的一般结构如表 4-2 所示。

在交通规划中,习惯上经常使用出行矩阵来表示出行情况,也即在一个二维的阵列中分别用行和列来表示拟研究区域中各小区的出行发生量和吸引量。在表 4-2 的居民出行矩阵中,第 i 行第 j 列的元素 T_{ij},表示从第 i 小区到第 j 小区的出行量。显然,主对角元素 T_{ij} 对应的是第 i 小区的内部出行。表中 O_i 表示第 i 个小区的出行发生总数,D_j 是第 j 个小区的出行吸引总数。OD 矩阵有两个重要的性质,矩阵中每一行的和是该出行节点的出行发生总数,每一列的和是该列出行节点的出行吸引总数。

表 4-2 居民出行矩阵的一般结构

OD 矩阵		目的地 D							
		1	2	3	……	j	……	z	$\sum T_{ij}$
发生地 O	1	T_{11}	T_{12}	T_{13}	……	T_{1j}	……	T_{1z}	O_1
	2	T_{21}	T_{22}	T_{23}	……	T_{2j}	……	T_{2z}	O_2
	3	T_{31}	T_{32}	T_{33}	……	T_{3j}	……	T_{3z}	O_3
	……	……	……	……	……	……	……	……	……
	i	T_{i1}	T_{i2}	T_{i3}	……	T_{ij}	……	T_{iz}	O_i
	……	……	……	……	……	……	……	……	……
	z	T_{z1}	T_{z2}	T_{z3}	……	T_{zj}	……	T_{zz}	O_z
	$\sum T_{ij}$	D_1	D_2	D_3	……	D_j	……	D_z	$\sum T_{ij}=T$

$$\sum_j T_{ij} = O_i \quad (4-7)$$

$$\sum_i T_{ij} = D_j \quad (4-8)$$

上述的两个性质是进行交通量预测的重要条件。如果在实际工作中能够得到可靠的 O_i 和 D_j 信息，那么就可以把这两个条件作为约束条件。满足式（4-7）和式（4-8）的约束称为双约束；如果只能得到一个约束的可靠数据，例如只有 O_i 的数据或只有 D_j 的数据，那么就称为单约束。

（4）小区客流分配为节点客流

现有节点（即公交站点）主要分布在小区边界的道路上，为一个或多个小区所共有。现分三种情况举例进行说明。

1）不相邻小区之间客流在节点上的分配

不相邻小区之间的距离比较远，居民出行一般会乘车。如图 4-11 所示，图中双实线代表街道，所围成的方格代表小区，星号代表节点。任取两个不相邻的小区 A 和小区 B，不相邻小区及节点分布如图 4-11 所示。

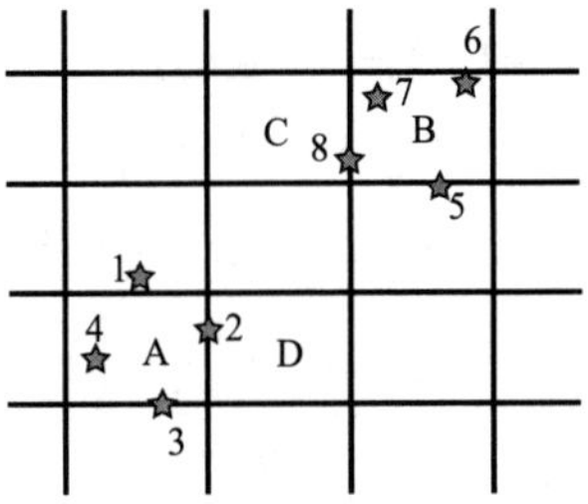

图 4-11 不相邻小区及节点分布

假设从小区 A 到小区 B 的客流为 X，小区 B 到小区 A 的客流为 Y。从小区 A 出发的乘客首先考虑的是步行距离最短，因此根据小区 A 的道路状况给出各出行节点针对小区 B 的距离权重 $A_i = (i=1,2,3,4)$，并且：

$$\sum_i A_i = 1 \quad (4-9)$$

由此计算出小区 A 从各节点出发的客流量为：

$$N_i = X \cdot A_i \tag{4-10}$$

对于目的地小区 B 的节点，应考虑小区 B 的用地情况。接近商业区或娱乐场所的节点应给予较大的权重，其余节点次之。如果各节点的权重取为 $B_j = (j = 5,6,7,8)$，并且：

$$\sum_j B_j = 1 \tag{4-11}$$

则从小区 A 的节点 i 到小区 B 的节点 j 的客流为：

$$T'_{ij} = N_i \cdot B_j \tag{4-12}$$

同理可得从小区 B 到小区 A 的客流分配到节点的分配值 T'_{ij}。由于节点的共有性，在分配其余小区的客流时，对于重复分配的节点对，应累加其客流之和，例如：小区节点对 2、8 既分别属于小区 A 和小区 B，又分别属于小区 C、小区 D。因此，当此节点对在小区 C、小区 D 也分配完毕时，应将分配结果和该节点对在小区 A、小区 B 所得到的分配结果进行累加。

用此方法分配的客流是接近实际情况的，但是工作量和需要的资料也是十分庞大的。首先要有各小区的用地和道路布局情况，据此给出节点的分配权重，然后要进行实际检验，以使权重合理。这在实践中困难是很大的。为了便于计算，可采用一种近似的办法——均分法。公式如下：

$$T'_{ij} = T_{AB} / (N_A \cdot N_B) \tag{4-13}$$

式中　T'_{ij}——从小区 A 到小区 B 的客流在节点对 i, j 之间的分配值；

　　　T_{AB}——从小区 A 到小区 B 的客流量（人）；

　　　N_A——小区 A 的节点数；

　　　N_B——小区 B 的节点数。

将不同小区对于同一节点对的客流分配值进行累加，即为节点对之间的最终客流量。

2）小区之间客流在节点上的分配

相邻小区之间客流分配以距离为权重是比较合理的，相邻小区及节点分布如图 4-12 所示。

小区 A 与小区 B 的公共节点为节点 3 和节点 4，两小

图 4-12　相邻小区及节点分布

区的节点集合均包含节点 3 和节点 4，以距离为权重分配客流可以避免公共节点的自相配对。具体做法是：依据现有能通公共车的道路（一般路宽在 7m 以上）测量任意两节点间的单项距离记为 $l_{ij}(i = 1, 2, 3, 4; j = 3, 4, 5, 6)$，自相配对的节点间距离取零，对其求和记为 L，即：

$$L = \sum l_{ij} \tag{4-14}$$

则从小区 A 到小区 B 的客流按以下公式进行分配：

$$T'_{ij} = T_{AB} \cdot \frac{l_{ij}}{L} \tag{4-15}$$

式中　T'_{ij}——从小区 A 到小区 B 的客流在节点对 i，j 之间的分配值；

　　　T_{AB}——从小区 A 到小区 B 的客流量（人）。

这种方法工作量也很大，也需要小区间的道路状况，而且容易漏测某些节点对之间的距离。为便于计算，也可采用均分的方法按式（4-16）进行近似计算。但是，由于某些节点的共有性，会出现共有节点的自相配对（例如节点 3 和节点 4）。因此需对节点自相配对的客流进行再分配，将其分配到不相邻的节点对上。

对所有相邻小区分配完成以后，对重复分配的节点对之间的客流要进行累加（例如小区 C、小区 D 分配时，节点 2、节点 5 之间分配的客流要与小区 A、小区 B 分配时节点 2、节点 5 之间分配的客流相累加）。

3）小区内部客流在节点上的分配

类似于相邻小区的客流分配，小区内部出行 OD 量已包含了步行因素，采用距离权重法的结果是较符合实际的，具体做法同上部分所述。为便于计算，也可采用均分算法，小区内部节点分布如图 4-13 所示。

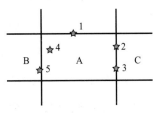

图 4-13　小区内部节点分布

均分公式如下：

$$T'_{ij} = T_{AA} / N_A^2 \tag{4-16}$$

式中　T'_{ij}——小区内部出行在节点对 i，j 之间分配的客流量（人）；

　　　T_{AA}——小区 A 的内部客流量（人）；

　　　N_A——小区 A 的节点数。

（5）节点间距离矩阵的生成

在线网布设时采用的路线为最短路线，因此需对所有节点中相邻节点的距离按实际道路进行测量，生成节点之间距离矩阵，以便求出最短路线。应用 GIS-PT 的距离测量功能进行测量，并遵循以下原则：

1）测量基点取节点标定时的定位点，即：广场型节点取广场中心作为测量点，车站密集节点以密集区作为测量点，交叉口节点取交叉口中心为测量点。

2）按实际道路进行测量。如果道路太窄，公共汽车的运行速度将大大降低甚至无法通行，在这种情况下开设公交线路是不实际的。因此，通常只在主干道、次干道上布设公交线路，而尽量避免在路宽不足 7m 的支路上布线。以此为依据并结合现有公交线路，对每一节点与其相邻节点间的距离进行测量，连接道路的宽度达不到 7m 的节点视为不相邻。

3）节点间距离矩阵赋值时，相邻节点之间的距离值以测量结果来赋值，不相邻的节点之间距离赋以无穷大。

3. 公交网络优化模型

公共交通在城市客运中的优势同时也决定了在进行公交线网设计时的主要准则，那就是在一定的舒适度下，能够尽可能多而迅速地将旅客运送到目的地。只有这样，才能充分体现公共交通客流量大，相对占用道路面积小的特点。这就要求在考虑每条线路的设计时，都要坚持相应的设线准则：

（1）沿主要客流方向开线。为了提高线路网的平均乘车距离，应该把客流量最大的路线挑选出来，优先设线，保证设立的公交线路能覆盖这些出行需求最大的路段。

（2）优先大流量的直达客流。为了降低线路网的平均换乘次数，在设计公交线路时，应该优先大流量的直达客流。所设的线路，要尽量和最大的客流方向一致，使尽可能多的乘客能够避免换乘。

（3）线路平均客流不低于最低开线标准。在开设线路前，必须进行乘客数的估算。只有当乘客数达到一定的标准之后，才能开设公交线路。这样能够使线路开通后有足够的乘客数，保证较高的公交运输效率，同时也能保证公交企业的经济效益。

（4）平均满载率尽可能高。在满足最低客流标准的待选公交线路中，应当尽量选出客流量大的线路，优先布线，保证尽可能高的车辆满载率。这样做的目的在本质上和上一条是一致的。

（5）线路的长度在规定的范围内。这是为了便于公交系统本身的组织管理。线路太长，车辆周转时间过长，会使车辆的准点率下降，发车、配车都有一定的困难。线路太短，车辆周转过快，客流量可能不足，不能充分发挥公交车的运输效率，经济效益不高。所以在设立公交线路时，应该尽量使生成的线路长度在一定的范围内。一般来讲，线路长度以运行 30～40min 为宜，最短以 20min 为限，对于中小城市，最长以 45min 为限，大城市以 60min 为限。因此，对于平均运营速度 15km/h 的公交线路而言，最短限制距离为 5km，最长限制距离为 11.25km（中小城市）和 15km（大城市）。若备选线路的长度大于最长限制距离或小于最短限制距离时，一般不考虑设线。

（6）线路的客流量应该尽可能均衡。为了充分发挥车辆的运载能力，公交线路在布设时应尽可能地优先选取客流较大且稳定的线路，以提高经济效益。

（7）公交线路的布设应该尽可能地选取最短距离的线路，这是为使全服务区乘客总的乘行时间或乘行距离最短，以保证公交车的服务质量。

依据上述设线准则，建立的公交线网规划数学模型：

$$\max f(x_{ij}) = \sum_{j=1}^{n}\sum_{i=1}^{n} SP_{ij} \cdot x_{ij}$$

$$\text{s.t} \begin{cases} 5\text{km} \leqslant \sum_{j=1}^{n}\sum_{i=1}^{n} l_{ij} D_{ij} x_{ij} \leqslant 15\text{km} \\ q_x \leqslant 1.50 \\ Q_k \leqslant Q_k^{\max} \\ b_n \leqslant 1.5 \\ ATT < 3 \\ x_{ij} \in (0,1) \end{cases} \quad (4-17)$$

式中　　　　f——直达客流量（人）；

x_{ij}——决策变量，$x_{ij}=1$ 表示边 (i,j) 在规划公交路线上，$x_{ij}=0$ 表示边 (i,j) 不在规划公交路线上；

SP_{ij}——网络内从节点 i 到节点 j 的直达客流量（人）；

$L = \sum_{j=1}^{n}\sum_{i=1}^{n} l_{ij} D_{ij} x_{ij}$——公交线路的长度（m）；

D_{ij}——公交线路上从节点 i 到节点 j 的长度（m）；

$l_{ij} = \begin{cases} 1—当节点 i 和节点 j 相邻 \\ 0—反之 \end{cases}$

q_x——非直线系数；

Q_k——线路 k 的断面客流量（人）；

Q_k^{max}——线路的最大断面客流量（人）；

b_n——线路断面客流的不均匀系数；

ATT——平均换乘次数（人）。

目标函数是使公交网络所运送的直达客流量达到最大。对于约束条件分别说明如下：

（1）第一个约束条件是线路长度约束。由于要规划的是大城市，所以线路长度范围为5～15km；

（2）第二个约束条件是非直线系数约束。线路的非直线系数是指公交线路的实际长度与空间直线距离之比。线路的非直线系数越小越好，这样可以使乘客尽快到达目的地。对于一般城市，非直线系数取1.15～1.20为宜。对单条公交线，非直线系数应不大于1.5；

（3）第三个约束条件是单线载客容量限制。线路的最大断面客流量 M_v 的计算方法如下：

$$Q_k^{max} = 60 C_x l_k X_{cr} / h_k \tag{4-18}$$

式中　C_x——不同车型的客容量（人），一般单节公交车为72人，铰接车129人，双层公交车120人，中巴车26人；

l_k——线路 k 的满载率，高峰小时一般取0.85，平峰时取0.6；

X_{cr}——线路重复影响系数，X_{cr} 是与某条线路重复的最大线路条数，函数式如下：

$$X_{cr} = f(X_c) = \begin{cases} 1.00 & X_c = 0\text{或}1 \\ 0.85 & X_c = 2\text{或}3 \\ 0.70 & X_c \geqslant 4 \end{cases} \tag{4-19}$$

（4）第四个约束条件是断面客流量不均匀系数约束。这里：

$$b_n = \max Q_s / \bar{Q} \tag{4-20}$$

式中　Q_s——线路的第 s 个断面的客流量（人）；

$\bar{Q}$——线路的平均断面客流量（人）。

一般地，取 $b_n \leqslant 1.5$。

（5）最后一个约束是平均换乘次数约束，不宜超过3次。

（6）在一条公交线路规划好后，当输出线路所经过站点序列时，应保证：一条往返运行的线路，除首末站可以相同（即为环线公交线路）以外，不应含有环，即规定相同的节点不应通过两次以上。公交线路不应从某一节点又回到它前面的节点。公交线路不应对同一条弧通过两次以上。这可以通过在公交站点间距离矩阵中将相应位置设为无穷大来保证。

4.3.2.2 公共交通运营参数优化方法

公交运营工作是公交企业的核心基础工作。公交企业根据客流量的变化、具体营运条件及其他条件安排不同车型的车辆和行车的组织方案。改善公交运营水平就是改善公交服务水平。公交运营工作的好坏直接影响公交企业的形象和经济效益。可以说改善公交运营工作是公交企业永恒的主题。广义上的公交运营工作包括确定车队规模、车种、发车时刻表、行车组织、司乘人员配备、车辆调度、车辆维护、票务管理等一系列工作。公交运营的参数主要包括发车间隔、车队规模、车种、人员配置和票价等。然而，确定发车间隔是公交运营工作的重中之重，因为其他参数如车队规模、车种等都可以通过计算发车间隔而间接获得。因此，本节主要是基于公交网络的优化结果，建立公交线路发车间隔优化模型，进而求解其他参数。主要的研究内容是用遗传算法进行公交运营优化，以寻求最优运营参数（发车间隔、车队车辆数、换乘站、到开时刻）问题。

费用构成基本理论分析：

本节所建立的发车间隔优化模型的目标函数是极小化乘客和公交运营者费用的总和，以便获取最大的社会效益。目标函数由四部分组成：乘客的等车费用总和；乘客的在车费用总和；乘客的换乘费用总和；公交运营者可变运营费用之和。

设模型中通用符号：i、j：路线（$i,j=1,2,\cdots\cdots$）；k、l：站点（$k,l=1,2,\cdots\cdots$）；m、n：车辆（$m,n=1,2,\cdots\cdots$）。下面确定整个费用构成：

1. 乘客的等车费用总和

乘客的等车费用总和是在站点上每个等车乘客等车费用的累加，可用等车时间表示，其值可用等车时间乘以单位等车费用得到。

假如乘客到达 k 站点到达率是一常数，则乘客在站点等车时间 T_{w1} 为：

$$T_{w1} = r_k(a_{i,m}^k - a_{i,m-1}^k) \tag{4-21}$$

式中　r_k——乘客随机到达 k 站的到达率（人/min）；

$a_{i,m}^k$ ——线路 i 上第 m 车到达第 k 站的时间;

$a_{i,m-1}^k$ ——线路 i 上第 $m-1$ 车到达第 k 站的时间。

每一乘客在 k 站平均等车时间 T_{w2}:

$$T_{w2} = 0.5(a_{i,m}^k - a_{i,m-1}^k) \tag{4-22}$$

在 k 站点乘客的等车时间 $T_{等}$ 为:

$$T_{等} = T_{w1}T_{w2} = 0.5r_k(a_{i,m}^k - a_{i,m-1}^k)(a_{i,m}^k - a_{i,m-1}^k) \tag{4-23}$$

2. 乘客的在车费用总和

乘客的在车费用总和由:① 乘客从第 $k-1$ 站到第 k 站的车内时间;② 在第 k 站不下车的乘客必须在车上等待的车内时间两部分构成。

(1) 设线路 i 上第 m 车从第 k 站发车时所载乘客数为 $P_{i,m}^k$,第 $k-1$ 站为 $P_{i,m}^{k-1}$;线路 i 上第 m 车从第 k 站的发车时间为 $d_{i,m}^k$,从第 $k-1$ 站为 $d_{i,m}^{k-1}$。则乘客从第 $k-1$ 站到第 k 站的车内时间 T_{i1} 为:

$$T_{i1} = (a_{i,m}^k - d_{i,m}^{k-1})P_{i,m}^k \tag{4-24}$$

(2) 假如公交车辆只有一个车门上下车,设单位乘客平均上下车时间 $\overline{ud}$ (min/人),要依据线路营运车辆的实际情况而定),乘客下车比例为 q_k (%)。

由于部分乘客下车,车上每位乘客所需等待 $T_{下}$ 为:

$$T_{下} = \overline{ud}P_{i,m}^{k-1}q_k \tag{4-25}$$

由于部分乘客上车,车上每位乘客所需等待 $T_{上}$ 为:

$$T_{上} = \overline{ud}r_k(a_{i,m}^k - a_{i,m-1}^k)P_{i,m}^{k-1}(1-q_k) \tag{4-26}$$

不下车的乘客在车上等待的车内时间 T_{i2}:

$$T_{i2} = T_{下} + T_{上} \tag{4-27}$$

乘客的在车时间 $T_{车内}$:

$$T_{车内} = T_{i1} + T_{i2} \tag{4-28}$$

3. 乘客的换乘费用总和

乘客的换乘费用总和与线路 i 到线路 j 的换乘比例有关系,设比例为 $\omega_{i,j}^k$ (%),$0 < \omega_{i,j}^k < q_k < 1$;$\delta_{i,j}^{k,l}$ 为 0~1 变量,取 "0" 表示在两站之间换乘不是最优的或是不可行的;否则取 "0"。换乘时间 $T_{换乘}$ 可表示为:

$$T_{换乘} = (d_{j,n}^l - a_{i,m}^k)P_{i,m}^{k-1}\omega_{i,j}^k\delta_{i,j}^{k,l} \tag{4-29}$$

4. 公交运营者可变运营费用总和

公交运营者可变运营费用总和如用时间表示是车辆从上一站点发车到达本站点的运行时间 $T_{运营}$：

$$T_{运营} = a_{i,m}^k - d_{i,m}^{k-1} \tag{4-30}$$

4.3.2.3 公交站点优化方法

公交线路站点是标定公交线路空间边界，与服务对象——乘客建立联系，并保证公交系统正常运营的重要的"前方"基础服务设施。

公共汽车停车站，按其在线路上的位置分两类：一类称起点站、终点站；另一类称中间停靠站。

（1）起点站、终点站，即运营线路起讫点，是供车辆始发、折返或暂时停放，同时兼作乘客上下站点以及线路运营现场调度人员组织车辆运行与运营服务人员休息和学习的场所。线路的起点站、终点站作为一个线路的主要控制点和若干线路的可能交会点，在整个公交线路网络中具有举足轻重的地位。

（2）中间停靠站，是沿运营线路设置的供乘客上下车及候车用场所，一般应设有候车廊（亭）和站台，便于乘客上下和在雨天、热天、雪天改善候车条件。中间停靠站，按其利用情况，可分为固定站、临时站与招呼站。固定站，指车辆在每单程运输过程中均必须按时停车的停车站；临时站，指在一天中的某些时刻或一年中的某季节需停车的停车站；招呼站，指在线路上有乘客招呼上、下车时才停车的停车站。

1. 公交枢纽优化方法

公交枢纽优化方法分为三类：经验（咨询）选址法、连续选址模型、离散选址模型。

第一种方法是将专家凭经验与专业知识做出的判断以数值形式表示，经过综合分析后对选址进行决策。决策结果受到专家知识结构、经验以及他们所处的地位、时代和社会环境等诸多因素的限制和影响。总之，专家的主观判断占主导地位。对有限备选站点的优化选址，这种方法较为有效。但若以整个城市大系统为研究对象来研究物流中心布设选址，必须以足够的基础数据，辅助于定量分析，否则将缺乏足够的说服力。

第二种方法主要以重心模型为核心，该方法基于力学原理，其选址自由度较大，包括任何一点位置，甚至河流、建筑或其他无法通过公交线路的地点，因而结果往往并不适用。

第三种方法中有整数或混合整数规划法、鲍姆尔—沃尔夫（Bawol-Wolfe）法、反町氏法、逐次逼近模型法等，这种方法认为，物流中心的备选地点是有限的几个场所，最合适的地址只能从预定的目标中，按目标函数最优选取。如果基础数据完备，这种方法得到的结果较符合实际情况，但是计算工作量很大，所需基础数据资料很多。在实际优化中可将三种方法结合应用。

我国大城市中某些公交枢纽是由于城市发展与城市规划布局"自然"形成的。尤其是城市道路系统中的对外出入口，如铁路客运站、长途汽车站、机场、码头等，都与市区公共交通系统衔接，已具备公交枢纽站规划设计的条件，无疑是公交枢纽的选址点。但城区内不同或相同交通方式的，作为公交线路起终点站或中途站换乘枢纽等的选址常常是具有相似功能和地位的候选点，这类选址问题需进一步按定量指标和制约条件，进行目标决策。决策分析主要依据下列方面进行：

（1）城市总体规划思想及道路规划方案；

（2）客流 OD 现状与预测分析；

（3）公交现状与未来规划要求；

（4）轨道交通的远景规划；

（5）备选站点附近的用地及其周围环境条件。

MRT-公交接运枢纽也属于公交枢纽。通常 MRT-公交接运枢纽优选时，以备选站点可能接运的客流量反映站点的集散能力为考虑因素，与公共交通枢纽优化的目标是一致的。

2. 公交—自行车换乘枢纽的优化

我国城市居民出行的主要方式是公共交通、自行车、步行，为自行车和公共交通提供换乘条件有利于出行渠道的畅通和多样化。而且，对公共交通系统，在某些情况下设置公交—自行车换乘枢纽，可以提高公共交通的吸引力。因此，优化公交—自行车换乘，建立换乘枢纽很有意义。

公共交通合理步行范围一般不超过 500 m，当乘车步行距离超过这个范围时，采用自行车换乘公交的出行时间为：

$$t_{bb} = t_{bi} + t_{bo} + t_{bw} + t_{bu} \tag{4-31}$$

式中 t_{bb}——自行车换乘公交的出行总时间（min）；

t_{bi}——自行车存取时间（min）；

t_{bo}——自行车处步行到车站时间（min）；

t_{bw}——自行车骑行时间（min）；

t_{bu}——出行中公交车的乘行时间（min）。

当乘车到站距离较长且具有方便的换乘条件时，自行车换乘公交是可以减少出行时间的。尤其是在城市边缘地区和新开发地区，出行密度不高，公交线网稀疏，步行到达公交线路的时间可能较长，且这些地区有相当比例出行的出行距离超出自行车的合理出行范围。因此，在城市外围以及新开发地区合理地组织自行车和公交的换乘有重要意义。

4.3.2.4 公交方式优化方法

影响城市公交方式的因素很多，其变化规律虽然可用数学模型或表达式予以描述，但总的来说又是对未来发展的一种预测，因此数学模型或表达式的描述都很难确切同发展变化的实际状况相吻合，尤其是在我国经济水平、居民物质生活水平还相对落后，居民出行以非弹性出行占绝大部分，可选择余地不大的情况下，单纯的定量研究更是难以奏效。故现在转向采取定性与定量相结合的方法，依据未来经济发展与政策尺度条件及城市本身的发展变化情况对城市公交结构做出估计，从宏观上控制。常用公交方式优化方法有以下三种：

1. 层次分析法

通过确定构造指标体系的原则，构造问题的目标层（如：公交方式决策）、准则层（交通服务功能、经济投资、能耗、占地、环境影响等）、指标层（车速、安全、方便、舒适、价廉、运行费、建设费、运行能耗、综合能耗、动态占用面积、静态占用面积、噪声、污染等），通过综合评价指标值，对各种公交工具的发展前景做出定量分析决策，确定合理公交模式。

2. 成本—效益分析法

各种公交方式成本主要包括：购置成本、运营成本、维护成本、占用道路成本、交通事故成本、噪声成本、空气污染成本、交通拥挤成本等；各种公交方式效益主要表现在时间和舒适性等方面，可从反方向，即时间损失和舒适性损失来研究。通过对成本和效益的综合比较分析，得出不同收入阶层愿意支付乘坐的交通工具，从而确定公交工具的发展方向。

3. 转移曲线法

人们出行方式的选择常常服从"效率—费用"原则，因而出现高效率、低费用（包括出行的时间支出和货币支出）的交通方式对低效率、高费用出行方式的"吸引—转移"效应。对于常规公交与轨道交通方式的研究，通常采用转移曲线法。它是以常规公交和轨道交通作为可供选用的交通方式，然后考虑各种要素的比值（常规公交/轨道交通），从而得出两种交通方式的选用比率。转移曲线考虑的变量有：出行者的经济条件（按收入）、出行目的，两种方式所需行程时间的比值（行程比）、两种方式所需费用的比值（费用比）和两种方式的非乘车时间比值（服务比）。两地之间的交通出行方式涉及交通出行者对包括运费、时间、舒适性、安全性认同等主因素的明确要求。一般来说，那些从起点到终点需要最短行程时间或花费最少的方式将被优先采用。对于公共交通与私人交通（如自行车），也可采用这种方法。

对于具体公交线路交通方式，可按线路模型或起终点模型选择。按线路模型选择就是根据线路网的特点来确定公交方式。而起终点模型是依据起终点交通量和出行特点来确定公交方式。另外，还有模糊分析法、增长系数法、回归分析法等方法。

4.3.3　公共交通智能控制系统

4.3.3.1　公交优先系统

城市公交是一项以保障广大市民出行，尤其是低收入人群的日常生活需要为目的的一项公共服务。公交是一种以人为单位的交通工具，它以较低的人均占地面积、较大的运量和较高的效率成为人们出行的首选。公交优先就是在城市的发展与规划中，优先考虑公交的建设与管理，并通过政策、资金与技术的支持，使得公交能够更好地为广大市民提供快捷的交通工具。随着城市的扩张，城市交通供需矛盾日益凸显，出行不便、交通拥堵和其他问题严重影响了人们的正常生活。以国内外城市交通建设的经验为基础，公交优先是解决交通问题的重要举措。公交运能要比私家车多数倍，可以有效地降低道路交通流量，不仅对控制交通需求有帮助，还可以节约道路资源，改善城市环境。TSP（交通信号优先系统）的应用，通过智能调整信号灯，提高公交车辆的通行效率，缩短等待时间，图4-14为公交优先系统。

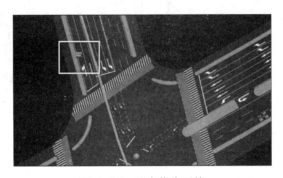

图 4-14 公交优先系统

4.3.3.2 快速公交系统

快速公交系统（Bus Rapid Transit，BRT）智能控制包括车道优化、站点管理等，提升公共交通的运行速度和服务水平。BRT 是一种能够提高行驶速度，降低资金投入，提升载客数量的新型公共客运系统。系统建设周期短，易形成网络体系，且建成后便于根据实际情况做出调整，污染能耗较低。快速公交是一种介于快速轨道交通与常规公交之间的公共出行方式，与现代化公交技术、智能服务交通体系相结合，形成一种极具特色的交通体系。BRT 融合了轻轨的优质服务体系以及公共公交成本低廉的优点，为城市居民提供了更加便捷的出行方式，有效降低了私家车出行量，减少了二氧化碳排放，为促进低碳城市贡献力量，图 4-15 为快速公交系统站点。

图 4-15 快速公交系统站点

我国 BRT 建设经历初步探索阶段与逐渐完善阶段后，各城市开始因地制宜地进行 BRT 的规划与建设，BRT 公交车辆数量与公交线路长度呈上升趋势，速度及客运量进一步提升，初步形成了具有我国特色的快速公交建设模式。但我国各城市的 BRT 保持独立开发设计，导致种类较多，普及度有限，且存在层次区分不明显等情况，不利于系统化、模块化建设，使得各城市 BRT 建设成本较高。

对我国人口密度适中的城市而言，BRT 的成本优势较大，更适合应用在城市交通体系的规划与建设中。自 2004 年和 2006 年我国第一条和第二条 BRT 线路在北京和杭州相继开通以来，到目前为止我国仅有少部分城市开通了 BRT 线路，多为省会城市。基于我国城市化进程的加快，城市居民对公共交通的便捷性需求更加迫切，国内城市有望通过 BRT 建设促进以公共交通为导向的发展。

4.3.3.3 公交智能化调度系统

公交智能化调度系统是依据公交网络运行状态、站点客流集散量预测情况、客流时段等信息，实时向车辆发布调度指令，减少乘客等车、车内和换乘时间。调度人员要在公交车从始发站出发前，向车辆和乘客发布该车的调度形式信息。因此，公交智能化调度系统在智能交通中非常重要。公交智能化调度系统结构体系设计如下。

1. 公交调度中心方案设计

公交调度中心主要由信息服务系统、地理信息系统、大屏幕显示系统、协调调度系统和紧急情况处理系统组成。信息服务系统负责向用户提供公交信息，如出行前乘车信息、换乘信息、行车时刻表信息、票价信息。地理信息系统接收定位数据，完成车辆信息的地图映射，其功能包括地理信息和数据信息的输入输出、地图的显示与编辑、车辆道路等信息查询、数据库维护、GPS 数据的接收与处理、GPS 数据的地图匹配、车辆状态信息的处理显示、车辆运行数据的保存及管理等。大屏幕显示系统主要是实时显示车辆运行状况。当出现紧急情况时，协调调度系统向分调度中心发出指令，合理调配车辆。紧急情况处理系统接收到分调度中心发来的紧急情况信息时，及时与交通管控中心和紧急救援中心联系，完成紧急情况处理任务，公交调度中心设计框图如图 4-16 所示。

2. 分调度中心方案设计

分调度中心由车辆定位与调度系统、地理信息系统两部分组成。车辆定位与调度系统负责本调度中心所辖车辆的定位与监控，与车辆间的双向通信、向车辆发送调度指令，向电子站牌发送数据等功能。地理信息系统与调度中心中地理信息系统功能相同，只是范围要小些，分调度中心设计框图如图 4-17 所示。

3. 智能化调度系统最终实施结构设计

智能公共交通系统以调度系统为核心。公共交通智能调度系统实行公交调度中心、分调度中心和公交车队三级管理。公交调度中心与分调度中心之间用 DDN（数字数据

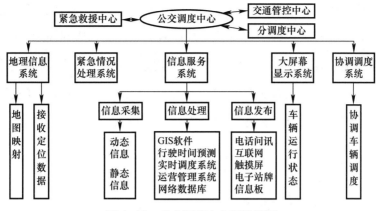

图 4-16 公交调度中心设计框图

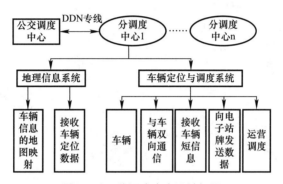

图 4-17 分调度中心设计框图

服务)专线相连,以满足两者快速准确交换信息的需要。公交调度中心主要实现车辆监控与大屏幕显示、公交运营管理、与分调度中心间协调调度车辆、公交信息采集与发布和公交线网规划与评价等功能。分调度中心负责所管辖的各线路营运车辆的调度及与附近的机场、火车站、港口相联系,相互传递静态信息(如发车时刻表)和动态信息(如:客流信息、到达时刻信息)等。公交车辆内安装有 GPS 接收设备和双向通信设备,能够实现车辆自动定位,并将定位信息发送给分调度中心,使其能够实时监测车辆的运行状况,并向车辆发布加速、减速、越站、跨线、折返等指令。当车辆在行驶过程中遇到交通阻塞、交通事故,或者在车内发生抢劫、火灾、乘客纠纷、故障、拥挤等紧急情况时,司乘人员可通过车载设备上的相应按键向分调度中心发出路阻、事故、故障、拥挤、纠纷、救助等短信息,分调度中心接收到信息后,及时与公交调度中心取得联系,并与紧急救援中心、交通管理与控制中心相配合完成事故处理、人员救助、疏散交通等任务。同时,依据当前客流信息、交通流量、占有率等数据合理调度车辆。公交车辆内还可设有电子收费、乘客计数、电子公告板等装置，实现乘车服务的自动化和信息化，也便于公交公司统计客流情况，为线网规划与行车时刻表的编制提供可靠数据。另外，公交调度中心还能够根据交通管理与控制中心提供的实时交通数据、信号配时方案，预测车辆在站点间的行程时间，并将相关信息显示在电子站牌上，公共交通智能化调度系统实施结构框架如图 4-18 所示：

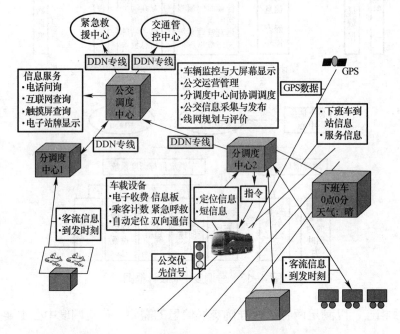

图 4-18 公共交通智能化调度系统实施结构框架

4.4 智能高速公路控制

高速公路的交通控制，就是对一些主要交通参数，如交通量、交通密度、速度、占有率、堵塞度以及交通状况、路面状况和气象参数等的实时观察和测量，根据交通参数及交通条件的历史数据或实时采集的数据，按照某种预定的性能准则来调节高速公路上的交通参数，从而使公路自动地保持最佳的运行状态。经验表明，对高速公路实行监控，不仅能提高高峰期间车辆的行驶速度，增加高峰期间的交通量，减少交通堵塞和车辆行驶的延误时间，同时也能大大减少交通事故和交通公害，节约燃料和减少车辆的磨损，具有显著的经济效益。

智能高速公路控制是指利用先进的技术和系统来管理、监控和优化高速公路上的交通流。这种控制系统利用传感器、通信技术、计算机视觉和先进的算法,以实现更有效、更安全、更环保的交通流。

4.4.1 入口匝道控制

入口匝道控制包括匝道调节和匝道关闭两种形式。本节主要讨论匝道调节方法。入口匝道调节一般包括入口匝道定时控制、入口匝道感应控制和入口匝道集中控制。

4.4.1.1 入口匝道定时控制

入口匝道定时控制是最简单的一种入口匝道调节方法。定时控制系统由信号灯、控制器、检测器、匝道控制标志和路面标记组成,入口匝道定时控制系统构成如图 4-19 所示。

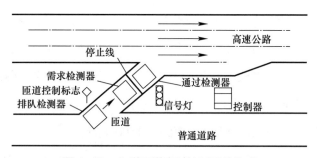

图 4-19 入口匝道定时控制系统构成

在入口匝道定时控制系统中,匝道信号以固定的周期运行,这些周期是根据为特定的控制时段规定的调节率计算的。而周期运行中红黄绿信号的配时取决于所使用的调节形式:是单车调节还是车队调节。

1. 单车调节

匝道调节信号配时规定在每个绿灯时段只允许放一辆车进入高速公路。因此,一个周期中,绿灯加黄灯(如果不用黄灯,就只有绿灯)时间(一般为 3s)只允许一辆车通过,其余为红灯时间。例如,如果采用的调节率是 600 辆/h 或 10 辆/min,那么绿灯加黄灯的时间为 3s,红灯也为 3s。如果采用的调节率是 300 辆/h 或 5 辆/min,那么绿灯加黄灯的时间为 3s,红灯为 9s。

2. 车队调节

当要求调节率大于 900 辆/h 时,必须采用每周期允许两辆或两辆以上的车辆进入高速公路,称这种方式为车队调节方式。对于车队定时调节,要根据所要求的调节率和每个周期要放行的平均车辆数来确定周期。例如，在调节率为 1080 辆/h，即 18 辆/min 的情况下，并且每个周期放行 2 辆车，则每分钟安排 9 个周期。因此周期长度为 6.67s。同样，若每个周期放行 3 辆车，那么周期长度约为 10s。但是，周期内各灯色间隔时间还要取决于所使用的车队调节类型，即串行的或双列的。

（1）串行调节：在这种方式下，车辆是一辆接一辆放行的，因此要有足够长的绿灯加黄灯时间，以便允许每个周期内要求放行的车辆均能通过。为尽量减少可能的尾撞事故应使用黄灯信号。这样，对于周期长为 6.67s 的双车调节，绿灯和黄灯为 4.67s，红灯为 2s。而对于周期长为 10s 的三车调节，绿灯加黄灯为 7s，红灯为 3s。经验表明：双车调节是令人满意的，而三车调节为实用的最大限度。在这两种情况下，期望的最大调节率可达到 1100 辆/h。

（2）双列调节：在这种方式下，每个周期并列放行两辆车。这种调节形式要求在入口匝道上有平行的双车道，并要求在匝道调节信号以后有足够的距离供两辆车在汇入高速公路交通流之前能排成串行队形。双列调节周期内各灯色的配时和单车调节类似，绿灯加黄灯（通常为 3s）刚好足以允许每条车道放一辆车通过停止线，其余时间为红灯。双列调节可以达到的最大调节率约为 1100 辆/h。

和单车调节相比，车队调节有一些缺点，例如，驾驶员更加慌乱、追尾事故的可能性更大、更有可能中断高速公路上的车流。因此，一般不采用车队调节，除非确实必须达到更高的调节率。而在车队调节形式中，一般倾向于采用两车并行调节方式，因为它不易引起驾驶员的混乱，能提供安全运行。

入口匝道调节率主要依据匝道上游需求、下游容量、匝道需求以及调节率的上下约束条件、道路条件等因素来确定，主要用于预防高速公路上的常发性拥挤。匝道调节率 r（辆/h）的计算公式为：

$$r = q_c - q_d \tag{4-32}$$

式中　q_c——匝道下游容量（辆/h）；

　　　q_d——匝道上游交通需求（辆/h）。

匝道调节周期长度 $C(s)$ 为：

$$C = \frac{3600n}{r} \tag{4-33}$$

式中，n 为每个调节周期允许进入的车辆数，$n = 1,2,3$。匝道调节率 r 还要受下列条件约束：

$$d - \frac{p_{\max} - p_0}{T} \leqslant r \leqslant d + \frac{p_0}{T} \quad (4-34)$$

$$r_{\min} \leqslant r \leqslant r_{\max} \quad (4-35)$$

式中　d——匝道到达率（辆/h）；

　　　T——时段长度（h）；

$p_{\max}$——匝道上允许的最大排队车辆数；

　p_0——匝道上初始排队车辆数；

$r_{\min}$——调节率下限值，一般取 180 辆/h；

$r_{\max}$——调节率上限值，单车调节为 900 辆/h，车队调节为 1100 辆/h。

4.4.1.2　入口匝道感应控制

入口匝道定时调节是根据历史交通量数据，按预先给定的调节率进行控制的，因此它不能响应交通量的随机变化，难以排除交通拥挤。为了克服定时调节不能响应上游交通需求变化的缺点，可采用入口匝道感应控制方法，该方法的特点是：调节率的变化不再依赖过去观测到的交通状况，而是依赖现场检测的实际交通状况，它以交通量实时检测数据为依据来确定匝道调节率，因而能响应交通流的随机变化。常用的入口匝道感应控制方法有：交通需求－通行能力控制和占有率控制。

1. 交通需求－通行能力控制

交通需求－通行能力控制方法的特征是在实时比较匝道上游交通量和下游容量的基础上选择匝道调节率，其目的是很好地利用有效道路容量。离散时间下标 $k = 0,1,2,\cdots\cdots$ 及时间段 T，则 $r(k)$ 表示时间段 $[kT,(k+1)T]$ 内的调节率，其计算公式为：

$$r(k) = \begin{cases} q_c - q_{in}(k-1) & \text{若}\ o_{out}(k) \leqslant o_{cr} \\ r_{\min} & \text{否则} \end{cases} \quad (4-36)$$

式中　$q_c(h)$——匝道下游容量；

$q_{in}(k-1)$——时间段 $[kT,(k+1)T]$ 内的匝道上游交通需求；

$o_{out}(k)$——匝道下游占有率测量值；

o_{cr}——占有率的临界值；

$r_{\min}$——预先指定的调节率下限值。

2. 占有率控制

占有率控制的原理是对匝道的上游或下游的占有率进行实时测量来估算下游剩余容量 Δq_c，再来确定入口匝道的调节率。为此需要建立交通量—占有率关系，一般是通过在占有率测量点采集的历史数据来建立其近似曲线，如图 4-20 所示。下游剩余通行能力—占有率关系可用经验公式来描述，如图 4-21 所示。

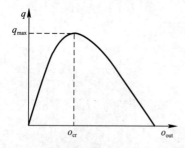
图 4-20 交通量—占有率关系

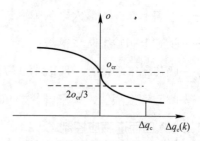
图 4-21 剩余通行能力—占有率关系

如果匝道下游检测器处的占有率比最大交通流的占有率小，Δq_c 为正，否则 Δq_c 为负，Δq_c 为负说明该段高速公路的交通量超过了通行能力，应采用最小调节率。美国公路安全研究所给出的估算下游剩余容量的经验公式如下。

$$\Delta q_c(k) = \begin{cases} q_c \left(1 - \dfrac{o(k-1)}{o_{cr}}\right)^2 & o(k-1) < o_{cr} \\ -q_c \left(1 - \dfrac{o(k-1)}{o_{cr}}\right)^2 & o(k-1) > o_{cr} \end{cases} \quad (4\text{-}37)$$

式中 k 的定义同 1.。于是调节率的确定方法为：

$$r(k) = \begin{cases} r_{max} & o(k-1) \leqslant \dfrac{2}{3} o_{cr} \\ \Delta q_c(k) & \dfrac{2}{3} o_{cr} \leqslant o(k-1) \leqslant o_{cr} \\ r_{min} & o(k-1) > o_{cr} \end{cases} \quad (4\text{-}38)$$

4.4.2 安全应急管理

高速公路安全应急管理系统在高速公路安全管理中具有十分重要的作用，本节讲述高速公路安全应急管理系统总体框架和交通事件预警管理处理流程。

4.4.2.1 高速公路安全应急管理系统总体框架

高速公路应急管理的目标是：在交通事件发生前采取预防措施，降低和避免异常交通事件的发生；在发生交通事件时，及时发现并采取合适的应急救援措施，使人员伤亡和财产损失最小，并尽量降低事件导致的交通延误等影响，在最短时间恢复到正常交通状态。

高速公路安全应急管理是一项系统性的工作，其内容包括：交通事件预警管理子系统、交通事件应急管理子系统。如图 4-22 所示，整个系统基于一个共同的 GIS 平台，实现信息的统一组织和管理。

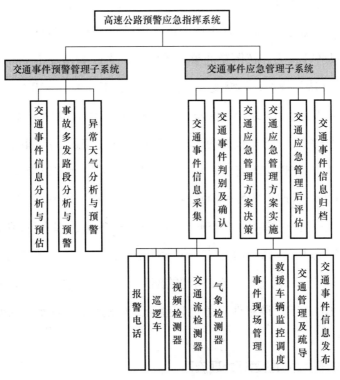

图 4-22　高速公路安全应急管理系统

1. 交通事件预警管理子系统

交通事件预警管理子系统的功能是对现有的交通状况及环境信息进行统计、分析和数据挖掘，从中找出导致交通事件的分布特征、原因及其影响因素，如事故多发路段的形成原因，异常天气下的交通安全管理措施等，及时发出交通事件预警。高速公路管理部门根据预警信息，采取相应的整改措施，在一定程度上预防事故的发生。交通事件预警管理子系统包括三个功能模块：交通事件信息分析与预估模块，事故多发路段分析与预警模块、异常天气分析与预警模块。

2. 交通事件应急管理子系统

交通事件应急管理子系统是在交通信息采集基础上，及时获得交通事件信息，确定应急管理方案，然后协调各相关部门执行应急管理方案，并对整个应急管理过程进行监控和指挥调度，实现交通事件应急管理的科学化、规范化和效率化。交通事件信息采集模块：利用多种交通事件信息采集方式（包括报警电话、巡逻车、视频检测器、交通流检测器、气象检测器等），动态检测交通事件的相关信息，并对信息进行存储。交通事件判别及确认模块：对交通事件信息采集模块的数据进行分析，采用人工判别和计算机自动识别等方法，获得交通事件的位置、事件类型及事件严重程度等信息。交通应急管理方案决策模块：根据交通事件的位置、事件类型、事件严重程度等信息，在应急管理预案的基础上，结合事件发生时的客观情况，采用人机交互的方式，确定事件的应急管理方案，如参与救援的部门、救援通道、交通管制措施、交通事件信息发布内容及范围等。交通应急管理方案实施模块：实施交通应急管理方案中确定的各项措施，如事件现场管理、救援车辆监控调度、交通管制及疏导及交通事件信息发布等。交通应急管理后评估模块：对交通事件应急管理的全过程进行评估，如事件发现和响应时间是否及时、应急管理方案的科学性及其改进、各相关部门工作是否协调、应急管理措施是否恰当等，并对存在问题的部门和人员提出相应的改进措施。交通事件信息归档模块：进行交通事件应急管理整个过程的信息归档和存储，便于查询和分析。

4.4.2.2 交通事件预警管理处理流程

高速公路交通事件预警管理是以系统非优理论和系统控制论为基础，从宏观角度，根据高速公路交通安全管理活动状态，确定道路安全状态（分为安全、准安全、准危险三种），并由此做出相应对策反应的管理活动。它对道路交通安全状态进行监控、预测与警告，并在确认处于危险发生的状态下，采用规定的组织方法干涉和调控，使之恢复正常状态的管理活动。根据高速公路交通事件预警管理体系的结构和道路运营活动客观过程，制订高速公路交通事件预警管理的运营流程（图4-23）。

高速公路交通事件预警管理工作的开展是建立在运营公司对所辖路段交通运营指标的监测基础上的。预警部门根据获取的指标数据，通过识别、诊断并评价各交通现象，确认监测指标处于异常、准危险、准安全或安全状态，提出控制对策并实施。当监测指标处于安全状态时，继续进行日常监测，不介入预控管理状态；当监测指标处于准安全或准危险状态时，预警部门根据具体情况或指示进入特别监测阶段，或提出预控对策提请决策层并由决策层下达到各职能部门执行，直至恢复到安全状态。预警部门将对策、方案输入对策库供将来参考，当监测指标进入异常状态时，整个高速公路管理组织进入应急管理程序，根据预先设定的应急管理方案，组织具体人员来具体实施。此时的应急管理小组取代了日常管理中的决策层，全面负责异常事件的管理活动，直至高速公路运营重新进入安全状态。

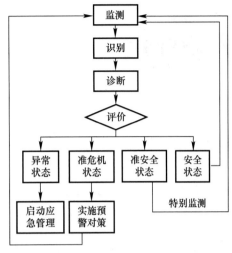

图 4-23　高速公路交通事件预警管理的运营流程

4.5 本章小结

本章主要论述了智能交通控制系统、城市道路智能交通信号控制系统、智能公共交通控制与智能高速公路控制等内容。

思 考 题

1. 智能交通信号控制交通流参数有哪些？简要叙述其特征。
2. BRT 相比传统运输方式有哪些优势？
3. 简述智能高速公路控制的几个关键方面。

第5章　智能网联车辆控制技术

5.1 概　述

智能网联车辆（Intelligent and Connected Vehicles，ICVs）是指搭载先进的车载传感器、控制器、执行器等装置，并融合现代通信与网络技术，实现车与X（车、路、人、云等）智能信息交换、共享，具备复杂环境感知、智能决策、协同控制等功能，可实现"安全、高效、舒适、节能"行驶，并最终可实现替代人来操作的新一代汽车。

智能网联车辆是自主式智能驾驶汽车与网联式汽车的结合，这里自主式智能驾驶汽车指的是不依靠网联信息的自主驾驶汽车，或又可被称为无人驾驶汽车或自动驾驶汽车；网联汽车指的是在普通汽车的基础上增加网联通信设备，融合现代通信与网络技术，能够实现信息交换，但并不一定具备自动驾驶功能的汽车。

广义上的智能网联驾驶所包含的概念非常广泛，包括主动安全、辅助驾驶、自主式自动驾驶、网联式自动驾驶等各方面。其中，主动安全是比较基础的功能，它是为预防和避免车辆发生事故而设计的安全系统，包括制动防抱死系统（Anti-lock Brake System，ABS）、电子制动力分配装置（Electric Brakeforce Distribution，EBD）、车身电子稳定控制系统（Electronic Stability Program，ESP）等。辅助驾驶能够有效增加汽车驾驶的舒适性和安全性，如前向碰撞预警（Forward Collision Warning，FCW）、车道偏离预警（Lane Departure Warning，LDW）、自适应巡航控制（Adaptive Cruise Control，ACC）、车道保持辅助（Lane Keeping Assist，LKA）等，基于上述功能开发的高级驾驶辅助系统（Advanced Driving Assistance System，ADAS）已被广泛商业化。自主式自动驾驶是智能网联车辆发展的高级形态，在没有网联信息的情况下可以做到一定程度的自动驾驶。网联式自动驾驶则是智能网联车辆的重要发展方向，其目标是借助网联手段实现更好、更全面的自动驾驶性能。

同时，智能网联车辆不仅指民用领域的汽车，还包括军事领域的无人平台、特种用途的地面无人车辆等。再者，它也包括各种不同形式的行走机构，如轮式、履带式、足式等。因此，从广义上来说，智能网联汽车也可以是在地面行驶的具有一定汽车性能的移动机器人。

5.1.1 智能网联车辆的发展历程

在智能网联车辆早期发展阶段，技术研发主要集中于智能化，即不同等级的汽车自动化技术上。20 世纪 80 年代到 90 年代，伴随着计算机性能的提升、机器人控制技术的成熟、车载传感品质的突破，自动驾驶技术进入了一个快速发展阶段。这一时期的显著特点是军方、大学、企业间开展了广泛合作，成功研发了多辆自动驾驶汽车原型。其中，最具代表性的成果包括美国卡内基—梅隆大学的 NavLab 系列、德国慕尼黑联邦国防军大学的 VaMoRs（P）系列和意大利帕尔马大学视觉实验室（VisLab）的 ARGO 项目。

21 世纪初，国内外通过举行自动驾驶挑战赛来促进自动驾驶汽车及其相关技术的发展，国外最具代表性的比赛为美国国防部高等研究计划局（Defense Advanced Research Projects Agency，DARPA）举办的无人驾驶挑战赛，国内最具代表性的比赛为中国智能车未来挑战赛。

第一届 DARPA 无人驾驶挑战赛于 2004 年在美国莫哈韦沙漠地区举行，赛事共有 21 支参赛车队参与（图 5-1），经过资格赛测试，最终共有 15 支车队进入了决赛，但在决赛中，没有一支车队完成整场比赛。所有车队中，行驶最远的是卡内基—梅隆大学的 Sandstorm 车队，共完成了 11.78km 的路程。第一届比赛结果显示，无人驾驶车辆的定位、感知技术还不够成熟，比赛中多次发生导航定位错误、障碍物感知不准确等问题。此外，参赛车辆配备的感知系统庞大而且昂贵。第一届 DARPA 无人驾驶挑战赛不仅是无人驾驶赛事的先驱，而且在推动无人驾驶汽车和无人驾驶技术发展方面具有里程碑的意义。

第二届 DARPA 无人驾驶挑战赛于 2005 年举行，赛段全长 212km，赛事共有 195 支队伍申报，其中 43 支车队通过审核进入了资格赛，23 支队伍进入了决赛，5 支车队跑完了全程。其中斯坦福大学的 Stanley 获得冠军，成绩为平均速度 30.7km/h。第三届 DARPA 无人驾驶挑战赛又被称为城市挑战赛，于 2007 年在乔治空军基地举办，赛事共有 53 支队伍报名，11 支队伍通过了资格测试，6 支车队跑完了全程。卡内基—梅隆大学的 Boss、斯坦福大学的 Junior 和弗吉尼亚理工大学的 Odin 分获前三名。第二、三届 DARPA 无人驾驶挑战赛中部分参赛车辆，如图 5-2 所示。

图 5-1　第一届 DARPA 无人驾驶挑战赛中部分参赛车辆
（a）BOB；（b）Digital Auto Drive；（c）Golem I；（d）Oshkosh truck

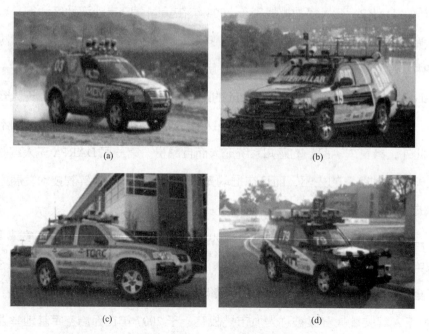

图 5-2 第二、三届 DARPA 无人驾驶挑战赛中部分参赛车辆
（a）Stanley；（b）Boss；（c）Odin；（d）Talus

DARPA 无人驾驶挑战赛无疑促进了全世界范围内无人驾驶技术的发展。从 2004 年没有车辆完成全部比赛，到 2005 年几乎所有决赛团队都超越了 2004 年挑战赛的最好成绩，再到 2007 年更加苛刻的场景下依然有车队较顺利地完成比赛。DARPA 无人驾驶挑战赛只用了三届比赛的时间便让人们看到了无人驾驶技术的发展速度和无人车落地的可行性。这三届 DARPA 无人驾驶挑战赛为后续的深入研究和商业化发展打下了坚实的基础。

从 2009 年起，我国国家自然科学基金委员会连续成功举办了 11 届中国智能车未来挑战赛。挑战赛内容由初期封闭道路，到中期真实道路，再到后期真实复杂道路和交通流，见证了我国智能汽车技术的发展历程。中国智能车未来挑战赛不仅推动了智能汽车关键技术与验证平台研究的创新与发展，确保重大研究计划总体科学目标的实现，而且促进了我国在智能车辆领域的持续投入和产业生态的逐步改善。

随着自动驾驶技术的飞速发展，现代的自动驾驶技术已经成为以电动化、智能化、网联化、共享化的"新四化"为核心，涉及车辆控制、人工智能、通信等多个技术领域的综合技术。在此背景下，众多自动驾驶联盟逐步建立（图 5-3），相互之间实现优势互补。

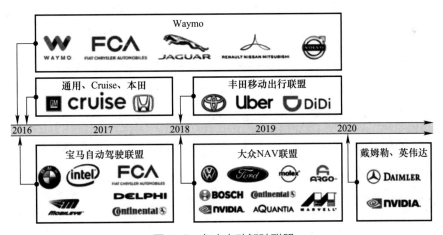

图 5-3 各大自动驾驶联盟

各大联盟组成各异，风格和发展路径也有着明显的不同。宝马、英特尔与 Mobileye 领衔的自动驾驶联盟与大陆、德尔福等供应商联合，主攻单车智能下的自动驾驶技术；而大众 NAV 联盟纳入各大车联网厂商，希望以车载以太网为载体搭建面向高级自动驾驶的高速车载网络平台；丰田则面向未来出行，构建完善的车辆基础平台并向其他供应商开放相关接口,实现新一代移动服务;Waymo 公司以十几年的研发积累和海量实际道路测试数据为基础,专攻高等级自动驾驶算法和技术,以 Robotaxi 为核心商业应用,希望打造"全世界最有经验的驾驶人";通用收购 Cruise,该控股公司聚焦自动驾驶技术研发,以实现软硬结合的自动驾驶车辆商业化;奔驰在与宝马的合作终止后,选择了与英伟达合作开展自动驾驶芯片的研究。

我国的自动驾驶公司几乎与国外公司同时起步,总体可以分为互联网公司、初创企业和传统车企三类,如图 5-4 所示。互联网公司方面,百度是国内最早从事自动驾驶研发的公司之一,自 2015 年起,百度深度学习研究院开启了对自动驾驶的研发。2017 年 4 月,百度在 AI 开发者大会上发布了 Apollo,为自动驾驶相关领域提供一个开放、完整、安全的软件平台。腾讯 2016 年 9 月成立智能驾驶实验室,定位于自动驾驶系统软件与服务提供商,目前已经搭建了高精度地图、模拟仿真、自动驾驶云服务三大平台。阿里巴巴于 2017 年成立达摩院,并设立自动驾驶部门,致力于打造智慧物流运输平台,积极研发智能、安全的自动驾驶系统。初创企业以蔚来、小马智行、智行者等为代表,其技术领域包括乘用车、出租车以及特定场景车辆等。蔚来是国内初创企业中较早完成自动驾驶乘用车交付的,目前已有多个量产车型上市。小马智行在 2018 年 12 月开展自动驾驶出租车服务(Robotaxi),而智行者先从低速非载人领域切入,将自动驾驶技术应用于环卫和物流配送场景。传统车企方面,各大主机厂也在大力发展自动驾驶技术。2016 年,长安汽车发起 2000km 无人驾驶挑战,多辆基于长安睿骋研发的无人驾驶汽车从重庆出发,途经西安、郑州,最终顺利到达北京的长安分公司,完成了在结构化道路的长距离高级辅助驾驶功能展示。2018 年,上汽集团建立了上汽人工智能实验室,以上汽云计算平台、大数据平台以及业务场景为基础,创建人工智能应用和解决方案。除此之外,比亚迪、吉利、一汽等企业也在近年逐渐推出了自主研发的自动驾驶样车。

图 5-4 中国自动驾驶公司

得益于科研院校、自动驾驶创业公司、汽车制造厂商的不懈探索，智能网联车辆相关技术已经有了重大进步，但智能网联车辆的普遍应用尚需时日，目前仍存在诸多问题。

5.1.2 智能化汽车等级划分

从发展的角度，智能化汽车将经历两个阶段：第一阶段是智能化汽车的初级阶段，即辅助驾驶；第二阶段是智能化汽车发展的终极阶段，即完全替代人的无人驾驶。美国高速公路安全管理局（NHTSA）将智能化汽车定义为以下五个层次。

1. 无智能化（L0）

该层次的汽车由驾驶员时刻、完全地控制汽车的原始底层结构，包括制动器、转向器、加速踏板以及发动机。

2. 具有特殊功能的智能化（L1）

该层次的汽车具有一个或多个特殊自动控制功能，通过警告防范车祸于未然，可称之为辅助驾驶阶段。这一阶段的许多技术已经并不陌生，比如车道偏离警告系统（LDW）、正面碰撞警告系统（FCW）、盲点信息（BLIS）系统。

3. 具有多项功能的智能化（L2）

该层次的汽车具有将至少两个原始控制功能融合在一起实现的系统，完全不需要驾驶员对这些功能进行控制，可称之为半自动驾驶阶段。这个阶段的汽车会智能地判断驾驶员是否对警告的危险状况做出了响应，如果没有，则代替驾驶员采取行动，比如紧急自动制动系统（AEB）、紧急车道辅助系统（ELA）。

4. 具有限制条件的无人驾驶（L3）

该层次的汽车能够在某个特定的驾驶交通环境下让驾驶员完全不用控制汽车，而且汽车可以自动检测环境的变化以判断是否返回驾驶员驾驶模式，可称之为高度自动驾驶阶段。例如 Google 无人驾驶汽车基本处于这个层次。

5. 全工况无人驾驶（L4）

该层次的汽车可以完全自动控制车辆，全程检测交通环境，能够实现所有的驾驶目标，驾驶员只需提供目的地或者输入导航信息，在任何时候都不需要对车辆进行操控，可称之为完全自动驾驶阶段或者无人驾驶阶段。

目前，国内外产业界采用较多的除了美国高速公路安全管理局（NHTSA）推出的分类标准，还有美国汽车工程师协会（SAE）制订的分类标准。按照SAE的标准，智能化汽车视智能化、自动化程度水平按人的介入程度分为六个等级：人工驾驶（L0）、辅助驾驶（L1）、部分自动驾驶（L2）、有条件自动驾驶（L3）、高度自动驾驶（L4）和完全自动驾驶（L5）。两种不同分类标准的主要区别在于完全自动驾驶场景，SAE更加细分了自动驾驶系统的作用范围，智能化汽车分类标准如表5-1所示。

表5-1 智能化汽车分类标准

自动驾驶分级		名称	定义	驾驶操作	周边监控	接管	应用场景
NHTSA	SAE						
L0	L0	人工驾驶	由人类驾驶员全权驾驶汽车	人类驾驶员	人类驾驶员	人类驾驶员	无
L1	L1	辅助驾驶	车辆对方向盘和加减速中的一项操作提供驾驶，人类驾驶员负责其余驾驶动作	人类驾驶员和车辆	人类驾驶员	人类驾驶员	限定场景
L2	L2	部分自动驾驶	车辆对方向盘和加减速中的一项操作提供驾驶，人类驾驶员负责其余驾驶动作	车辆	人类驾驶员	人类驾驶员	限定场景
L3	L3	有条件自动驾驶	由车辆完成绝大部分驾驶操作，人类驾驶员需保持注意力集中以备不时之需	车辆	车辆	人类驾驶员	限定场景
L4	L4	高度自动驾驶	由车辆完成所有驾驶操作，人类驾驶员无须保持注意力，但限定道路和环境条件	车辆	车辆	车辆	限定场景
L4	L5	完全自动驾驶	由车辆完成所有驾驶操作，人类驾驶员无须保持注意力	车辆	车辆	车辆	所有场景

我国对自动驾驶的分级首次出现在《中国制造2025》重点领域技术路线图中，将汽车按智能化和网联化两个发展方向进行分级。与SAE自动驾驶分级基本保持对应，SAE-China将自动驾驶汽车分为DA、PA、CA、HA、FA五个等级，考虑我国道路交通情况的复杂性，加入了对应级别下智能系统能够适应的典型工况特征，我国自动驾驶汽车分级如表5-2所示。

表 5-2　我国自动驾驶汽车分级

智能化等级	等级名称	等级定义	控制	监视	失效应对	典型工况
人监控驾驶环境						
1	驾驶辅助（DA）	系统根据环境信息执行转向和加减速中的一项操作，其他驾驶操作都由人完成	人与系统	人	人	车道内正常行驶，高速公路无车道干涉路段，停车工况
2	部分自动驾驶（PA）	系统根据环境信息执行转向和加减速操作，其他操驾驶操作都由人完成	人与系统	人	人	高速公路及市区无车道干涉路段，换道、环岛绕行、拥堵跟车等工况
自动驾驶系统监控环境						
3	有条件自动驾驶（CA）	系统完成所有驾驶操作，根据系统请求驾驶，驾驶员需要提供适当的干预	系统	系统	人	高速公路正常行驶工况，市区无车道干涉道路
4	高度自动驾驶（HA）	系统完成所有驾驶操作，特定环境下系统会向驾驶员提出响应请求，驾驶员可以对系统请求不进行响应	系统	系统	系统	高速公路全部工况及市区有车道干涉路段
5	完全自动驾驶（FA）	系统可以完成驾驶员能够完成的所有道路下的操作，不需要驾驶员介入	系统	系统	系统	所有行驶工况

关于网联化等级，我国根据网联通信内容的区分将其进行了如表 5-3 的划分。

表 5-3　网联化等级

网联化等级	等级名称	等级定义	控制	典型信息	传输需求
1	网联辅助信息交互	基于车-路、车-后台通信，实现导航等辅助信息的获取以及车辆行驶与驾驶员操作等数据的上传	人	地图、交通流量、交通标识、油耗、里程等信息	传输实时性、可靠性要求较低
2	网联协同感知	基于车-车、车-路、车-人、车-后台通信，实时获取车辆周边交通环境信息，与车载传感器的感知信息融合，作为自动驾驶车辆决策与控制系统的输入	人与系统	周边车辆/行人/非机动车位置、信号灯相位、道路预警等信息	传输实时性、可靠性要求较高

续表

网联化等级	等级名称	等级定义	控制	典型信息	传输需求
3	网联协同决策与控制	基于车-车、车-路、车-人、车-后台通信,实时并可靠获取车辆周边交通环境信息及车辆决策信息,车-车、车-路等各交通参与者之间信息进行交互融合,形成车-车、车-路等各交通参与者之间的协同决策与控制	人与系统	车-车、车-路间的协同控制信息	传输实时性、可靠性要求最高

5.1.3 系统简介

1. 技术架构简介

智能网联车辆的技术架构可划分为"三横两纵"式技术架构,如图 5-5 所示。"三横"是指智能网联车辆主要涉及的车辆/设施、信息交互与基础支撑三大领域技术,包括环境感知、智能决策、控制执行、V2X 通信、云平台与大数据、信息安全、高精度地图、高精度定位、标准规范与测试评价;"两纵"是指支撑智能网联车辆发展的车载平台以及基础设施。其中,基础设施包括能够支撑智能网联车辆发展的全部外部环境条件,比如智能道路、交通设施、通信网络等。这些基础设施将逐渐向数字化、智能化、网联化和软件化方向发展。

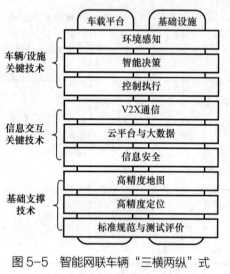

图 5-5 智能网联车辆"三横两纵"式技术架构

智能网联车辆的发展与应用离不开车路云一体化的综合系统,车路云一体化系统体系架构如图 5-6 所示。该系统主要由新型架构车辆、智能基础设施体系、信息安全管理体系和网联运营体系组成。车路云一体化融合控制系统(System of Coordinated Control by Vehicle-Road-Cloud Integration,SCCVRCI),利用新一代信息与通信技术,将人、车、路、云的物理层以及信息层、应用层连为一体,进行融合感知、决策与控制,可实现车辆行驶和交通运行安全、效率等性能综合提升。该系统也可称为"智能网联车辆云控系统",或简称"云控系统"。

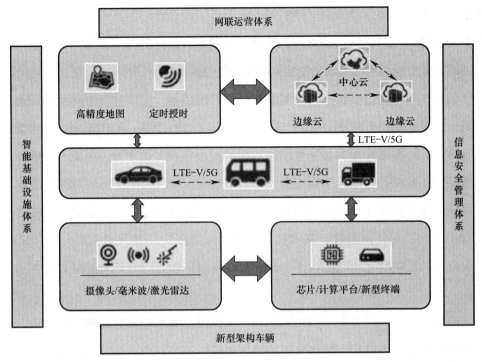

图 5-6 车路云一体化系统体系架构

2. 关键技术简介

智能网联车辆关键技术主要包括环境感知、高精度地图与定位、自主式决策与控制、智能网联车辆测试与评价等，这些技术依托于智能网车辆硬件平台。

智能网联车辆硬件平台是实现复杂环境感知、智能决策、协同控制等功能的基础。在环境感知基础硬件方面，传感器是车辆理解外部环境、保证行驶安全的基本硬件，主要包括车载视觉传感器、毫米波雷达、激光雷达和超声波传感器等。在智能网联环境下，车载感知传感器主要用于获取道路标识、交通信号、障碍物位置及可行驶区域等信息，以综合完成环境感知任务。在导航与定位基础硬件方面，定位可依靠如视觉传感器、激光雷达等不同的硬件设备实现，其中基于信号的定位最常采用的是全球卫星导航定位系统，在此基础上的航迹递推主要依赖惯性导航系统实现。在计算平台基础硬件方面，车载计算芯片是高级别自动驾驶车辆不可或缺的核心部件，其运行效率和能耗都对车辆处理数据的性能有直接影响。在车联网基础硬件方面，无线通信技术赋能自动驾驶汽车，是网联化的基础。为了使这些硬件设备之间更好地协同工作，实现对应的感知与决策功能，需要在物理层面设计对应的连接交互关系。同时，为了更好地控制车辆，提高智能网联车辆的行驶安全性、舒适性和经济性，还需要设计上述附加系统和原车电子电气系统之间的连接交互关系。上述的各个设备主体及其在物理层面上的连接交互关系便组成了智能网联车辆的硬件架构。

环境感知技术通过安装在智能网联车辆上的传感器，完成对周围环境的识别和理解，具体任务包括目标检测、图像与点云的分割、目标跟踪、意图识别、轨迹预测与风险评估等。环境感知技术对智能网联汽车的发展有着至关重要的影响，准确、鲁棒和高效的感知算法是智能化车辆安全性、舒适性的保证。传统的环境感知方法难以满足智能网联车辆的需求，而深度学习方法的迅速崛起为智能网联车辆环境感知提供了新的解决方案。另外，随着车联网技术的出现，逐渐实现了信息在车−车、车−路、车−人及车与互联网之间的传输，这也为智能网联车辆对行驶环境的感知提供了新的手段。

高精度地图与定位技术可用来为车辆提供位置、姿态和周边道路环境信息。高精度地图能够辅助环境感知，以厘米级的精度表示车道线、道路边缘、道路坡度与曲率等信息，同时也包含信号灯、交通标志等语义信息，是对感知系统的有力补充；高精度地图还起到辅助定位的作用，在车辆行驶过程中，将高精度地图中丰富的先验信息与车载传感器实时获取的环境信息相结合，通过地图匹配技术可精确计算出车辆在道路上的具体位置，实现更高精度定位。高精度地图与定位技术可使车辆获得超视距感知能力，实时获取前方路况信息，从而规划一条避免拥堵的可通行路径；可为车辆提供道路预警信息，在车辆经过人行横道、学校等路段时提前预警，保障行驶安全；还可对道路特征精确建模，帮助车辆更稳定地行驶在车道内。高精度地图与定位技术为智能网联车辆的规划、决策与控制等技术提供支持，是智能网联车辆解决方案的核心和基础。

自主式决策与控制技术以自动驾驶车辆为控制对象，基于传感器、地图等输入的环境信息与驾驶目标，规划未来一段时间的行驶轨迹（包含路径及对应速度）。决策过程常基于分层式设计思路，包含参考路径生成、行为规划（如超车/换道/转向等）、运动规划三个主要步骤。车辆控制模块接收决策模块输入的目标轨迹，通过控制车辆的转向系统、油门驱动和刹车系统，使车辆按照目标轨迹行驶。车辆控制通常分为上下两层，上层输出加速度和车辆转向角，下层接收上层输出，控制车辆底层执行系统。

在单车自主式决策控制的基础上，智能网联车辆协同控制技术综合所处交通环境的动态或静态信息，协同设计多个智能网联车辆的控制策略，基于此实现多车系统、车路系统等的全局协同优化。协同控制技术可以更大程度地保障每一辆车行驶性能的同时，提高交通系统的整体性能。

智能网联车辆测试与评价技术是智能网联车辆研发中的重要环节，也是智能网联技术发展的重要支撑。与 ADAS 功能不同，智能网联车辆的最终目标是可以完全替代人类进行车辆操控。由于驾驶控制权发生转移，智能网联驾驶系统将面临环境不确定性带来的诸多挑战，如多变的气象条件、道路环境以及无法预知的车辆行为等。因此，智能网联车辆的测试与评价就是要在复杂的驾驶场景下对车辆的自动驾驶功能进行评估，验证车辆功能是否满足预期设计要求。

5.1.4 性能要求

1. 整体性能

智能网联车辆应满足传统车辆的整体性能要求，在这基础上智能网联车辆还需要满足如下性能。

（1）安全性：一方面是交通和行车的安全，保障交通的连续、安全与可靠，确保汽车自动驾驶、设备以及系统的安全；另一方面从互联网的角度，应保证自动驾驶应用的安全运行，以提供持续的服务能力、防止重要数据泄露，包括应用安全、控制安全、网联安全、数据安全等。

（2）高可靠性：交通安全对智能网联车辆系统的可靠性提出了很高的要求，尤其是在车路云一体化系统中，车辆和云需要做出协同感知和决策控制，更需要确保信息的准确、传递的及时和决策的正确。

（3）实时性：一方面，智能网联车辆安全、高效运行需要系统算法的实时运行；另一方面，网联通信需要低时延的实时数据传输。

（4）高适应性：交通场景复杂多变，体现在地域（北京、天津、上海等不同城市）、工况（高速、城市、乡村、停车场等区域）、环境（晴天、雨天、雪天、雾霾等多种天气）等，智能网联车辆需要适应不同交通场景。

2. 关键技术性能

智能网联车辆针对不同关键技术也有不同的性能需求，总结如下。

（1）感知：智能网联车辆需要通过多种环境感知传感器以对周围环境中目标的类别、位置和未来轨迹进行实时和准确的感知。各个单一传感器如相机等都需达到感知的准确性需求，而多传感器融合将进一步提升应对不同情况的感知鲁棒性。同时可通过网联环境经由路侧设备感知信息传递到网联车辆，建立全局无盲区感知，从而使得感知准确性进一步提高。

（2）决策：智能网联车辆在行驶过程具有巨大的决策空间，其应能够通过实时感知结果对车辆进行局部的车辆行为决策和全局的路网级别决策。局部车辆行为包括跟车、换道、加速、减速等，全局路网级别决策主要是从起点到终点的路径选择。然而智能网联车辆决策因其复杂性，学术界和工业界目前并没有达成公认的决策性能指标。

（3）控制：与传统车辆相比，智能网联车辆具备完全不同的底层硬件结构和电子电气架构，其控制方法与传统车辆具有较大不同。需要二者相互配合保证单车的横向和纵向控制过程的精确性、平顺性。同时，网联汽车在多车协同横纵向控制上也需要保持时空状态的控制准确性。

（4）通信：通信是智能网联车辆的信息基础，智能网联车辆的通信包括车内设备间通信、车与X（车、路、云等）通信两种。车内设备间通信需要在克服车内各类电气干扰等情况下实现各类传感器与控制中心的高速通信。车与X通信需要根据不同场景和任务在整体上满足大带宽和广链接下的低时延通信，以4个主要领域（编队行驶、高级驾驶、传感器共享、远程驾驶）为例，5G-V2X主要性能需求如表5-4所示。

表5-4　5G-V2X主要性能需求

场景	有效通信距离	最大时延（ms）	单次传输成功率	传输速度（Mb/s）
编队行驶	（5~10s）×最快相对速度	10~25	90%~99.99%	50~65
高级驾驶	（5~10s）×最快相对速度	V2V: 3~10 V2I: 100	99.99%	UL: 50
传感器共享	50~1000m	3~100	99.99%	1000
远程驾驶	—	5	90%~99.99%	UL: 50 DL: 1

5.1.5　智能网联车辆的相关法规

智能网联车辆的相关法规主要由国际标准化组织（ISO）和各个国家的国家标准机构（例如中国国家标准化管理委员会，也称为GB）制订。以下是一些智能网联车辆领域的主要法规：

1. ISO 标准：

（1）《道路车辆功能安全标准，针对车辆安全系统开发过程，通过控制器局域网（DoCAN）进行诊断通信》ISO 15765-5：2021。

（2）《智能交通系统安全管理标准，车对车交叉路口碰撞警告系统（VVICW）性能要求和测试程序》ISO 23376-2021。

（3）《智能交通系统自动车辆和设备识别车辆电子登记识别（ERI）》ISO 24534-3-2016。

图 5-7 为智能网联车辆领域的相关国际标准。

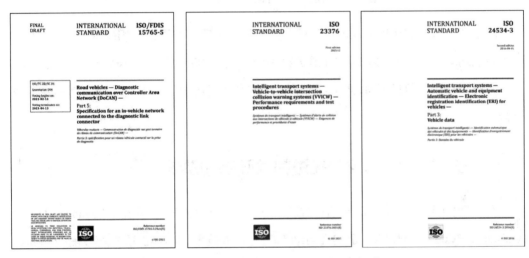

图 5-7 智能网联车辆领域的相关国际标准

2. GB 标准（中国）：

（1）《智能网联汽车 自动驾驶功能场地试验方法及要求》GB/T 41798-2022。

（2）《智能网联汽车运行安全测试环境技术条件 第1部分：公共道路》GB/T 43758.1-2024。

（3）《智能网联汽车运行安全测试技术要求》GB/T 43766-2024。

图 5-8 为智能网联车辆领域的相关国家标准

此外，全球各国都在积极推动智能网联车辆相关法规的制订和完善，以适应快速发展的技术和市场需求。美国国家公路交通安全管理局（NHTSA）发布了一系列针对自动驾驶汽车的指南和法规，如 2020 年发布的自动驾驶汽车操作系统安全的技术指南。

图 5-8　智能网联车辆领域的相关国家标准

欧盟制订了一系列的法规和规范，包括对自动驾驶车辆的类型批准和技术审查。

智能网联车辆领域的法规和标准仍在不断发展和更新，以适应技术和市场的变化。因此，对于相关法规的具体要求和适用性，建议查阅各国的官方网站或咨询相关专业机构。

5.2　先进的驾驶辅助系统

作为智能网联车辆的重要组成部分——先进的驾驶辅助系统（Advanced Driver Assistance System，ADAS）是实现自动驾驶的基本技术。ADAS 系统能够辅助车辆驾驶员安全行驶，大幅度减少交通事故的发生，提高人们的出行效率。ADAS 系统大体可划分为预警系统和控制系统两大类。预警系统以前向碰撞预警系统（Forward Collision Warning System，FCWS）和车道偏离预警系统（Lane Departure Warning System，LDWS）等为主要代表。控制系统以自适应巡航控制系统（Adaptive Cruise Control System，ACCS）、自动紧急制动系统（Automatic Emergency Braking System，AEBS）、车道保持辅助系统（Lane Keeping Assistance System，LKAS）和自动泊车辅助系统（Auto Parking Assistance System，APAS）等为主要代表。而纵向驾驶辅助系统作为先进驾驶辅助系统在纵向上的应用也是近几年研究的热点，在车辆上的应用以 ACCS、FCWS、AEBS 为主要代表。

5.2.1 前向碰撞预警系统

前向碰撞预警（Forward Collision Warning，FCW）系统是通过摄像头、雷达等传感器实时感知车辆前方的物体，检测车辆与目标之间的距离并警示驾驶员的一种系统，如图5-9为前向碰撞预警系统工作示意图。

图5-9 前向碰撞预警系统工作示意图

1. 工作原理

前向碰撞预警系统主要是利用摄像头识别出前方物体，并通过毫米波雷达感测与前车或前方障碍物的距离，通过电子控制单元对物体进行识别并对距离进行测算，同时判断当前的工况。如果观测距离小于报警距离，那么车辆就会进行报警提示；如果观测距离小于安全距离，那么车辆就会启动自动制动。

2. 前向碰撞预警系统的分类

欧洲新车安全评鉴协会（E-NCAP）对汽车前向碰撞预警系统的使用环境提出了3类应用类型，分别为用于城市路况的汽车前向碰撞预警系统、用于高速公路路况的汽车前向碰撞预警系统、用于行人保护的汽车前向碰撞预警系统。

（1）用于城市路况的汽车前向碰撞预警系统对于城市路况来说，一般的交通事故都发生在交通拥堵时，特别是在路口等待通行时。这时驾驶员可能过于注意交通指示灯，而忽视了与前车的距离；他也可能过于期待前方车辆前行甚至加速，而事实上前方车辆并未前进或者速度过慢。城市驾驶的特点就是低速，但是容易发生不严重的碰撞，这些小事故大约占全部碰撞事故的26%。低速前向碰撞预警系统可以监测前方路况与车辆移动情况，一般有效距离为6~8m。

这类前向碰撞预警系统的核心装备是毫米波雷达，一般安装在前风窗玻璃的位置。如果探测到潜在的风险,它将采取预制动措施,以便驾驶员可以更快地操作。如果在反应时间内未接到驾驶员的指令,则该系统将会自动制动或采取其他方式避免事故。而在任何时间点内,如果驾驶员采取了紧急制动或猛打转向等措施,该系统将中断。E-NCAP 定义都市型前向碰撞预警系统能在车速不超过 20km/h 的情况下起作用。80% 的都市事故均发生在这个车速区间,而且这套系统在天气情况恶劣时效果更好。

(2) 用于高速公路路况的汽车前向碰撞预警系统在高速公路上发生的事故,与城市内事故相比,其特点是不一样的。城市快速路上的驾驶员可能由于长时间驾驶而分心,而当他意识到危险时可能又由于车速过快而为时已晚。为了能适应这种行驶情况,用于高速公路路况的前向碰撞预警系统就应运而生了。这套系统以中/远距离毫米波雷达为核心设备,采用预警信号来提醒驾驶员潜在的危险。如果在反应时间内驾驶员没有任何反应,则将启动二次警告(转向盘振动或安全带突然收紧),此时制动器将调至预制动状态。如果驾驶员依然没有反应,那么该系统将自动实施紧急制动。这种类型的前向碰撞预警系统主要在车速介于 50~80km/h 起作用。这类系统主要针对城市间行驶的情况,在低速情况下可能只是会提醒驾驶员。

(3) 用于行人保护的汽车前向碰撞预警系统作为行人保护系统,这类前向碰撞预警系统除了能检测道路上的车辆之外,还能探测行人等障碍物。这套系统的核心装备是摄像头等传感器,它可以辨别出行人的特征。如果探测到潜在的危险,则该系统将会警告驾驶员。相比之下,预测行人行为是比较困难的,从算法角度来说是非常复杂的。这套系统需要更有效的响应,但是如果仅是车边有行人平行通过就不能应用至制动系统。随着传感器技术的发展,这项技术还将进一步优化。

5.2.2 车道偏离预警系统

图 5-10 车道偏离预警系统工作示意图

车道偏离预警系统在驾驶员无意识偏离车道前,对其发出警告。研究数据表明,所有致命的交通事故中 34% 跟车道偏离有关,同时车道偏离也被看成车辆侧翻事故的主要原因之一。研究还发现,23% 的汽车驾驶员 6 个月内至少在转向盘上睡着一次;36% 的重型载货汽车驾驶员在驾驶过程中打瞌睡;20% 的轻型载货汽车驾驶员在 6 个月内有在转向盘上睡着的经历。每 4 个驾驶员中就有一个驾驶员经历过车道偏离引起的伤亡事故。驾驶员长时间单调地驾驶汽车，容易导致注意力降低。为此，研究者发明了车道偏离预警系统，如图 5-10 为车道偏离预警系统工作示意图。

车道偏离预警系统由一个安装在汽车后视镜内的小型 CCD 摄像机、一些检测车辆状态和驾驶员操作行为的传感器（如转向信号）以及视觉和听觉警告装置组成。该系统利用由小型 CCD 摄像机获得的车辆前方车道标识线、其他传感器获得的车辆状态数据和驾驶员的操作行为等信息，判断车辆是否开始偏离其车道。一旦检测到汽车距离自身车道白线过近、有可能偏入邻近车道而且驾驶员没有打转向灯时，该系统就会发出警告信息，提醒驾驶员注意纠正这种无意识的车道偏离。当驾驶员感觉到手中的转向盘在振动时，表示车道偏离系统在报警。当检测到汽车偏离车道时，传感器会及时收集车辆数据和驾驶员的操作状态，之后由控制器发出警报信号，整个过程大约在 0.5s 内完成。为驾驶员提供更多的反应时间，从而尽可能减少车道偏离事故的发生。如果驾驶员打开转向灯，进行正常变线行驶，那么车道偏离预警系统不会做出任何提示。如有必要，系统将利用视觉警告信息、听觉警告信息以及振动转向盘来提醒驾驶员小心驾驶车辆，大大减少了因车道偏离引发的碰撞事故。此外，使用 LDWS 还能纠正驾驶员不打转向灯的习惯，该系统主要功能是提醒过度疲劳或解决长时间单调驾驶引发的注意力不集中等情况。

5.2.3 自动变道辅助系统

自动变道辅助系统（Auto Lane Change，ALC）又称自动车道保持系统或自动变道系统，它是一种智能辅助系统，通过使用车辆上的传感器和摄像头等设备，可以实时监测车辆周围的交通状况和道路情况，帮助驾驶员更加安全地完成变道操作。这种系统可以分为基于雷达和基于摄像头的两种类型。图 5-11 为自动变道辅助系统工作示意图。

基于雷达的自动变道辅助系统，主要是通过安装在车辆上的雷达设备来实现。这种设备可以向车辆周围发射雷达波，然后通过接收回波来测量周围物体的距离和速度。当车辆需要变道时，系统会自动扫描周围的车辆和障碍物，

图 5-11 自动变道辅助系统工作示意图

评估变道的安全性,然后向驾驶员发出警告或者自动调整车辆的行驶轨迹。

基于摄像头的自动变道辅助系统,主要是通过安装在车辆上的摄像头来实现。这种设备可以实时拍摄车辆周围的道路情况和交通状况,然后通过图像识别技术来分析周围的车辆和障碍物。当车辆需要变道时,系统会自动扫描周围的道路情况,评估变道的安全性,然后向驾驶员发出警告或者自动调整车辆的行驶轨迹。

5.2.4 盲区监测系统

盲区监测系统也称并线辅助系统,作为一项汽车智能安全技术,能够通过安装的电子控制系统,在左右两个后视镜内或者其他地方提醒驾驶员后方安全范围内有无障碍物或来车。从而消除视线盲区,提高行车安全,对初学驾驶员帮助很大。图 5-12 为车辆盲区监测系统的示意图。

图 5-12 车辆盲区监测系统的示意图

5.2.4.1 工作原理

并线辅助系统装置的形式是在左右两个后视镜内或者其他地方提醒驾驶员后方的来车。这项装置需要在车辆时速超过 60km/h 变道时才能自动启动,车速过低则不能启动。它可以探测到侧后方驶来的最远 50m 处的车辆。如果系统探测到其他车辆,会通过安装在后视镜中的一个 LED 显示灯告知驾驶员;如果驾驶员在准备转换车道时启动了转向指示灯,但是没有注意相邻车道中的其他车辆,该系统就会通过 LED 发送一个闪光信号来警告驾驶员。

5.2.4.2 系统分类

目前有代表性的并线辅助系统有以下三类:

（1）奔驰新 E 级上的并线辅助系统。该系统是通过汽车两侧安装的传感器探知两侧后方是否有车辆，并将信息通过计算机系统控制，在左右两个后视镜内或者其他地方提醒驾驶员后方的来车。在奔驰新 E 级车上，当两边后方有来车时，如果不打转向灯会以黄色警示提醒，如果打转向灯则会以红色闪烁提醒驾驶员后方有来车，这时并线会发生危险。

（2）沃尔沃的并线辅助系统叫盲点信息系统，简称 BLIS。BLIS 从 2005 年起率先在 XC70、V70 和 S60 等车型上得到了应用，此后沃尔沃的全系车型都相继采用了这套系统。位于外后视镜根部的摄像头会对距离 3m 宽，9.5m 长的一个扇形盲区进行 25 帧秒的图像监控，如果有速度大于 10km/h，且与车辆本身速度差在 20～70km/h 的移动物体（车辆或者行人）进入该盲区，系统对比每帧图像，当系统认为目标进一步接近时，A 柱上的警示灯就会亮起，防止出现事故。沃尔沃并线提醒装置在左右两个反光镜下面内置有两个摄像头，将后方的盲区影响反馈到行车计算机的显示屏幕上，并在后视镜的支柱上有并线提醒灯提醒驾驶员注意以此消除盲区。

（3）奥迪的并线辅助系统叫侧向辅助系统（Audi Side Assist）。这套系统会在车速超过 60km/h 介入，依靠传感器的帮助，奥迪的侧向辅助系统可以探测到侧后方最远 50m 处的车辆，若此时并线有潜在危险，后视镜上就会亮起警示灯。如果驾驶员在警示灯亮了之后仍打转向灯，警示灯会增加亮度并开始闪烁。奥迪的侧向辅助系统和奔驰的并线辅助系统类似，都是在反光镜里面内置了一个小灯，以提醒驾驶员，而数据是靠车辆雷达来获得的根据雷达的数据判断后方来车的速度和位置。

5.2.5 车道保持辅助系统

车道保持辅助（Lane Keeping Assist，LKA）系统采用数字摄像机记录车道标记，并且智能检测汽车在道路上的位置。只要汽车在行驶中逼近任何一条边界线，将要驶离正常的车道而驾驶员来不及做出反应时，该系统能够根据偏移的程度自动修正驾驶方向并告警提示。该系统在驾驶员交谈、疲劳、听音乐等分散注意力的情况下，能有效地减少交通事故的发生。图 5-13 为车道保持辅助系统示意图。

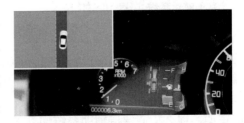

图 5-13 车道保持辅助系统示意图

5.2.5.1 LKA 系统的分类和组成

根据汽车偏离车道时所采取的措施不同，车道保持辅助系统分为 2 种类型，一类为车道偏离提醒，即当汽车偏离正常车道时，系统通过振动方向盘，以提醒驾驶员注意；另一类为车道偏离干预，即当汽车偏离正常车道时，系统会对方向盘施加一个纠正力矩（不低于 2N·m），促使汽车行驶到正确的车道上。

车道保持辅助系统的组成如图 5-14 所示。摄像机安装在车内后视镜区域的挡风玻璃处。摄像机的拍摄范围包括至车辆前方最远大约 40m 处，至车辆左右两侧最远大约 5m 处。

图 5-14 车道保持辅助系统的组成

5.2.5.2 工作原理

LKA 系统是基于图像识别以及图像处理技术，主要由图像传感器以及图像处理的控制器组成。图像传感器安装在前风挡玻璃的上方，它采集车辆前方 20~60m 范围内场景的图像信息，并且发送给控制器。控制器根据得到的场景信息进行分析，抽取其中的特征建立三维或二维模型，从而得出车辆两侧的车道线，并将车道线与车辆的行驶方向进行比较，当存在交叉时，控制器判定汽车已经或正在偏离正确的车道，将做出相应的提示。

车道保持辅助系统示意图如图 5-15 所示，LKA 系统根据车辆偏离车道中央、偏离行驶方向和车辆半径计算出辅助转向力，对应偏离的程度来控制 EPS 系统施加的转向力大小，辅助驾驶员操控方向盘。车辆行驶方向的控制是在驾驶员的转向力上增加这个控制。

5.2.5.3 功能

LKA 系统主要功能如下。

1. 直行车道上的车道保持功能

借助识别出的车道标线，车道保持辅助系统计算出一条可使车辆沿其行驶的虚拟车道。此外，该系统还会确定车辆相对于该虚拟车道的位置。如果车道将要偏离虚拟车道，那么车道保持辅助系统便会借助电控机械式转向助力系统，施加一个转向修正力矩（最大 3N·m），以修正车辆的偏移，在这种情况下，转向力矩的大小取决于车辆

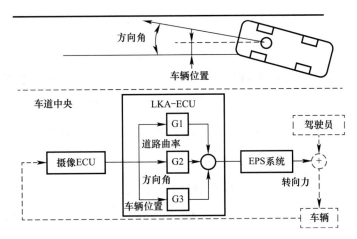

图 5-15 车道保持辅助系统示意图

与识别出的车道标线之间形成的夹角。转向干预最长一般持续 100s，如果车辆在这段时间内重新按车道走向行驶，修正过程便告结束。如果该力矩不足以修正转向，那么电控机械式转向助力电机便会振动转向系，使驾驶员感到方向盘振动，从而对其发出警告。驾驶员也可通过主动的转向操作，随时轻松终止转向干预过程。

2. 弯道上的车道保持功能

即使是在一段很长的弯道上，如果车辆偏离系统计算出虚拟车道，那么车道保持辅助系统也可以实施干预。在此情况下，车道保持辅助系统设置虚拟车道时，使弯道内侧的虚拟车道边缘线尽量接近系统识别到的弯道内侧车道标线。通过这种方式，驾驶员可以轻松地切线行驶，而车道保持辅助系统不进行修正性转向干预。

如果在超过 100s 的转向干预时间内，系统无法使车辆保持在弯道内行驶，那么便会给予驾驶员振动告警并发出电子告警音，同时在组合仪表的显示屏上显示一条文字信息，要求驾驶员接管转向操作。

5.2.6 自适应巡航控制系统

自适应巡航控制系统是在按设定车速进行巡航控制的系统上，增加了与前方车辆保持合理间距控制功能的新系统。

5.2.6.1 工作原理

自适应巡航控制系统主要由传感器、控制器、发动机管理控制器、电子节气门执行器、制动执行器（例如 ABS/ESP 等）组成。根据车间距传感器检测到的信息，以及本车的车速传感器和横摆角速度传感器检测确定的本车行驶路线信息，判断在本车的同一条车道上前方有无车辆行驶。车间距离传感器采用了微波雷达或距离雷达。

5.2.6.2 功能

当同一条车道前方没有车辆时,像通常的巡航控制一样按照设定的车速行驶;当前方出现车辆时,以低于设定车速行驶,控制本车与前方车辆的合理间距。

(1)当前方无车辆时,ACC 车辆将处于普通的巡航驾驶状态,按照驾驶员设定的车速行驶,驾驶员只需要进行方向控制(匀速控制)。

(2)当 ACC 车辆前方出现目标车辆时,且目标车辆的速度小于 ACC 车辆时,则 ACC 车辆将自动开始进行减速控制,以确保两车的距离为所设定的安全距离。

(3)当两车之间的距离等于安全车距后,采取跟随控制,即与目标车辆以相同的车速行驶。

(4)当前方的目标车辆发生移线,或主车移线行驶使得主车前方又无行驶车辆时,ACC 车辆将对主车进行加速控制,使主车恢复至设定的行驶速度。自适应巡航控制系统示意图如图 5-16 所示。

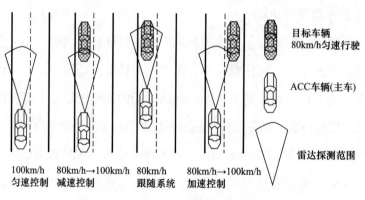

图 5-16 自适应巡航控制系统示意图

装有自适应巡航控制系统的智能化汽车,通过雷达和计算机来鉴别靠近车辆的是自行车、汽车还是行人根据道路情况控制车辆行驶状态,完全或部分地取代了驾驶员的操作。

5.2.7 交叉口通行协同控制系统

1. 交叉口协同通行控制系统的主要方法分类及基本原理

国内外学者对平面无信号交叉口协同通行控制系统进行了大量研究,主要可分为两大类，一类是基于车路通信的集中式控制方法；另一类是基于车车通信的分布式控制方法。

（1）集中式控制方法。

集中式控制方法需要在路口放置带有通信系统的中央控制器，中央控制器通过对车辆的直接通信和控制及时响应进入路口的所有车辆的通行要求，控制车辆高效通行，这种控制方法相当于在交叉口设置一个多相位的智能信号灯。集中式控制方法的基本原理如图 5-17 所示，进入交叉口的所有车辆把位置、速度、方向、转向等信息发送至路侧的集中控制器，集中控制器根据这些信息对所有车流的通行顺序进行优化，并预估车辆运动轨迹，最后反馈给所有车辆。

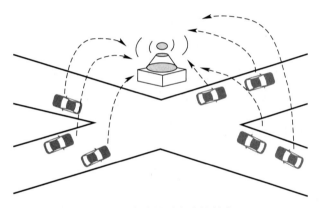

图 5-17 集中式控制方法的基本原理

（2）分布式控制方法。

分布式控制方法不需要在路侧设置集中控制器，而是在所有通过交叉口的车辆在进入交叉口时根据车车通行获得的信息进行风险分析，依据相同的规则进行让行，如图 5-18 所示。分布式控制方法主要针对车辆行为进行研究，主要有可接受间隙模型和基于占先度的冲突避碰决策模型。

2. 交叉口分布式通行控制模型

（1）可接受间隙模型。

可接受间隙模型的主要思想是当次车道上的机动车辆所面临的间隙大于其规定的临界间隙时，车辆会接受间隙，并从主车道车流中穿过，从而通过交叉口；否则就会继续等待，以寻找更为合适的间隙。可接受间隙模型有一个待定参数作为规定的临界间隙，可用距离或时间表示，只有在主车道车流中的车辆间隙大于或等于临界间隙时，

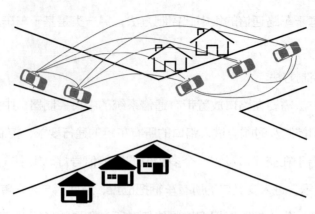

图 5-18 分布式控制方法

次车道车流的车辆才能进入交叉口,如图 5-19 所示。可接受间隙模型主要用于在主次车道相交的路口进行协同控制。车辆的可接受间隙大小与车辆类型和路口宽度都有关系。不同类型的车辆通过相同宽度的路口,其可接受间隙不一样,大型车的可接受间隙要高于小型车的可接受间隙。可接受间隙的确定还与道路行驶速度有关,根据瑞典交通冲突组织规定,如果车速较高,则临界值的取值也应该较大,如果车速较低,则临界值的取值可以相应取得较小。

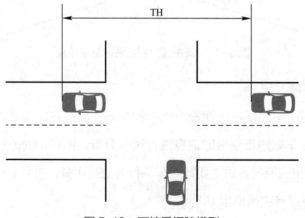

图 5-19 可接受间隙模型

(2)基于占先度的冲突避碰决策模型。

基于占先度的冲突避碰决策模型根据预判冲突车辆在潜在碰撞点上所处的状态确定车辆通过路口的优先级。为了实现这个模型,该算法对驾驶员从发现冲突到做出避碰动作至最后使冲突消失的整个过程做出了假设性描述。假设一:在车辆行驶过程中,驾驶员会经常性地对自身车辆与潜在冲突车辆的未来运行轨迹做出估计,以判断两个车辆的交会是否存在冲突。假设二：如果冲突存在，则驾驶员会根据冲突的实际情况做出冲突避碰决策。假设三：在做出冲突避碰决策的过程中，驾驶员对双方车辆在冲突中的占先地位进行独立评估，并根据评估结果做出决策。占先度定义为在虚拟碰撞形态图中，当后到达潜在碰撞点的车辆到达潜在碰撞点时，先到达的车辆有一部分车身已经通过了潜在碰撞点，占先度就是指先到达的车辆已经通过该点的长度和其车身总长度的比值。而对于后到达冲突点的车辆而言，其占先度为对方的负值。

该算法获得车辆的占先度后，采用的决策规则可以表示为：谁认为自己占先，谁就会抢占路权。同时为了安全，该算法还给每辆车设立了一个安全临界占先度，如果本车占先度大于安全临界占先度，那么本车采取占道行为，否则本车采取让道行为。这里的占道行为是指主车通过加速或者维持原速等行为表示自己对路权的占有，而让道行为则是指主车通过减速或者其他谦让行为表示对方对占用道路的认可。

5.3 自主决策与控制

5.3.1 概述

基于环境感知信息与输入的驾驶目标，智能汽车需要进行动态决策输出将要采取的行为，并控制车辆按照规划的线路行驶，从而安全、高效且舒适地将乘客送抵目的地。自主式智能驾驶汽车决策与控制系统以自车为控制对象，其中决策系统以未来行驶轨迹为输出，控制系统则调节车辆转向、驱动与制动系统以跟踪该轨迹。

智能驾驶决策技术是机器人、控制理论与人工智能等多种学科的交叉研究领域。相关理论方法最早源于有关移动机器人的研究，即如何使机器人基于当前位置和运动状态到达目标位置与状态。而随着智能驾驶汽车的兴起，更复杂的运行环境、更严格的安全要求、舒适与高效等优化目标，使人们对决策系统也提出了更高的要求。2004—2007年举行的DARPA无人驾驶汽车挑战赛，是智能汽车决策系统发展的重要推力，包含了驾驶场景定义、决策过程分解与多种经典算法的应用。伴随着智能驾驶发展和服务于人类的进程，复杂交通场景与不良天气等状况仍是决策控制技术面临的难题，而近年来智能技术领域的蓬勃发展也为人们提供了新的研究工具。几种典型应用中智能决策的方法特点如图5-20所示。

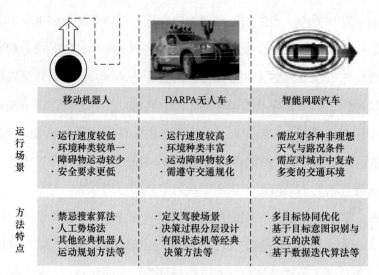

图 5-20 几种典型应用中智能决策方法特点

下面将主要介绍经典的分层式决策方法，即将决策过程划分为全局路径规划（Route Planning）、行为规划（Behavior Planning）、运动规划（Motion Planning）三个基本过程。分层决策的优点体现在"化繁为简"，一方面有助于降低算法复杂度、保障计算实时性；另一方面也有助于提高决策过程的逻辑性与可解释性，应对大量的交通场景时便于研究人员有效地设计与扩展。在此之后，也将针对近年来新兴的决策方法，特别是对基于认知–交互的决策与机器学习在决策过程中的应用进行简要介绍。

自主式控制技术的核心问题是轨迹跟踪控制。轨迹跟踪控制是在输入目标行驶轨迹的情况下，基于车辆模型，通过控制车辆的转向系统、动力系统和制动系统，使车辆按照目标轨迹行驶的方法。有关轨迹跟踪控制，目前已有一些较为成熟的技术方案。因此，将首先介绍经典的车辆运动学与动力学模型，进而结合比例–微分–积分控制、线性二次型调节器、模型预测控制三种常用的控制算法，对智能汽车轨迹跟踪方法进行介绍。

5.3.2 车辆模型

车辆模型是各种决策与控制技术的基础。下文先介绍简化车辆运动学模型，并进一步考虑车辆行驶的力学特性，介绍车辆控制领域中常用的车辆动力学模型——二自由度模型。

1. 车辆运动学模型

在大地坐标系下,由于汽车转向系统服从阿克曼转向原理,忽略后轮轮胎的侧向偏移,此时车辆的转向中心在后轴延长线上,车辆运动学模型如图 5-21(a)所示,有:

$$L = R\tan\delta \tag{5-1}$$

式中 L——汽车轴距(m);

R——转向半径(m);

δ——前轮转角(°)。

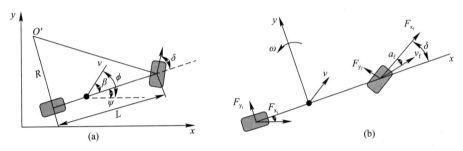

图 5-21 车辆运动学、动力学模型
(a)车辆运动学模型;(b)车辆动力学模型

以车辆前轮转角 δ、标量质心速度 v 为控制输入,以车辆质心横坐标 X_c、纵坐标 Y_c、横摆角 ψ(车身方向角)为状态量,车辆运动学模型可以写为:

$$\begin{bmatrix} \dot{X}_c \\ \dot{Y}_c \\ \dot{\psi} \end{bmatrix} = \begin{bmatrix} \cos\phi \\ \sin\phi \\ \dfrac{\tan\delta}{L} \end{bmatrix} v \tag{5-2}$$

式中 ϕ——车辆航向角(速度方向角)(°);

β——质心侧偏角(°),$\phi = \beta + \psi$。

上述模型关于输入为非线性模型,使用中可以将输入量改为角速度 ω 和 v,得到状态方程:

$$\begin{bmatrix} \dot{X}_c \\ \dot{Y}_c \\ \dot{\psi} \end{bmatrix} = \begin{pmatrix} \cos\phi & 0 \\ \sin\phi & 0 \\ 0 & 1 \end{pmatrix} \begin{pmatrix} v \\ \omega \end{pmatrix} \tag{5-3}$$

该状态方程中,状态矩阵为零矩阵,输入矩阵 **B** 为与车辆航向角相关的时变矩阵。

2. 车辆动力学模型

车辆运动学模型仅考虑车辆各个组成部分的几何关系。考虑车辆受力影响后，特别是轮胎的受力特性，可以得到更加精准的车辆动力学模型，如图 5-21（b）所示。轮胎受力将产生侧向偏移，速度方向不在车轮平面内。在车辆坐标系下，车辆受力情况为：

在 x 轴方向上：

$$m(\ddot{x} - \dot{y}\omega) = F_{y_f} \sin\delta + F_{x_f} \cos\delta + F_{x_r} \tag{5-4}$$

在 y 轴方向上：

$$m(\dot{v}_y + v_x \omega) = F_{y_f} \cos\delta - F_{x_f} \sin\delta + F_{y_r} \tag{5-5}$$

在 z 轴方向上：

$$I_z \dot{\omega} = a F_{y_f} \cos\delta - b(F_{y_r} - F_{x_f} \sin\delta) \tag{5-6}$$

式中 a，b——车辆质心到前后轴的距离（m）；

m——车辆质量（kg）；

I_z——车辆绕 z 轴的转动惯量（kg·m²）；

F_{x_f}、F_{x_r}——前后轮胎所受纵向力（N）；

F_{y_f}、F_{y_r}——前后轮胎所受横向力（N）；

ω——车辆横摆角速度（rad/s）。

小侧偏角时，侧偏角与轮胎侧向力呈线性关系：

$$\begin{aligned} F_{y_f} &= C_f \alpha_f \\ F_{y_r} &= C_r \alpha_r \end{aligned} \tag{5-7}$$

式中 C_f、C_r——前轮和后轮的侧偏刚度（N/rad）。

车辆前后轮与侧偏角运动学关系：

$$\begin{aligned} \alpha_f &= \arctan\left(\frac{a\omega + v_y}{v_x}\right) - \delta \\ \alpha_r &= \arctan\frac{v_y - b\omega}{v_x} \end{aligned} \tag{5-8}$$

在轨迹跟踪控制中，通常分为上层—下层（Upper-Lower）两层控制器。上层控制器接收决策规划得到的结果（即参考轨迹）和当前车辆状态信息作为输入，输出预期速度（或加速度等）和方向盘转角等控制量。下层控制器接收到预期速度等控制量时，调整发动机等动力系统使得车辆达到给定预期速度。以下主要介绍上层控制器，下层控制器可以当作一阶惯性环节处理。

利用上述关系，假设仅考虑车辆的横摆与侧向运动2个自由度，且前轮小角度偏移、纵向车速不变，即为二自由度模型。可以得到式（5-9）与式（5-10）描述的状态方程。其中状态量 $\xi = (y\ \varphi\ \beta\ \omega)^T$，控制量为 $u = \delta$，观测量 $\eta = y$。

$$\dot{\xi} = A\xi + Bu \tag{5-9}$$

$$\eta = C\xi \tag{5-10}$$

式中：

$$A = \begin{bmatrix} 0 & v & v & 0 \\ 0 & 0 & 0 & 1 \\ 0 & 0 & \dfrac{C_f + C_r}{mv} & \dfrac{aC_f - bC_r}{mv^2} - 1 \\ 0 & 0 & \dfrac{aC_f - bC_r}{I_z} & \dfrac{a^2 C_f + b^2 C_r}{I_z v} \end{bmatrix}$$

$$B = \begin{pmatrix} 0 & 0 & -\dfrac{C_f}{mv} & -\dfrac{aC_f}{I_z} \end{pmatrix}^T$$

$$C = (1\ 0\ 0\ 0)$$

上述运动学、动力学模型均假设为前轮转向的乘用车。在对叉车（后轮转向）、拖车（多刚体铰接）等进行车辆建模时，需要修改假设，重新分析建模。

5.3.3 自主决策

经典的分层式驾驶决策方法主要包含三个基本过程：全局路径规划、行为规划与运动规划。其中，全局路径规划是智能汽车基于高精度地图离线产生的理想行驶路径，为连接出发地与目标地并基于高精度地图中具体道路结构规划出的完全理想条件下参考路径。然而在实际行驶过程中，智能汽车时刻面对来自其他行人、车辆与交通信号灯等环境要素带来的影响，这便需要驾驶决策模块根据实时交通环境，在线规划实际驾驶行为与运动轨迹。在线规划过程常包含行为规划与运动规划两步。行为规划生成语义级驾驶行为，如跟驰、换道超车、减速让行等；运动规划则生成与驾驶行为对应的目标运动轨迹，供下层智能汽车控制系统跟踪与实现。其中，行为规划为保证对不同交通场景的有效应对，通常被分为场景辨识与行为规划两步；运动规划为保障规划运算的实时性，又常由路径规划（Path Planning）与速度规划（Velocity Planning）两个步骤构成，由目标路径及其对应速度产生的完整运动规划结果称为轨迹（Trajectory）

图5-22所示为分层式驾驶决策过程。其中，行为决策系统基于道路行驶环境确定驾驶目标，目前得到应用的主要方法是有限状态机（Finite State Machine，FSM），其主要通过对逻辑规则的设计，以辨识交通场景（如高速公路跟驰）选择对应行为（如变道超车等）。运动规划系统则基于驾驶目标，并结合环境与车辆两方面带来的约束，规划未来短时间内的运动轨迹。运动规划常分为路径规划与速度规划两步，最终生成目标轨迹。考虑离线式参考路径规划主要属于基于高精度地图与导航技术的应用，下面将主要针对智能汽车在线规划模块，即行为规划与运动规划两部分，及其对应的经典算法和应用案例展开介绍。

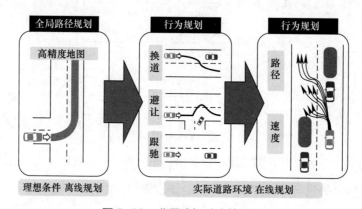

图5-22 分层式驾驶决策过程

1. 行为规划过程

智能汽车行为规划主要包含场景辨识与行为选择两个基本过程，有限状态机是其最常用的方法。

有限状态机是表示有限状态及在这些状态之间转移和动作的计算模型。有限状态机常用状态图表示，可看作由有限状态节点和表示状态转移逻辑的有向边所构成的有向图。状态机的基本元素主要包括：当前所处状态、状态转移条件、状态转移中执行的动作、动作后转移至的新状态。

2. 运动规划过程：路径规划

基于目标驾驶行为，决策系统需要进一步规划车辆行驶轨迹，并期望该轨迹安全与平滑。运动规划主要分为两部分：路径规划与速度规划。规划过程中通常先进行路径规划再基于路径完成对应速度的规划。

智能驾驶的路径规划算法最早源于移动机器人研究领域。常用移动机器人运动规划方法如图5-23所示。

图5-23 常用移动机器人运动规划方法

而随着路径规划技术的发展，人们期望尽量提升路径的平滑性以保证舒适性，同时考虑车辆运动模型较复杂，需要为规划结果添加约束以保障路径的可执行性。现在的路径规划问题常转化为Frenet坐标系下的优化问题。在图5-26所示的Frenet坐标系中，任意点坐标(s, d)到参考路径投影点的距离为d（又称作横向距离），该参考点到原点沿该参考路径的距离为s（又称作纵向距离）。

路径规划算法常考虑结构化道路（Structured Road）与非结构化道路（Unstructured Road）两类场景。其中，前者为高速公路等结构较清晰、几何特征较简单的公路场景，其具有清晰的道路标志线，规划过程主要基于道路中线或参考路线进行。后者主要包含停车场等结构化程度较低场景，不具有明确参考路线，需要基于目标与障碍规划出可行路径。图5-24所示为无人驾驶汽车规划路径方法流程图。

在非结构化道路中，路径规划算法是一种A*搜索算法的改良版本。A*搜索算法是一种经典的启发式搜索算法，其能够快速搜索出网格地图上从出发点到目标点的最短路径。

A*搜索算法过程（图5-25）：

步骤1 如图5-25（a）所示的网格地图，△节点为出发节点，○节点为目标节点，其余黑色节点表示障碍节点。目标是搜索连接出发、目标节点的最短无碰撞路径。

步骤2 以出发点为当前节点，拓展其周围8个节点（浅灰）并放入开启集中。此后永久关闭当前节点（此刻为原出发点），避免其被重复拓展。

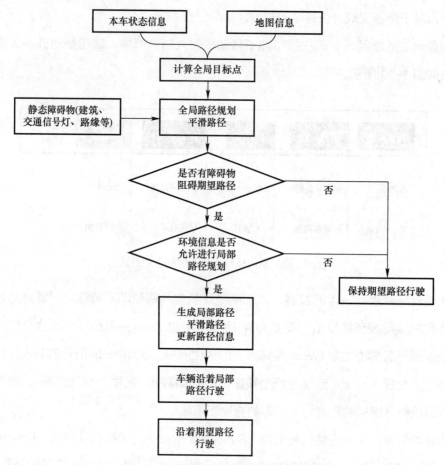

图 5-24 无人驾驶汽车规划路径方法流程图

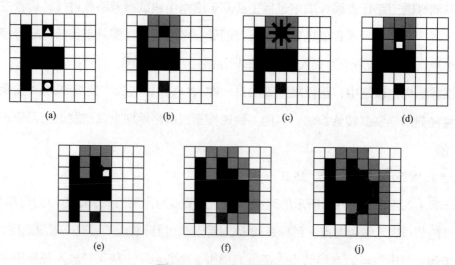

图 5-25 A*搜索算法过程

(a) 步骤 1；(b) 步骤 2；(c) 步骤 3；(d) 步骤 4；(e) 步骤 5；(f) 步骤 6；(g) 步骤 7

步骤 3 当节点进入开启集,其父节点为将其拓展的点(此刻 8 个开启节点的父节点均为原出发点)。

步骤 4 在开启集中选择下一步最理想的节点。评价函数分两部分:从出发节点到该节点的已移动距离与从该节点到目标节点的直线或折线距离。若该节点为障碍,则不予拓展或给予一个较大的惩罚值。前述相加得到评价值,选择评价值最小节点,即图中□节点。从该节点到目标节点的距离被称为启发函数:它不一定代表实际路径长度,但使算法尽量沿该方向进行搜索,有助于提高搜索速度。

步骤 5 此时以上一步选出点为当前节点,开始新一轮拓展－评价－选择的搜索,此轮搜索选出的是图中□标记节点。

此外,在一轮搜索中,最小评价值可能对应多个节点,此时的优先选取偏好不会影响最终路径规划结果。感兴趣的读者可以通过本案例尝试验证。

步骤 6 不断进行搜索,直到目标节点被拓展。

步骤 7 基于其父节点关系反向输出,即可得到所求的最短路径。

A* 搜索算法的缺点在于其基于质点模型,无法考虑车辆的实际的几何结构与转向过程。同时当周围环境发生变化时,A* 搜索算法只能重新寻找全局最优路径,使得新旧路径可能过度突兀。因而在当前的工程应用中,设计者常将路径规划问题建模为 Frenet 坐标系中的优化问题:在车辆模型与障碍物约束下,规划路径使得路径平滑、抖动小、靠近参考路径等目标最优。

图 5-26 所示为基于 Frenet 坐标系的路径规划方法。首先基于参考路径(本例中为车道中线)建立 Frenet 坐标系,并从参考路径原点沿该路径纵向等距离地选取 n 个参考点,实际路径点相对其对应参考点的横向距离分别为 $d(i)$。根据路径规划目标,可以写出示例的代价函数(cost function)与约束,并生成一系列路径点使得代价最小:

$$\min_{d(i)} \sum_{i=0}^{n-1} \left(k_1 d(i)^2 + k_2 \left(d(i) - \frac{l(i)+r(i)}{2} \right)^2 + k_3 (d(i+1) - d(i))^2 + \cdots \right) \quad (5-11)$$

s.t.

$$\min\{|d(i)-l(i)|,|d(i)-r(i)|\} > C_1 \quad (5\text{-}11\text{a})$$

$$d(i) < C_2 \quad (5\text{-}11\text{b})$$

$$[d(i+1)-d(i)]-[d(i)-d(i-1)] < C_3 \quad (5\text{-}11\text{c})$$

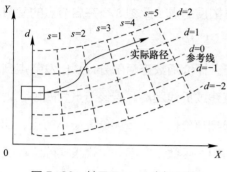

图 5-26 基于 Frenet 坐标系的路径规划方法

在示例的代价函数式（5-11）中，$l(i)$、$r(i)$ 分别是对应于第 i 个参考点左、右两侧可行驶的范围，参数 $k_1 \sim k_3$，对应项分别考虑了"离中线近""从左右可行驶边界中间穿过""相邻路径点横向距离差较小"的目标。三个约束式分别对应"到左右边界距离大于安全值""偏离中线小于安全值""相邻三点横向距离差小于安全值（避免过度弯折）"。

在示例中采取了二次形式的代价函数，能够通过求解二次规划问题（QP 问题）获得最优路径。在工程应用中，小马智行、百度 Apollo 等自动驾驶企业均采用了类似基于 Frenet 坐标系的路径规划方法，感兴趣的读者可以查阅相关开源资料。

3. 运动规划过程：速度规划

基于规划出的路径，下面进一步考虑对应速度曲线的规划。传统的速度规划可以基于速度模型及其参数的选择实现。图 5-27 所示为 Boss 无人车采用的速度曲线模型。

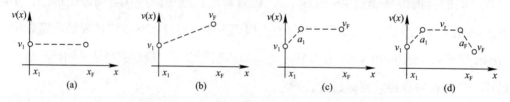

图 5-27　Boss 无人车采用的速度曲线模型
（a）匀速模型；（b）匀变速模型；（c）线性斜坡模型；（d）梯形模型

Boss 无人车的速度规划过程中，基于驾驶目标选择对应速度曲线模型，决定曲线上各个关键点的速度和位置。规划考虑的信息包括：行为决策系统输出的目标车速、可行车速区间、法规限速；由道路中心线曲率所决定的最大可行速度等。

与路径规划可以化作 Frenet 坐标系中的优化问题类似，目前工程实践中也常将速度问题化为 s-t 图（ST-Graph）中的优化问题。其中，表示沿路径的距离，表示时间。除此之外为了表达在路径上的速度约束（如超车时车速不能过低、经过行人速度不能过高等），需要补充 v-s 图表示速度约束。参考 Apollo 等的工程应用案例，图 5-28 所示为基于 ST-Graph 的速度规划方法。

图 5-28（a）中，自动驾驶车辆沿车道中心直线行驶，左侧障碍车辆准备切入；图 5-28（b）所示为车辆在路径上各位置的最高限速，图 5-28（c）所示为 ST-Graph 中进行的速度规划。其中，四边形区域表示障碍车在 ST-Graph 中可能占据的空间，进而产生车辆在超车或让行两种行为选择下的位置 — 时间约束（虚线）。将上述速度 — 位置约束与位置 — 时间约束输入到优化器中，并考虑"车速尽量平稳""远离障碍"等优化目标，即可在 ST-Graph 中规划出最优的速度曲线（如图中实线）。

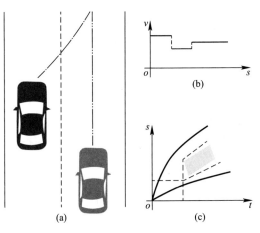

图 5-28 基于 ST-Graph 的速度规划方法
（a）障碍车辆准备切入；（b）最高车速；（c）速度规划

路径 — 速度分层的运动规划同样有助于降低规划过程的计算复杂度，并能在较简单的场景中提升规划结果的安全性、舒适性与行驶高效性。然而前述运动规划方法也存在如图 5-29 所示的分层式运动规划面临的挑战。

（1）针对结构较为复杂的车辆（如半挂式货车），可能具有尺寸大、转向时几何形态变化的特点。如何实现这类车型的路径规划，特别是狭小区域中的转向、倒车、错车等行为，仍具有一定挑战。

（2）在紧急避障、路面湿滑等极限工况下，人们期望车辆能够充分发挥其动力学性能避免碰撞或失稳的发生。在此类情况下，路径 — 速度分层的规划方法使得车辆轮胎附着极限等运动学/动力学约束被解耦为横向、纵向两部分，有可能导致规划过程过于保守，或规划结果难以执行。针对此类极限工况，驾驶或赛车驾驶决策时，研究人员常采用路径 — 速度耦合规划方法。

（3）驾驶员能够判断他人的行为意图，预测彼此行为的交互影响。如何基于这种认知交互过程实现决策，对实现城市复杂交通环境中的自动驾驶具有重要意义。回顾本节案例中的 ST-Graph，障碍车的未来位置使用四边形表达，行为认知 - 交互技术有助于提高预测精度，在安全的前提下减少决策保守性，避免车辆陷入 Freezing-Robot 状态（在复杂环境中。机器人判断所有行为均不安全，进而无法做出有效决策）。

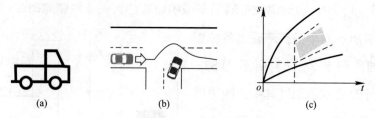

图 5-29 分层式运动规划面临的挑战

(a)半挂式货车具有体积大、运动模型复杂的特点;(b)紧急避障需要能充分发挥车辆机动性能;(c)安全、高效行驶需要对他车运动进行有效预测

4. 前沿决策方法

分层决策方法具有结构清晰、易于设计、低复杂性场景中可靠性高等优势,在目前的工程实践中取得了广泛的应用。然而如上述最后所讨论的:当自动驾驶走向全天候、全路况时,传统方法将难以应对复杂场景的挑战。针对前沿决策方法探索,下文将主要介绍基于认知-交互的决策方法的案例。

2018 年 8 月,一篇有关 Waymo 无人车在美国亚利桑那州菲尼克斯地区测试的调查指出,其"无信号灯路口左转犹豫"造成的路口堵塞,是令当地居民反感的主要问题之一。将场景进行一些简化,可以得到如下案例:

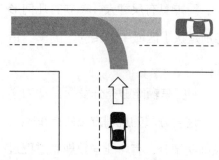

图 5-30 无信号灯路口左转场景

图 5-30 为无信号灯路口左转场景,自动驾驶车辆希望从下方道路左转入上方车道,但其中总有障碍车辆通过。为避免长时间堵塞路口,驾驶员需要在某辆障碍车前方左转切入上方道路。此时自动驾驶车辆与障碍车都具有"抢行-让行"选择,这种选择与两车的路权、到路口距离、车速与驾驶风格等因素有关,而对彼此意图的有效认知与交互,是安全高效通过该场景的必要能力(换道与躲避行人等场景也与之相类似)。

下文主要介绍三种基于认知-交互的决策方法及其特点(图 5-31)。

(1)基于意图预测的运动规划

此类规划方法首先基于本书前述的运动预测算法(如 LSTM、DBN 等算法),得到障碍在未来时域区间内的各采样时刻运动状态,进而决策系统以避障为目标规划时域

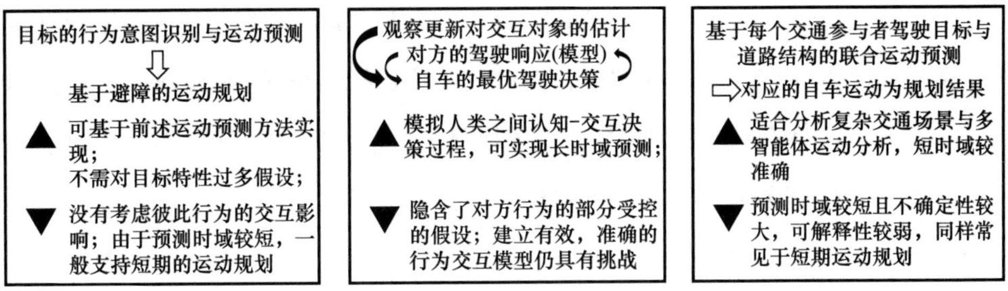

目标的行为意图识别与运动预测
基于避障的运动规划
▲ 可基于前述运动预测方法实现；
不需对目标特性过多假设；
▼ 没有考虑彼此行为的交互影响；由于预测时域较短，一般支持短期的运动规划
观察更新对交互对象的估计
对方的驾驶响应(模型)
自车的最优驾驶决策
▲ 模拟人类之间认知-交互决策过程，可实现长时域预测；
▼ 隐含了对方行为的部分受控的假设；建立有效，准确的行为交互模型仍具有挑战
基于每个交通参与者驾驶目标与道路结构的联合运动预测
对应的自车运动为规划结果
▲ 适合分析复杂交通场景与多智能体运动分析，短时域较准确
▼ 预测时域较短且不确定性较大，可解释性较弱，同样常见于短期运动规划

(a)　(b)　(c)

图 5-31　三种基于认知 - 交互的决策方法及其特点

（a）基于意图预测的运动规划；（b）基于交互对方行为建模的决策；（c）基于联合运动预测的运动规划

内的车辆行为。考虑运动预测的有效时长较短（常小于 3s），一般只能支持短期运动规划。目前常用的是一种基于模型预测控制（Model Predictive Control，MPC）的运动规划方法。

图 5-32 体现了该方法的主要输入、输出信息：输入各采样时刻障碍车预测状态与自动驾驶车辆（无障碍情况下）理想状态，决策器以跟踪理想状态、避免碰撞为目标，规划各采样时刻的自动驾驶车辆规划控制量（方向盘转角与纵向加速度），进而输出对应的车辆状态（图中包含三个时刻的状态，各状态的位置仅为示意）。

$$\min_{\Delta t l}\sum_{k=0}^{N-1}\begin{pmatrix} x_k - r_k \\ \Delta u_k \end{pmatrix}^{\mathrm{T}}\begin{pmatrix} \boldsymbol{Q}_k & \boldsymbol{S}_k \\ \boldsymbol{S}_k^{\mathrm{T}} & \boldsymbol{S}_k \end{pmatrix}\begin{pmatrix} x_k - r_k \\ \Delta u_k \end{pmatrix} \tag{5-12}$$

s.t.

$$x_{k+1} = A_k x_k + B_k u_k \tag{5-12a}$$

$$d_k > d_{safe} \tag{5-12b}$$

$$x_k \in x_{safe} \tag{5-12c}$$

$$u_k \in u_{feasible} \tag{5-12d}$$

$$(x_0 \quad u_0) = (X \quad U) \tag{5-12e}$$

各采样时刻的
他车预测状态
各采样时刻的
自车理想状态
考虑避障后的
自车规划状态

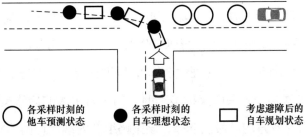

图 5-32　基于意图与轨迹预测的决策方法

如上示例,将规划问题写作如式(2-12)所示的具有二次型损失函数的优化问题,决策变量是每个时刻控制量的变化量,考虑的优化目标为车辆各个时刻状态 x_k 接近参考目标状态 r_k,同时控制量变化量 Δu_k 应该尽量小。Q_k,S_k 为参数矩阵。5 个约束条件分别对应状态转移满足车辆模型、各时刻到障碍物距离 d_k 始终大于安全值、车辆状态与控制量处于安全状态中、初始状态与控制量为 $(x_0 \quad u_0)$。其中控制量一般包括方向盘转角与纵向加速度,状态量一般包括车辆位置、速度与航向等,各采样时刻车辆状态由控制量和车辆动力学模型(A_k 和 B_k)决定。有关 MPC 的基础理论将在下一节跟踪控制方法中具体介绍。

此例中 MPC 的决策变量为 N 个采样时刻的方向盘转角与纵向加速度,能够实现横向与纵向同时规划,并耦合考虑车辆的动力学稳态边界。因此,该方法常用作赛车驾驶与紧急避障等极限工况下的运动规划方法。请感兴趣的读者参考 JC.Gerdes 等学者的经典论文工作,特别是其中对参考轨迹与稳态边界约束等设计的具体内容。

(2)基于交互对方行为建模的决策

基于意图预测的运动规划可以基于认知的他车意图规划自动驾驶车辆行为,但在实际的交通场景中,对方的行为也会受到己方行为影响。如前述无信号灯左转场景,驾驶员可能需要通过一些"试探"诱使对方增大让车的意愿。基于驾驶员响应模型的决策建立在该交互过程的建模之上。目前研究中采取的常见模型有以下几类:基于规则的模型,假设对方基于规则进行响应(如靠右行驶等);基于博弈的模型,假设双方基于博弈的纳什均衡采取行动;基于概率推断的模型,建立冲突中行为意图与场景环境等因素的条件概率模型,并可将得出的意图置信度输入到部分可观的马尔可夫决策过程(POMDP)框架中。

在本小节中,将主要介绍一种基于混合策略静态博弈的交互式决策方法。

在图 5-33 的无信号灯左转场景中,可以基于路权、到路口距离与速度等条件给出自动驾驶车辆、他车行为收益矩阵。在混合策略博弈分析中,假设 A、B 两车采取让行策略的概率分别为 a 和 b [不让行概率分别为($1-a$)和($1-b$)]。在博弈分析中,假设双方均希望最大化自身收益(理性个体),同时彼此了解对方的收益(公共知识)。首先定义最佳反应为当一方采取某种策略时,另一方采取的最佳策略。在博弈论中,当某一种策略组合对双方均是最佳选择,该策略组合为纳什均衡(Nash Equilibrium)。

由于在纳什均衡下,双方均不能通过单方面改变策略而获得更多收益,因而该组合构成理性双方的一致性预测(Consistent Prediction)

由示例的收益矩阵,能够写出两车的期望收益函数:

$$E_A(a,b) = ab + (-3)a(1-b) + 3b(1-a) + (-5)(1-a)(1-b) \quad (5-13)$$

$$E_B(a,b) = ab + 2a(1-b) + 0 \times b(1-a) + (-1)(1-a)(1-b) \quad (5-14)$$

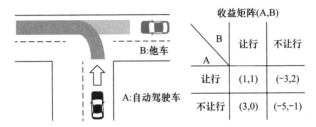

图 5-33 基于博弈的收益矩阵分析

则对应双方最优相应分别为:

$$\frac{\delta E_A(a,b)}{\delta a} = 0 = \frac{\delta}{\delta a}(-4ab + 2a + 8b - 5) \quad (5-15)$$

$$\frac{\delta E_B(a,b)}{\delta b} = 0 = \frac{\delta}{\delta a}(-2ab + 3a + b - 1) \quad (5-16)$$

图 5-34 中实线、虚线分别为 A、B 两车的最优响应曲线,解得 $a = 0.5$,$b = 0.5$ 为上述博弈过程的纳什均衡解(两者均为正概率),代表双方的让车行为概率。在该均衡点上,双方均不能通过单方面改变自身决策(行为概率)获得更高的收益。需要注意的是,上述博弈过程中,假设双方同时进行一步决策,且双方收益和采取行为互相可知。针对更加复杂的博弈过程建模(如动态博弈、不完全信息博弈等)。

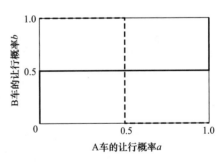

图 5-34 A、B 两车的最优反应曲线

基于驾驶员响应模型的决策,能够模拟车与车之间的交互过程,有助于产生更加安全高效的驾驶行为。但这种模型化的处理,隐含了对交互对方部分受控的假设(如在上述案例中,需要假设博弈模型与收益矩阵是双方的共识、对方驾驶员能够推理出纳什均衡,并会基于均衡决策),进而可能使自动驾驶车辆产生不当的激进行为。事实上,大多数基于交互建模的方法,包含基于耦合隐马尔可夫模型等其他交互模型,都

存在对交互对象的行为过度假设的问题。目前研究者对交互机理的研究仍旧较为不足,智能决策应对复杂冲突场景的能力相较人类仍有较大差距。然而,基于交互模型的方法具有较强的可解释性,适合于长时域的决策(如通过路口的全过程),是目前交互式驾驶领域的重点研究方向。

(3)基于联合运动预测的运动规划

基于联合运动预测的运动规划是一种去中心化决策方法:将自动驾驶车辆视为交通环境中的普通个体,基于各车驾驶目标与道路结构设计行为的联合概率分布或联合收益函数,通过机器学习方法产生场景中所有车辆的预测驾驶轨迹,并用于指导自动驾驶车辆决策。

5.3.4 自主控制

自主控制的核心问题是轨迹跟踪控制。轨迹跟踪控制是指给定参考轨迹的情况下,通过控制车辆的转向系统、节气门和制动系统,使车辆按照参考轨迹行驶的方法。轨迹跟踪目前已有较为成熟和系统的商业解决方案。下文主要介绍控制理论中的经典算法及其在轨迹跟踪控制中的应用。

1. PID 控制

比例—微分—积分(Proportional-Integral-Derivative,PID)控制器是反馈控制中最为基础的控制器之一。首先传感器测量得到车辆状态,再与输入的参考轨迹作差得到误差量,控制器对误差量分别进行比例、积分、微分运算再求和后,输出控制信号控制车辆运动。实际使用中需要根据任务设计不同的误差形式,得到更好的效果。PID 控制流程示意图如图 5-35 所示。

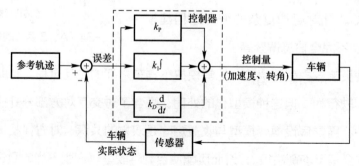

图 5-35 PID 控制流程示意图

2. LQR 控制

线性二次型调节器（Linear Quadratic Regulators，LQR）是最优控制器中的一种 LQR 解决的问题如下。

在给定线性系统时，可以列出线性状态方程：

$$\dot{X}(t) = AX(t) + Bu(t) \tag{5-17}$$

式中，A，B 为常数矩阵，$t \in (t_0, \infty)$。在给定线性状态方程描述的运动中，求解控制量 u，使得调节系统状态 X 在末态为 0，并且在调节过程中，二次损失函数 $J = \int_{t_0}^{\infty} x^T Q x + u^T R u \mathrm{d}\tau$ 最小的控制量 u 的求解的问题。其中 Q，R 为常值矩阵，代表对状态量、控制量的惩罚权重。LQR 可以实现最优控制，但是一般无法再添加其他约束条件。

在给定 LQR 问题后，由最优控制理论，该问题的最优控制率为 $u = -R^{-1}B^T P x$。其中 P 为 Riccati 方程的解。Riccati 方程为：

$$PA + A^T P + Q - PBR^{-1}B^T P = 0 \tag{5-18}$$

在车辆轨迹跟踪中，控制目标是跟踪误差能够趋于 0，所以需要通过车辆动力学模型，将跟踪误差看作状态量，推导出跟踪误差的状态方程，此时便可以应用 LQR 的结论进行车辆控制。以横向控制为例，使用车辆动力学模型进行推导得到状态方程：

$$\begin{pmatrix} \dot{v}_y \\ \dot{\omega} \end{pmatrix} = \begin{vmatrix} -\dfrac{C_f + C_r}{mv_x} & \dfrac{bC_r - aC_f}{mv_x} - v_x \\ \dfrac{bC_r - aC_f}{I_z v_x} & -\dfrac{a^2 C_f + b^2 C_r}{I_z v_x} \end{vmatrix} \begin{pmatrix} v_y \\ \omega \end{pmatrix} + \begin{vmatrix} \dfrac{C_f}{m} \\ \dfrac{aC_f}{m} \end{vmatrix} \tag{5-19}$$

定义汽车横向循迹误差 e_c 为质心与车身垂直方向的距离，车头朝向角误差为 $\theta_e = \theta - \theta_p$，如图 5-36 所示。

当头指向误差 θ_e 足够小时，根据定义，误差满足方程：

$$\begin{cases} \dot{e}_c = v_y + v_x \theta_e \\ \dot{\theta}_e = \omega - k\dot{s} \end{cases} \tag{5-20}$$

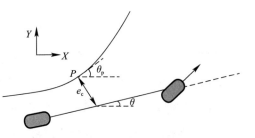

图 5-36 循迹误差示意图

式中，s 为参考轨迹的 Frenct 坐标系下点 P 对应的纵向坐标；k 为点 P 对应的道路曲率。根据运动学方程，可以列出以下方程：

$$\begin{cases} \omega(s) = kv_x \\ \dot{v}_y(s) = kv_x^2 \end{cases} \quad (5-21)$$

式中 ω ——车辆横摆角速度（rad/s）；

v_x, v_y ——车辆纵向、横向速度（m/s）。

将式（5-10）微分，并和式（5-11）代入式（5-9）中，消去 v_y 和 ω 得到：

$$\ddot{e}_c = -\frac{C_f + C_r}{mv_x}\dot{e}_c + \frac{C_f + C_r}{m}\theta_e + \frac{bC_r - aC_f}{mv_x}\dot{\theta}_e + \left(\frac{bC_r - aC_f}{mv_x} - v_x\right)\omega + \frac{C_f}{m} \quad (5-22)$$

$$\ddot{\theta}_e = \frac{bC_r - aC_f}{I_z v_x}\dot{e}_c + \frac{aC_f - bC_r}{I_z}\theta_e - \frac{a^2C_f + b^2C_r}{I_z v_x}(\dot{\theta}_e + \omega) + \frac{aC_f}{m}\delta - \dot{\omega}(s) \quad (5-23)$$

整理成状态空间方程得到：

$$\begin{bmatrix} \dot{e}_c \\ \ddot{e}_c \\ \dot{\theta}_e \\ \ddot{\theta}_e \end{bmatrix} = \begin{bmatrix} 0 & 1 & 0 & 0 \\ 0 & -\dfrac{C_f + C_r}{mv_x} & \dfrac{C_f + C_r}{m} & \dfrac{bC_r - aC_f}{mv_x} \\ 0 & 0 & 0 & 1 \\ 0 & \dfrac{bC_r - aC_f}{I_z v_x} & \dfrac{aC_f - bC_r}{I_z} & -\dfrac{a^2C_f + b^2C_r}{I_z v_x} \end{bmatrix} \begin{bmatrix} e_c \\ \dot{e}_c \\ \theta_e \\ \dot{\theta}_e \end{bmatrix} +$$

$$\begin{bmatrix} 0 \\ \dfrac{C_f}{m} \\ 0 \\ \dfrac{aC_f}{I_z} \end{bmatrix} \delta + \begin{bmatrix} 0 \\ \dfrac{bC_r - aC_f}{mv_x} - v_x \\ 0 \\ -\dfrac{a^2C_f + b^2C_r}{I_z v_x} \end{bmatrix} \omega$$

可以简化表述为：

$$\dot{x} = Ax + \boldsymbol{B}_1 u + \boldsymbol{B}_2 \omega \quad (5-24)$$

根据最优控制理论能够求解出相应的反馈部分 $u_1(t) = -R^{-1}\boldsymbol{B}_1^T Px(t)$，其中，$P$ 由 Riccati 方程求解。总控制率由前馈和反馈共同组成，$u = u_1 + \boldsymbol{B}_2 \omega$。

LQR 控制器对于车辆模型参数的观测噪声不敏感，但是使用线性轮胎模型时，在低道路附着情况下控制效果差，且难以添加其他约束，因为在一般的最优控制问题中，需要对一系列的微分方程组进行求解，其因含有约束微分方程组而难以得到解析解，目前尚无较好的解决方法。

5.4 本章小结

本章简述了智能网联车辆的发展历程，先进的驾驶辅助技术，自动驾驶车辆决策技术与自动驾驶车辆控制技术。目前，我国智能车辆领域与工业发达国家有较大的差距，但这并不意味着我国在该领域将会永远无所作为。结合我国国情（经济条件、工业条件、科研条件等），在某一方面或某些方面，进行深入、细致的研究，将为我国甚至世界在智能车辆和车联网技术研究上提供有力的理论和技术支持，为今后智能车辆的发展及实际应用打下坚实的基础，其意义影响深远。

思 考 题

1. 简述智能网联车辆的发展历程。
2. 先进的驾驶辅助技术有哪些？请简要叙述。
3. 构想一下未来的智能化汽车都有哪些功能。

第6章 智能交通系统评价

6.1 概 述

ITS 的愿景是"面向出行者的零事故、零延误、环境影响低、无缝服务、价格合理、尊重隐私、安全性高的智能移动服务"。显而易见的是，ITS 可以为供应商和用户都带来巨大效益。此外，通过减少运输对经济、环境和社会的负面影响，ITS 还可以为整个社会创造更多的附加收益。

因此，行业有必要研发可对 ITS 进行整体评估的方法体系以了解其影响并量化其收益，促进未来投资决策以及优化现有系统运行。

6.1.1 智能交通系统评价的目的

智能交通系统评价是智能交通系统研究的一项重要内容，其目的是对智能交通系统项目的经济合理性、技术合理性、社会效益、环境影响和风险做出评价，为实际的 ITS 项目提供一个综合、全面的评价结果，为项目的可行性研究、实施、效果以及方案的优化、决策提供科学依据，对已有的系统运作优化提供依据，帮助投资者为将来的投资作决定。

评价是用来衡量项目的目标或目的达到的程度。而且，项目评价对项目本身的实施又可以产生一个有益的反馈作用，即项目评价结果可以对项目适当提出一些建议及修改方案，以此来最终达到甚至超过原来的目标。特别是，智能交通系统项目投资巨大，随之而来的将是广泛而深入的影响，因此评价对于智能交通系统至关重要。我们认为一个好的评价方法是定性和定量分析相结合的方法，能够定量的尽量给予量化，以便给决策者提供充分的依据。然而有些影响是难以量化的，只有当评价的主体和目标明确时，才能取得最有效的评价。评价是构成项目开发整体不可分割的一部分，而且在每个阶段都应实施初步规划、详细规划、系统规划、系统实施、数据收集、数据分析、结果报告等。项目评价应该由不参加该项目的投资和建设的独立机构来完成，然而项目评价的独立机构并非根本不介入该项目。ITS 评价，是指对 ITS 项目进行的评价，项目既可以是规划中的，又可以是实施中的，抑或是完成后的。本书中不限定评价使用的阶段，既可以是项目前评价，也可以是项目后评价，或是项目实施中的评价。ITS 评价与建设 ITS 项目要达到的目的有重要关系，在评价中首先要明确建设 ITS 项目的目的。下面介绍 ITS 项目要达到的 6 点目的：

（1）提高全国交通系统的安全性，减少伤亡的数量及其严重程度，降低撞车的严重程度。

（2）提高路面交通系统的运行效率及其容量，减少由于交通事故所引起的局部交通系统不能正常运作，改善服务水平及便捷程度，提高道路通行能力。

（3）减少由于交通拥挤造成的能源和环境消耗，降低单位出行造成的有害物质排放，降低单位出行造成的能源消耗。

（4）提高目前和将来的生产能力，降低快速行驶的成本，减少出行时间，改进交通系统规划和管理方法。

（5）提高个体流动性和路面交通系统的便捷性与舒适度，为出行前和出行中的信息获取提供途径，提高出行安全度，减轻出行者压力。

（6）为 ITS 的繁荣发展和实施创造环境，支持 ITS 产业（硬件、软件和服务）的建立。

6.1.2 智能交通系统评价的意义

ITS 评价的意义主要体现在以下 3 个方面：

（1）理解 ITS 产生的影响。

评价 ITS 是为了能够更好地了解项目本身和与其相关的交通条件的改善之间的关系，其对交通系统及其使用者产生的影响，以及 ITS 所带来的社会、经济和环境影响（以上综合起来构成了 ITS 评价的内容），并且，对 ITS 产生的影响有一个更好的认识，以利于其他 ITS 项目的良好实施。

（2）对 ITS 带来的效益进行量化。

投资者决定投资一个项目，就必须先对该项目所能带来的回报做到心中有数。无论是政府部门还是私人机构都希望能够量化自己投资的效益（在这里即量化 ITS 的效益），从而决定采用 ITS 还是不采用 ITS。但是如果 ITS 评价仅仅局限于评价项目的经济效益，就有可能只对决定政策的人和其他一些非技术性的参与者有益，因此 ITS 评价要全面考虑所涉及的各领域。

（3）有利于投资者的投资决策。

ITS 评价所提供的信息（关于具体实施的理想条件和可能产生的影响因素等）可以帮助政府部门优化投资，同时也可以对未来项目的投资和实施做出决定。ITS 评价所提供的信息也有助于私人机构在商业运作中做出明确的决定，而政府和私人机构之间的密切而有效的合作分工恰恰是我国 ITS 顺利发展的必要条件。

6.2　ITS 评估框架和方法

由于每个 ITS 子系统应用的开发和操作技术差别很大，评估过程会非常困难。所以，只有构建全面的 ITS 评估框架，才能明确系统的目标和潜在影响，并制订评估措施。

6.2.1　评估对象

以下是 ITS 评估的两个着重点。

1. ITS 本身

研究人员在完全了解系统本身的基础上，并在考虑其用户的前提下，完成对系统的评估。

2. ITS 应用情况

研究人员可以实时观测使用中的 ITS 的真实运行情况。在必要的情况下，为了使评估数据的收集更加方便，研究人员可以对其用户进行走访或问卷调查。

6.2.2　评估过程

对于 ITS 项目和传统道路项目的评估过程，很多人建议两者应加以区别。有人指出，现有的评价方法可能不够充分，对 ITS 产生影响机制的理解是十分有限的。另一种观点则认为，来自单一节点的估计影响可能难以转移到其他潜在应用中去，因为每种方案的参数与 ITS 应用之间相互作用而产生的项目效果导致了统计可信度有限。

与普通的道路项目相比，一般认为 ITS 项目中的因果关系更加复杂。单个组件与多个组件之间的交互作用和协同作用相比时,其影响并不显著。为了解决 ITS 项目固有的复杂性,ITS 评估方法应能评估项目各个组成部分的影响及其综合影响。另外,许多 ITS 项目与传统的道路项目不同之处在于,其设施容量没有显著提高。因此,与现有评估模型相比较时,ITS 的评估方法应当更为详细且具有更高的敏感度,并确保 ITS 的影响不会受到交通影响的时间波动所干扰。

ITS 项目涉及的技术风险程度很高,因为 ITS 项目的实施通常依赖于电子和通信技术,发生技术故障的可能性非常大。因此,ITS 必须灵活设计,以适应未来的技术创新。尽管行业已为评估和量化 ITS 项目的成本和收益付出了巨大努力,但是 ITS 项目的预期收益和成本仍然存在很大差异。由于 ITS 项目的高风险和短寿命,评估过程应当包括广泛的风险评估和敏感性分析,这一点对于 ITS 评估是至关重要的。驾驶员对 ITS 应用的行为特征对 ITS 的成功运行起着重要作用。例如,如果驾驶员无法理解消息且无法对其做出反应,则在可变信息标志(VMS)上显示"建议绕行"指令对缓解拥堵的影响会变得很微小。驾驶员的行为主要受经验、对路网的熟悉程度、其他驾驶员行为以及 ITS 设备的可用性和质量所影响。与普通道路项目评估有所不同的是,驾驶员行为特征应当成为 ITS 项目评估过程中的关键考虑因素。

ITS 项目评估过程的主要目的是理解 ITS 对交通系统的影响,并在各个方面量化其收益。同时,评估的次要或间接目的是对 ITS 操作和设计本身进行优化和微调。这两个目标都可以集成到设计和开发系统或产品的灵活方法中去。对系统影响及其收益的定性和定量理解,对深入了解可优化系统性能的条件至关重要。在开发和部署新产品和服务时,评估活动是开展工作的重要组成部分。随着产品部署的实现,评估等级也会相应下降。第一步的评估与技术和功能问题有关,而在最后一步,评估基本上与大规模部署时该系统的社会经济和环境影响有关。

6.2.3　传统和常用的评估方法

要为 ITS 项目选择合适的评估方法,就必须在评估的复杂性、成本及预期项目的成本之间取得平衡。评估方法的复杂程度取决于评估结果的维度。评估项目带来的社会福利所需的复杂程度远高于评估项目的绩效。一个与 ITS 评估有关的关键问题是无论选择哪种评估方法,都需要充足的数据作为支撑。尽管 ITS 项目的部署越来越多,但这些数据的数量和频率仍然不足。ITS 项目通常是对现有运输系统的改进,且不被视为是对社会经济影响最大的项目。因此，在对 ITS 项目评估时，很难进行全面的经济影响分析。ITS 项目的影响评估可以通过效益成本分析（BCA）或多准则分析等社会经济分析方法来进行。BCA 是评估 ITS 项目最广泛使用的方法之一。但值得强调的是，量化 ITS 带来的积极效应需取决于几个假设。已有研究将效益成本比纳入基于目标的评估框架中，例如将多准则分析作为评估指标之一以解决上述问题。该解决方案考虑了所有项目可能带来的影响，但需要特别注意的是，对于已经在成本收益率和多标准分析中考虑过的影响，要避免在解决方案中进行重复计算。

效益成本分析是 ITS 项目评估中经常使用的方法。效益成本分析主要用于 BCA 无法简单量化收益的情况，或者作为敏感性分析的一种手段。在效益成本分析的背景下，以项目成本和单个可量化项目影响为前提，对替代项目进行了比较。欧盟 EVA ITS 评估手册建议在经济效益可衡量时使用 BCA，在主要影响不可用经济效益衡量时应进行多标准分析，当仅有成本可以用经济效益衡量时采用效益成本分析。

在先前的 ITS 评估框架内，已经根据交通量、道路几何形状和信号参数进行了能力分析并确定了服务水平。分析表明能力分析不能完全体现出 ITS 的优势，并且建议使用效益成本分析代替。以考虑诸如缓解拥堵、改善安全性或节能等有效性指标。然而也有人指出，与其在效益成本分析中纳入社会成本，不如进行完整的 BCA 以及风险和敏感性分析。

6.2.3.1 BCA

BCA 是一种广泛用于估算运输部门不同类型投资利润的方法。从 ITS 的早期部署开始，各机构已经制订了有关公路运输部门投资计算以及应用于计算用户成本值的说明。这些说明随后被其他运输方式采用，其中用户成本与时间、车辆、事故、排放和噪声成本有关。对于新道路基础设施的建设，预计用户成本有望下降并使社会受益。对于投资收益的现值与产生的收益之间的比较，一般以收益与成本之比来确定投资的获利能力。通常，决定项目盈利能力的关键因素是节省行程时间。道路交通信息评估研究（EVA 研究）开发了一份手册，以提供有关道路交通信息评估方法的说明。该手册还可以更广泛地用于评估不同类型的 ITS 应用。EVA 对 BCA 评估方法提出了一些建议，指出了 BCA 应考虑的成本和收益要素，并就这些要素的营利提出了建议。后来通过一个旨在构建全球公共设施和信任框架的创新项目（Connected Organizational Record of Data，CORD）开发了与特定 ITS 应用评估有关的专门指南，例如城市交通管理和信息或车载信息系统。

BCA 可以在两个不同层次的分析中应用。第一个涉及系统或子系统，例如一个国家或地区内的道路天气信息系统。第二个属于特定项目，例如在部分道路上部署天气控制的限速系统。大多数已知的国际 ITS BCA 都将不同 ITS 应用程序的操作作为一个统一系统而不是作为特定的投资对象来进行检查。Lind 根据 2020 年的两种不同场景，估计了瑞典哥德堡地区某些 ITS 子系统可能产生的影响和利益成本比。在英国，在审查公路运输信息项目的潜在收益期间，对八个应用领域的 ITS 应用进行了 BCA 评估。在加拿大和澳大利亚也进行了相似的 BCA 评估。

6.2.3.2 多准则分析

多准则分析涵盖了几种不同的评估和决策技术。它们的共同特征是能够处理以不同单位衡量的两个或多个准则。ITS 项目评估采用多准则分析的理由主要有以下三个。

（1）ITS 投资的许多收益无法直接盈利（例如，为驾驶员提供服务、舒适度、环境收益）。

（2）可以克服传统 BCA 的缺陷，以至于通过比较结果，可以显示出决策偏好。

（3）在比较中可以考虑一些标准，例如 ITS 与道路建设投资必要的资本支出之间的重大差异以及与投资有关的风险。

《道路运输信息学评估过程》*Evaluation Process for Road Transport Informatics* 提供了在 ITS 项目评估领域中应用多准则分析的指南。尽管 EVA 手册包含几种多准则分析（Multi-Criteria Analysis，MCA）技术，并且 EVA 提供了有关 MCA 比较行为和优先级分配标准的建议，但它不建议使用任何特定的某种 MCA。层次分析法（AHP）是一种多准则分析方法，已用于相互比较信息解决方案以及道路建设投资。AHP 基于层次结构树的开发。该层次结构将主要目标与子目标在多个细节层中相关联。随后，决策者根据数据或自身直觉为树中的标准和替代方案分配权重。

6.2.3.3 设计科学理论

设计科学理论提出了评估方法的另一个分类，其中对系统的完整性和有效性进行了以下类别的测试：功能性、完整性、一致性和可用性，设计科学理论提出了表 6-1 所示的设计评估方法。

表 6-1 设计评估方法

观测	实例研究：商务环境下的系统研究； 实地研究：监控系统在多个项目中的使用
分析	静态分析：检查静态质量系统的结构（如：复杂度）； 体系结构分析：研究系统在技术架构中的适用性； 最优化：展示系统固有的最优特性或提供系统行为的最优边界； 动态分析：研究动态质量的使用系统（如：性能）
试验	控制实验：在受控环境下研究系统质量（如：可用性）； 仿真：使用人工数据运行系统
性能测试	功能（黑盒）测试：执行系统接口以发现故障并识别缺陷； 结构（白盒）测试：对系统实现中的某些度量（如执行路径）进行覆盖测试
描述	有根据的论据：利用知识库中的信息（如相关研究）为系统的实用性建立一个令人信服的论据； 场景：围绕系统构建详细的场景，以演示其效用

6.2.3.4 ITS 综合技术评价方法

ITS 综合技术评价方法拟采用多目标决策方法。目前，常用的方法包括 AHP 层次分析法、ELECTRE 方法、模糊评价方法。具体评价方法可根据系统的特性而定。在本节的研究中采用层次分析法。

在综合评价过程中，应根据项目的实施目的将指标分为多个层次，赋予不同的优先级，按照目标的优先级来确定不同评价指标的重要程度。从而避免不同指标在评价过程中产生相互抵消、效果不明显的结果。

综合评价与单项指标评价相比，存在一个整体与局部的关系。单项指标评价只反映了整个系统技术性能的一个方面，而且单项指标的评价结果还具有一定的模糊性。有时甚至某些单项指标的定性分析及定量计算结果相互矛盾、彼此抵消。为此以价值分析法建立智能交通系统综合技术评价的结构模型，即根据各单项因素的权重及单因素评价的系统价值，通过加权综合而获得评价结果，其数学模型如式（6-1）所示：

$$U_i = \sum(W_{ij} \times f_{ij}) = \sum W_{ij} \times f(X_{ij}) \qquad (6-1)$$

式中　U_i——智能交通系统综合技术评价值；

　　　f_{ij}——表示第 i 个子系统第 j 个指标的评分；

　　　W_{ij}——对应 h 的权重。

采用模糊数学中的综合评判来进行智能交通系统综合技术评价计算，设指标集合为 $X = \{x_1, x_2, \cdots\cdots, x_m\}$，评语集合为 $V = \{v_1, v_2, \cdots\cdots, v_n\}$。假设第 i 个指标的单因素评价值为 $F_i = \{f_{i1}, f_{i2}, \cdots\cdots, f_{in}\}$，它可以看作是 V 上的子集，f_{ij} 表示第 i 个指标的评价对于

第 j 个等级的隶属度。于是指标论域与评语论域之间的模糊关系可用评价矩阵 F 来表示。其中：

$$F = \begin{vmatrix} f_{11} & f_{12} & \cdots\cdots & f_{1n} \\ f_{21} & f_{22} & \cdots\cdots & f_{2n} \\ \cdots\cdots & \cdots\cdots & \cdots\cdots & \cdots\cdots \\ f_{m1} & f_{m2} & \cdots\cdots & f_{mn} \end{vmatrix} \quad (6-2)$$

$$f_{ij} = \mu_R(X_i Y_j)(0 \leqslant f_{ij} \leqslant 1) \quad (6-3)$$

各项指标的权重分配记为：

$$W = (\omega_1, \omega_1, \cdots\cdots, \omega_m) \quad (6-4)$$

式中，$\omega_i \geqslant 0$，且 $\sum_{i=1}^{m}\omega_i = 1$。

则模糊综合评价 U 是 V 上的模糊子集 $U = W \cdot F$。

或

$$U = (u_1, u_2, \cdots\cdots, u_n) = (\omega_1, \omega_2, \cdots\cdots, \omega_m) \begin{vmatrix} f_{11} & f_{12} & \cdots\cdots & f_{1n} \\ f_{21} & f_{22} & \cdots\cdots & f_{2n} \\ \cdots\cdots & \cdots\cdots & \cdots\cdots & \cdots\cdots \\ f_{m1} & f_{m2} & \cdots\cdots & f_{mn} \end{vmatrix} \quad (6-5)$$

在这里取模糊矩阵的合成运算为普通矩阵的运算规则。根据最大隶属度原则，若有：

$$u_k = \max(u_1, u_2, \cdots\cdots, u_n) \quad (6-6)$$

则综合评价的结果为 K 级。

6.2.4 评估策略

6.2.4.1 基于目标的策略

评估复杂运输系统最通用的策略是基于目标进行评估。在此评估策略中，将考虑目标和评估目标的总体框架。基本思想是根据预定义的目标来衡量系统的进度或贡献，而系统的目标来自组织内容。方法分为两部分，即评估框架和评估计划，如表 6-2 所示。

由表 6-2 可知，基于目标的评估方法是一种针对项目的方法，因为目标的定义以及可用的评估方法和数据高度依赖于每个系统的性质及其实施范围。

表 6-2 基于目标战略内的评估框架和评估计划

评估框架	评估计划
1. 目标和目的的定义（即无障碍性、移动性、环境保护等）； 2. 确定并列出评估措施（即节省行程时间、碰撞率等）	1. 评价指标的选择（即行程时间节省、交通事故率）； 2. 确定评估数据项（即时间值、行程时间记录）； 3. 数据收集和分析方法的确定（交通模拟、环路检测器的现场数据等）

6.2.4.2 无目标的策略

本小节的方法与偏向实际的第一种方法不同，该方法希望对待评估内容的性质有更深入的了解。利益相关者团体的参与对该策略的成功实施至关重要。在评估过程中，该方法会尝试避免所有与计划目标相关的说辞。不与员工讨论目标；不研究任何提案；仅考虑计划的成果和可衡量的效果；仅测试程序的可数结果。评估的目的是：

（1）避免研究狭义的程序的风险，从而错过重要的出乎意料的结果。

（2）消除与发现不良影响相关的负面影响。

（3）通过知识和目标消除评估中引入的感知偏差。

（4）根据评估者的观点，保持结论的客观性和独立性。

6.2.4.3 基于标准的策略

在此策略中，将明确的标准作为评估的参考点。与基于目标的策略相比，两者的差异在于标准不针对明确的内容，而是更加笼统。因此可以认为，标准策略是第一个策略中所考虑目标的超集。

6.2.5 事前和事后评估

由欧洲共同体委员会发布的《欧洲运输政策方案的监管评测和评价－评估运输试验和示范项目的一般准则》提出的评估框架由三个项目阶段和三个评估阶段组成，事前、事后评估架构如图 6-1 所示。它们分别是：

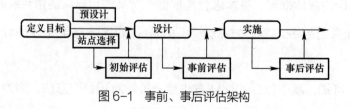

图 6-1 事前、事后评估架构

（1）定义目标。

（2）项目阶段 1：站点选择和预设计。

（3）评估阶段 1：初始评估（基于预先设计的预期影响的定义）。

（4）项目阶段 2：设计。

（5）评估阶段 2：事前评估（基于设计的影响评估）。

（6）估算工具负责根据估算结果提供估算方法，以计算与二次运输相关的值。

（7）项目阶段 3：实施。

（8）评估阶段 3：事后评估（实施产生的实际影响）。

事前评估试图评估该系统的理论收益，而事后评估则衡量该系统的现实收益。根据欧洲共同体委员会发布的《道路运输信息学评估过程》*Evaluation Process for Road Transport Informatics*，EVA（1991）和欧洲共同体委员会发布的《运输远程信息处理应用评估指南》*Guidebook for Assessment of Transport Telematics Applications*，CONVERGE（1996），事后评价方法包括六个阶段。

（1）确定服务的对象。服务的最终用户通常是私人/公共车队运营商或个体。

（2）选择最相关的 KPI。这些指标应该与第一阶段中确定的最终用户有关且具有重要意义。

（3）定义收集和分析数据的方法。可以通过直接测量、模拟或调查表收集数据。同时应进行统计分析以确保样品的结果具有代表性。

（4）定义计算 KPI 所需的数据。必须考虑各种数据源：数据源一般由交通管理中心、车队管理中心和本地传感器所提供。

（5）准备分析和监测工具。在开始实施工作之前，应准备好分析和监测工具，以便定义要在安装过程中完成的其他任务。如果该工具需要更多数据，则应在安装过程中（而不是在安装之后）提前引入工具。

（6）收集数据、监控演示、执行分析并评估结果。监控的一项基本任务是尽早发现可能的故障，但是用户参与度较低，这可能会对结果评估产生负面影响。

6.2.6 社会经济评价

6.2.6.1 影响评估

ITS 投资计划需要在数量和质量两方面进行评估。可以直接进行数值估算的运输时间节省构成定量影响。而安全性、机动性和环境的影响等不能进行数值定量衡量，可构成定性影响。定性影响的某些要素可以进行部分估算，而其他要素目前根本无法估算衡量。

影响也可以分为直接、间接或更高级别的影响。立即部署ITS会产生直接影响（例如提高速度），而间接影响是直接影响的结果（例如系统效率提高会给非用户带来好处），直接影响在短期内会产生重大影响，而间接影响会长期作用于运输系统和经济，长期影响不容忽视，因为它们构成了可行性和成本效益研究的重要特征。统计分析和仿真分析技术都被用来评估ITS项目的影响。仿真分析有时需要大量的工作量，并且可能会非常耗时。为了探索不同参数对性能测量的影响，研究人员需要进行大量实验（取决于系数的数量和这些系数划分的级别数量）。研究人员需要识别可能影响服务性能的不同变量，并基于这些变量的分类，生成要测试的场景集，例如，在五个因子分别描述为三个级别的情况下，具有完整因子设计的总实验数量为243个实验。这些实验数量太大且大多数情况下无法实现检验。因此，研究人员已经开发出一种方法以总结出一个较小的实验框架，该框架仍将包含一定数量的信息，以导出每个单独的因素（参数）对性能测量的影响。实验设计本身就是一个科学领域，研究人员正在开发几种方法来推断有关所检查参数的方差和协方差的信息。当参数之间的三阶或更高阶的相互作用可以忽略时，研究者可以安全地进行此项操作，在参数之间没有相互作用的情况下，正交阵列可用于实现实验的最少运行次数。

6.2.6.2 部署评估

1. 技术评估

表6-3列出了技术评估可行性的参考要素。突破性技术已在大多数新开发系统中得到应用，但其功能尚未在该领域中进行广泛的测试。在预评估过程中，必须明确说明与此条件相关的风险。离散阶段按顺序实施项目可以消除与项目技术可行性相关的风险。当项目分阶段进行时，可以在过度浪费投资预算之前更换出现故障的方案。技术可行性风险会由于项目对其他系统的存在和运行依赖而随之受到影响。

表6-3 技术评估可行性的参考要素

检查因素	举例
技术方案相关的风险	供应商提供设备的兼容性
兼容性和系统的共同架构	子系统的可互换性，对标准的依赖性

续表

检查因素	举例
必要技术的可用性和发展阶段	市面上是否有更可靠、更先进的传感器
对其他系统的依赖性	该项目是否需要其他项目的支撑，或者能否独立实施
分阶段实现	该项目能否作为一个更大系统的一部分进行
委托相关的风险	是否将实施工作绑定到特定的系统供应商

研究人员应分析用户为特定服务付费意愿的相关数据，以评估 ITS 的预期收益能力。值得注意的是，建议的付费意愿可能会使消费者生疑。尽管可以将支付意愿用于比较所评估的不同服务，但结果从一种情况到另一种情况的可转移性会引起怀疑。

有时，ITS 项目的目标是转变用户对运输服务（例如公共运输）的质量标准或运输服务形象的态度，研究者进行基于用户访谈的调查以评估该目标的实现情况。例如，研究者可以询问有关用户对替代运输模式的特征以及在项目实施前后的看法。也可以直接询问用户对 ITS 或服务的态度。Penttinen 等已经设计了对交通信息服务用户进行采访的指南，服务的用户数量是一个可衡量的指标，它可以准确地描述用户对该服务的评估。

当使用特定形式的技术或选择特定设备供应商时，技术可行性风险（包括但不限于兼容性、可扩展性、模块化）会大大增加。如果系统的实现是基于模块化设计和子系统保持兼容则最好，但这需要统一的系统架构。在评估的早期阶段，非容性作为 ITS 的关键因素之一应被谨慎考虑。

2. 市场评估

市场评估在很大程度上依赖于通过分析服务对象对 ITS 服务行为所收集到的信息（例如，当目标是通过提高所提供服务的质量来提高公司在竞争中的地位时）。为了收集这些信息，研究者有必要通过市场研究和用户调查来获得全面的数据。研究者也应特别关注特定的用户群体，例如老年人和残疾人。表 6-4 列出了市场评估检查因素。

表 6-4 市场评估检查因素

检查因素	举例
市场需求大小的评估	对预警系统的整体需求
市场发展	该项目是否创造了新的市场机会
满足消费者需求	市场调查和用户调查所反映出的系统需求和系统特性需求

续表

检查因素	举例
注意特殊群体的需求	残疾人使用该系统的可能性
鼓励竞争	在实施该计划时产生的垄断风险
保持技术研发	建立与公司运营发展相关的设施
注意信息服务	信息服务计划
成果开发	成果开发计划

市场规模可以从设备供应商或运营商的角度进行评估。设备供应商的目标是预测对系统或设备的累计需求，并根据预期的销售量调整投资。另一方面，运营商对开发有价值的服务所需的大量投资感兴趣。

市场的探索和确定经常需要检查几种新的解决方案。此外，提高竞争优势是有益的，特别是在公共部门实施项目时，这样就不会给任何一家公司或公共部门带来任何偏袒。最后，信息服务的系统管理和相关结果的分析对于项目的充分利用至关重要。

6.3 ITS 评估的影响

6.3.1 ITS 的评估

对 ITS 实施的评估始于欧元区项目，目的是评估和控制多项活动的进度。欧元区项目需要进行以下评估。

（1）欧盟的投资说明。

（2）显示单一实施得好。

（3）显示 ITS 实施的整体好处。

（4）显示多个项目之间更高程度信息共享的好处。

通用的评估方法不仅可以控制项目的进度及其对目标的遵守程度，而且可以比较在不同领域实施的类似 ITS 项目的结果，从而增加单个项目的价值。跨欧洲智能运输系统项目（TEMPO），计划的管理部门建立了评估专家组（EEG），由英国一家专业的交通数据和资产单咨询公司（STREETWISE）协调，该小组由参与该计划的多个国家的专家组成。他们讨论项目评估问题和讨论每个国家已经开发的多种评估方法。管理部门可以找到一种通用的方法来协调不同地区的几种评估方法和代表结果的通用标准。

为此。管理部门定义了用以评估项目的指南，总结了项目对比以及欧盟专家组提出的考虑因素。

评估一词涵盖了广泛的范围。评估通常取决于：

（1）实施原因。

（2）项目目标。

（3）项目背后的体制原因。

（4）预期结果。

项目实施后。评估应考虑是否已获取结果，并确定在实施ITS后产生的任何积极和消极的次级影响。

以下是如何进行正确评估方法的主要内容。

（1）有关研究和实施所有ITS类型的适用性。

（2）易于理解。

（3）遵守与各个项目相关目标的目的和准则。

评估的一般原则：

评估过程中必须考虑一些通用原则，目的是突出显示所分析的ITS项目每个开发阶段的最重要方面。

（1）评估的原因必须要明确，例如描述所考虑的ITS的性能，展示对国家主管部门和欧洲共同体的利益，评估申请ITS项目的积极效应，并说明所提供的资金。最重要的是，为那些希望采用类似技术或需要解决类似问题的人提供分析的机会，这些分析可以评估实际达到的目标，并可以修改或纠正所使用的技术。

（2）实施前的评估（事前）允许控制预期结果的实现，并保证为实施后的评估（事后）创建数据库。

所审议项目设定的目标越明确，评估就越有效；此设置可以将重点放在目标的实现水平上。

通常来说，评估必须包括以下几点。

（1）对开发ITS应用的位置和上下文的清晰描述，以使其易于传播结果并将其与其他类似的ITS进行比较。

（2）对方法和调查技术的明确描述，这些方法和调查技术会使理解所获得的结果变得容易。

（3）在欧洲范围内已定义并明确认可的一组指标，用于评估影响并提高国家和欧洲范围内结果的可比性。

（4）表明结果的统计显著性水平。

6.3.2　ITS 对道路影响的比较和评估

本节分析并比较了某些类型的 ITS 在道路上对机动性的影响。目的是从国家和国际层面进行的众多评估结果中得出一般性结论。

经验的分析和归纳为 ITS 服务评估指标值的变化定义了参考区间。它使人们可以充分了解每个 ITS 服务的潜力，直到对新安装或新实施的预期影响进行估算。这种方法非常重要，因为它可以预测对 ITS 机动性的影响，量化潜在的好处，或者选择最合适的 ITS 解决方案来处理相关各方在其网络上记录的机动性的重要性。

显然，在对结果进行概括以及影响对环境的可传递性时必须特别注意（因此使用了统计分析），这在本地背景和用户反应方面可能会大不相同。

对于所有类型的 ITS，分析着重于：

（1）匝道控制。

（2）市区道路收费。

（3）潮汐车道。

（4）可变限速。

分析的重点是用户的接受程度和对用户的影响，因此也涉及定性方面，该分析的重点是：

（1）基于互联网的信息系统。

（2）旅途中的信息系统。

对于分析的每种类型的 ITS，报告以下内容。

1. 可变限速

该系统施加的速度限制可能会因多种因素而变化，例如天气条件、交通拥堵或事故、道路施工。系统实时处理数据以计算理想速度，并通过该部分的可变情报标志将其传达给用户。

该系统可以具有多个目标，例如，在大多数情况下，可以减少交通拥堵对高速公路的影响，最大限度地提高路段的通行能力，防止碰撞的形成并提高道路的利用率。

另一个目标可能是由于不利的天气条件而导致平均速度降低。

2. 匝道控制

由于在加速车道上放置了交通信号灯，匝道控制系统可以调节进入主交通流的流量。传感器（通常是感应回路）收集的数据（放置在主道路和入口坡道上）由计算机处理。通过特定的算法，它可以确定车辆进入主车流的最佳时刻。

这样，一部分流量暂时留在匝道上等待，从而避免达到临界流量（容量）比。因此，车辆可以最大化通行，且不会导致严重的堵车情况。

3. 潮汐车道

潮汐车道系统灵活地管理可用车道，从而使基础架构管理人员可以根据其需求打开或关闭特定车道。该系统的典型示例是在拥堵的情况下可以在高速公路紧急车道上通行，从而使队列流动得更快。其他类型的潮汐车道是可逆车道，可逆车道在美国经常使用，其方向会根据较高的交通流量的方向而变化。

4. 市区道路收费

市区道路收费是一种在给定时间段内或拥挤区域内增加用户出行成本以减少交通流量的系统。道路定价通常通过创建付费访问区域（通常是城镇中心）来发挥作用。该系统允许车辆从装有自动车牌识别系统的卡口进入。通行费的支付与车牌相关联，由此中央处理器可以确定用户进入受限的交通区域是否支付了正确的金额。

5. 互联网信息服务

通过专用网站，可以实时通知用户交通状况。还可以提供其他信息，例如天气状况、最受关注地区的图像、预期的行驶时间、道路施工的存在。

6. 行程时间指示

了解给定目的地的旅行时间可以减轻用户的压力，尤其是在交通拥堵的情况下。借助自动车辆识别系统（可读取车牌或检测车载设备，例如 ETC），该行程时间指示系统基于该区域的两个站点（一个上游和一个下游）来实现，可以计算出行驶完给定路段所需的时间，然后告知道路使用者到达指定出口所需的时间。该行程时间可以通过可变情报标志或其他信息服务进行广播。

6.4 车载系统性能的技术评估

信息和通信技术在汽车领域的应用使开发日益复杂的先进驾驶辅助系统（ADAS）成为可能。最近引入的"车路协同系统"为改善道路安全开辟了新的前景，该系统利用车辆之间以及车辆和基础设施之间交换数据来发现潜在的危险。然而结果是，由于集成了许多不同的元素，这些系统的复杂性大大增加：从传感系统到通信设备、数据库，再到最重要的处理数据所需的大量软件模块。系统高复杂性意味着整个系统一旦建成，发生故障后将很难找到起因，因此能够在一个星期阶段发现并解决潜在问题的验证程序显得尤为重要。

本节的目的是描述一个用于验证此类系统的方法框架和过程。当然，它不是一个生搬硬套的方法框架，而是应该根据具体情况进行调整运用。事实上，测试和验证耗费了大量的时间和资源，因此需要对方法进行调整，以便在效率、适用性和成本之间找到一种最佳的折中方法。

该方法遵循 *Quality management systems—Requirements* ISO 9001: 2015 和系统工程 V 形开发流程，并从欧洲项目专注于解决驾驶安全技术集成（PReVAL）、解决无线自组网信息安全问题（CONVERGE）、欧洲一体化项目，旨在利用协同系统（Cooperative System）提升道路安全（SAFESPOT）中获得的经验。

6.4.1 测量提醒

在更详细地讨论验证过程之前，有必要给出一些用于技术验证的测量的基本定义。

6.4.1.1 范围、准确率和精确率

测量装置的测量质量是使该测量设备按照规格要求执行测量的一组特征。这些特征包括范围、准确率和精确率。

（1）范围是测量的可能变化范围，它由最小值和最大值定义。

（2）准确率是测量或计算出的数值与其实际（真实）值的相符程度。准确率与精度密切相关，也称为再现性或可重复性。即进一步测量或计算显示相同或类似结果的程度。准确率是真实性的程度，而精度是可重复性的程度。

（3）精确率可分为：

1）可重复性：这涉及单个人或仪器在相同的项目和条件下，不同测量结果之间的变化。当此变化小于某些被认可的阈值时，则称测量为可重复的。

2）再现性：这涉及不同操作者所获得的测试结果的可变性，测试设备和实验室位置不同，但测量过程相同。它通常被称为标准偏差。

6.4.1.2 比率：二元分类法的准确性

"准确性"还可以作为一种数据测量方法，以测试二元分类法在正确识别或排除一个条件时的准确性。

参照表6-5，比率定义如下：

真阳性：

$$TP = \frac{a}{a+b} \quad (6-7)$$

假阴性：

$$FN = \frac{b}{a+b} \quad (6-8)$$

表6-5 二元分类法的准确性

二元分类法的准确性		条件（例如：障碍物探测）	
		真	假
测试结果	阳性	真阳性（a）	假阳性（c）
	阴性	假阴性（b）	真阴性（d）

假阴性：

$$FP = \frac{c}{c+d} \quad (6-9)$$

真阳性：

$$TN = \frac{d}{c+d} \quad (6-10)$$

此外，准确性是真实结果（真阳性和真阴性）在总体数据中的比例：

准确性：

$$\alpha = \frac{a+d}{a+b+c+d} \quad (6-11)$$

100%的准确性意味着测试永远不会产生误报和漏检。以上这些仅在真假总数相等的时候才有效。否则，将采用另一个公式：

$$\alpha = \sqrt{\frac{a^2}{(a+c)(b+c)}} \qquad (6-12)$$

这个概念可以延伸到非二元分类法，但仅在所分类数不大时适用。实际上，要将该方法应用于非二元分类法，必须开发与类数一样多的比率表。因此，我们提议将这种延伸应用于欧洲一体化项目，旨在利用协同系统（Cooperative System）提升道路安全（SAFESPOT）项目的烟雾探测器框架测试中。

6.4.1.3 采样大小和采样方法

所进行测试数应与预期的统计置信度水平相关。例如，如果 N 是测试数 f 是观察到的频率，p 是该现象的概率，则应用下列语句：

$N = 10;\ f = 0.9;\ 0.71 < p < 1$

$N = 100;\ f = 0.9;\ 0.84 < p < 0.96$

以上这些都伴随着95%显著性，即数据有5%的概率超出区间（在 p 分布的假设下）。

测量计划还应保证：

（1）完整性：将人力、物力集中在最重要的方面，以确保数据的精确性和可靠性，最好不要将其分散于统计结果不显著的地方。

（2）偏狭性：所有影响因素都要考虑在内。

（3）验证过程无干扰：测量计划中引入的意外偏差除外。

这非常具有挑战性，因为传感器的性能取决于多种因素，例如环境条件、传感器相对于道路的定位和方向以及交通环境。在评估时，并非所有传感器的实际安装信息（例如传感器相对于道路的高度和方向）都可用。另外，大多数测试设备只是经过概念验证，在经过第一次测试后，传感算法的更新和性能的优化将导致不一样的结果。

此外，为了得到统计上显著的结果，测试应该是完全可控的和可重复的，即一组测试中，所有的影响因素都是相似的（天气条件、光度、外部温度）。由于资源限制，无论是在广泛复杂的环境条件下测试系统（如在恶劣天气条件和密集的交通环境中进行测试可能需要复杂的设置来保护原型传感器），还是生成与统计精度相关的大量测试，都是不小的挑战。

另一个问题是，在连续拍摄（以及如果后续图像彼此独立处理）的情况下"样本"

的含义是什么。一个测试是一个图像？还是一个测试是一系列图像？在第一种情况下，成功率根据每个单独的图像计算；那么，在第二种情况下成功率是基于每个事件来计算的吗？在第一种情况下，一个事件对应一整个数据块（因为所有影响参数都是相同的）。

6.4.1.4 灵敏度和操作限制

每个测量设备都有许多限制。一方面，一些变量会影响测量；另一方面，还有一些变量会影响设备的性能，限制对设备的操作。前者是没有被测量但可能会影响测量的变量数量，例如温度会影响远距离测量。

操作限制包括不受测量约束或被测变量本身约束的变量。例如，基于对比建模的烟雾能见度距离的测量系统只能在特定的照明条件下工作，或者测量设备无法在给定温度范围条件（例如 $-20 \sim +70℃$）之外工作。

6.4.2 复杂系统验证

在复杂的系统中，多个组件（或子系统）相互作用。因此，所有的系统组件都要经过技术验证，其目的是验证每个组件是否满足技术规范中规定的技术特性。每个组件可能涉及硬件（例如传感器）、软件（例如数据融合）或被视为硬件和软件组合而成的整体（例如连接到图像处理单元的闭路电视摄像机）。此外，系统确保各元素之间准确交换数据的能力也是技术验证的一个重要组成部分。

6.4.2.1 系统粒度

本小节突出了定义组件粒度的必要性。例如，如果传感器组件在任何条件下运行数据都可以从制造商的数据表中获得，并以此作为参考比对，那么就不需要再进行重复的测试验证了。相反，由于烟雾感应模块服务于运行能见度距离的估计软件，涉及摄像机和处理器的关联，因此验证步骤是必需的。这个例子可以推广到所有基于相同关联的检测组件。下面将进一步描述系统层次结构和粒度。

6.4.2.2 传感模块的技术验证

传感模块测试的目的是验证模块的性能是否符合规定，即它们检测相应物体、事件或条件的能力，及检测结果的准确性、精度和可靠性均在可接受范围内。其测试原则主要来源于第 6.4.1 节所讲述的测量标准，验证过程中还应该考虑：

（1）在特定的环境条件（温度、白天、夜间等）下进行。

（2）超过指定距离范围（在感应到物体的情况下）进行。

（3）指定交通和道路条件（车道数、单行道、双向路、交通密度、车速等）下进行。

（4）设置正确的交付格式、时间戳、地理定位（如有必要）以及可能的置信度。

除此以外，若存在限制条件，必须清楚说明系统正常工作所需要的特定环境或条件，例如，某检测器仅可保证在 −20～+50℃的温度范围内正常工作。

6.4.2.3 DF 模块的技术验证

为了达到驱动辅助系统所需的高可靠性水平，通常需要在传感级别引入数据冗余。数据冗余可以基于传感器和算法的相似性或多样性获得。例如，基于车道检测系统的横向车辆控制系统可以采用不同方式的数据冗余：在运行相似或不同检测算法的两个摄像机之间选择，或者在完全不同的传感器（例如摄像机和激光扫描仪传感器）之间进行数据融合。

在任何情况下，数据融合的目标都是提高可用数据的质量。因此，验证过程必须能够证明该措施能够显著增强可靠性。

子系统的数据融合利用传感系统的数据冗余和/或互补性：

（1）利用冗余提高测量对象某些属性的置信度，即提高其测量特性。

（2）利用互补性来增加对象的已知属性的数量，即有关对象的信息。

在图 6-2 中，传感器 S1 提供了属性 a1 和 a2，而传感器 S2 提供了 a1、a3 和 a4，传感器 S3 提供了 a2，传感器 S4 提供了 a1 和 a4。所有这些属性都涉及同一个对象。

数据融合旨在得到以下好的方面：

（1）a1、a2 和 a4 的测量特性得以改进（冗余原理）。

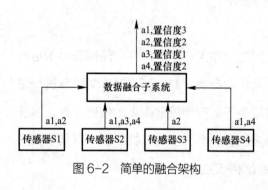

图 6-2 简单的融合架构

（2）当 a1、a2、a3 和 a4 的属性组合在一起时，对象的信息更加完整（互补性原则）。

因此，为了验证融合模块，建议在同一测试过程中使用基于比较的方法，无论对象是否融合。它包括：

（1）将融合框输入和输出中不同属性的测量特征与参考值进行比较。

（2）验证由于互补性而获得的新属性，其测量特性没有因融合过程而降低。

6.4.2.4 延迟时间

对整个系统延迟时间的预估是一个非常复杂的过程。事实上，对车辆执行器（在主动系统中）或向驾驶员发出警告消息（在咨询系统中）是一系列细化和传输过程的结果。如果延迟性能不满足约束条件，将会加大在这一系列过程中寻找延误原因的难度。

到目前为止，经验表明人们很少事先对总体的系统延误时间进行预估，大多都是在测试和验证过程中直接测量的，并直接与规范中规定的延迟上限进行比较。要对延迟时间进行估计，必须将串联的工作细分出来。以下两个因素使这一过程变得更复杂，需要加以考虑。

（1）在组件级别执行的各项任务有时按顺序运行，有时并行或异步运行。

（2）某些组件的延迟时间是非确定性的（例如，控制器局域网总线技术消息传输延迟）。

需要注意的是，由于车路协同系统（包括 V2V、V2I）通信的出现，延误时间的估计将变得越来越复杂，因为在这个系统中，我们考虑的并不只是单一车辆，而是两个或者更多的车辆。在实际中，车辆 A 的感应系统检测到的事件可以在车辆 B 上生成警告消息（例如，事故危险警告系统）。

因此，为了估计全局延迟时间，有必要为每个事件绘制从数据源到接收者（即执行器或仪表板）的完整数据链。

图 6-3 说明了整个系统数据链原则。

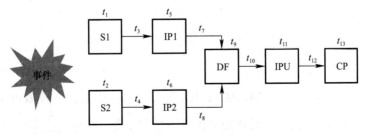

图 6-3 整个系统数据链原则

S1，S2：传感器；IP1，IP2：图像处理；DF：数据融合；EUA：终端用户应用程序；CP：控制面板

（1）路上发生了一件事。

（2）时间 t_1（或者 t_2）后，图像传感器 S1（或者 S2）检测到它。

（3）时间 t_3（或者 t_4）后，图像由图像处理组件 IP1（或者 IP2）采样。

（4）时间 t_5（或者 t_6）后，图像处理组件提供结果。

（5）时间 t_7（或者 t_8）后，结果传至 DF 组件。

（6）时间 t_9 后，DF 组件提供了一个增强的结果。

（7）时间 t_{10} 后，终端用户应用程序对结果进行采样。

（8）时间 t_{11} 后，终端用户应用程序提供要显示到仪表板的消息。

（9）时间 t_{12} 后，仪表板对消息进行采样。

（10）时间 t_{13} 后，消息将提供给驾驶员。

处理时间如 t_1、t_2、t_5、t_6、t_9、t_{11}、t_3 最有可能是确定的。相反，根据模块之间使用的传输介质，t_3、t_4、t_7、t_{10}、t_{12} 的时间可能是不确定的。

为了精确估计延迟时间，数据链建模可以以数据流的形式或使用硬件描述语言进行图形化处理，在编译后，该语言将自动提供时间表形式的延迟时间。在 SAFESPOT 项目中，有人尝试使用 VHDL 语言进行类似建模。

6.4.3 测试设施

有各种各样的设备和方法可用于测试，每一个都有优点和缺点。它们都不是完美的，但有些设备彼此之间互补。为了进行详尽的测试，测试者将会使用几种不同的方法。

6.4.3.1 真实或虚拟方法

真正的测试有助于验证硬件和软件系统，这包括测试台、受保护环境中的测试轨道和公共道路上的交通。它们提供了在各种情况下进行测试的机会。然而，在进行可重复性测试时，环境条件难以控制，这可能会导致一系列的问题。

虚拟测试用于验证软件系统，包括建模工具，如 MATLAB、Simulink、驾驶模拟器和虚拟研发实验室、来自 TNO 的 VEHIL 以及来自 IFSTTAR 的 PROSIVICRECHER-CHE。所有这些都允许在绝对可重复性条件下执行试验。然而，由于实验条件的限制，这些测试与现实的关联性弱于真实情况下的模拟测试。为了使结果更具代表性，测试需要对它们所取代的硬件组件（传感器、执行器、车辆动力学等）进行精确建模。

例如，在建立一个准确复原检测器中使用的摄像机（包括存在的失真效应）和雾的模型的前提下，烟雾探测器完全可以在虚拟条件下进行测试。同样，要测试冰检测器，则需要为相机、偏振过滤器和冰反射率建立模型。

虚拟测试的一个重要优点是，无须等待特定环境条件的发生以进行测试：雾或冰感应模块可以在夏季或冬季的任何时间进行测试验证。

6.4.3.2 硬件在环（HIL）

介于真实和虚拟之间的是 HIL。图 6-4 展示了 HIL 模型的结构。只有当组件链中包含执行器、驾驶员本人或两者结合的反馈（驾驶员-车辆连接系统）时，HIL 测试才有意义。

一个典型的例子是基于车道标记检测的车道保持函数测试。车辆被集成在跑步机上的模拟器中，或被提起来再放下，用于测试道路-轮胎接触的相关性能。

图 6-4 显示了真实元素（中度灰色）和虚拟元素（浅灰色）的分布。

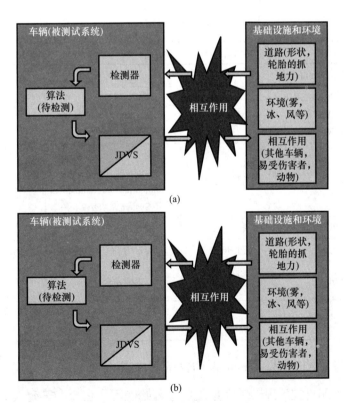

图 6-4 用于车道保持的 HIL 模型
（a）配备真实传感器和虚拟执行器的 HIL；（b）配备虚拟传感器和真实执行器的 HIL

（1）将虚拟场景应用于前视摄像头，前视摄像头的输出信号应用于车道标记检测软件。

（2）该软件计算车辆横向间隙和车头间距，并为驾驶员提供警报和/或对执行器进行修正。

（3）警报和/或指令直接由 HMI 或方向盘的电动机控制。这样做的效果是缩小车辆横向间隙和车头间距。

在此组件链中，摄像机或执行器元件可以是真实的，也可以是虚拟的，具体取决于所执行的测试类型。HIL 测试在代表性测试和环境条件控制之间提供了一个很好的折中方法：事实上，在 HIL 中，环境条件是完全重复的，而传感器和执行器是真实的，从而避免了由于传感器和执行器模型的偏差而造成的错误。

6.4.3.3 测试和验证工具

表 6-6 列出了测试工具及其优点、缺点和目标。

表 6-6 测试工具及其优点、缺点和目标

工 具	优 点	缺 点	目 标
仿真（MATLAB，Simulink）	环境受控	远未实现	主要用于组件设计
环境模拟器 [例如，PRO-SIVIC-RE-CHERCHE（IFSTTAR），VEHIL（TNO）]	环境受控	精确传感器模型的可用性	组件或系统的设计、测试和验证
HIL	环境受控	主要适用于带执行器的自动数据采集系统（Automatic Data Acquisition System，ADAS）	组件或系统的测试和验证
缩小规模测试台	环境半受控	规模效应，不完全真实	组件的测试和验证
实际规模测试台	受控但真实	仅专注于一种情况	组件或系统测试和验证
轨道测试	半受控、真实和安全	未被完全控制	组件或系统的测试和验证
开放式道路	真实、多变性	不受控制的，随机的，有时是危险的	系统的测试和验证

（1）与其说 MATLAB，Simulink 仿真是一个测试工具，不如说是一个建模工具。它在开发过程（即研究阶段）的早期就已经开始使用。它允许研究人员快速开发和测试模型。与任何仿真工具一样，它的优点是提供了一个非常可控的环境，但由于测试环境过于简单，与现实相差甚远。它并不满足测试的需求。

（2）虚拟实验室提供非常可控的环境和传感器建模，因此非常适合组件或完整的系统验证。然而，拥有一个现实的传感器模型非常困难。当追求情况的可变性或复杂情况时，虚拟实验室本身可能是不够的。这时必须在轨道上或开放的道路上进行测试。

（3）HIL：这是代表性测试和环境条件控制之间的一个很好的折中测试方法。HIL非常适合测试由执行器和/或驱动程序提供反馈的ADAS。

（4）小规模测试台：例如LIVIC（IFSTTAR），用于烟雾检测和能见度距离估计的小规模测试台。它是一个鱼缸，里面有一条1：20的道路，在那里可以注入人工雾并复制照明条件。该系统对环境条件的控制相当好，但引入了由于规模效应而产生的偏差。因此，它可以用于开发阶段或用来演示，但不能用于测试。

（5）实际规模测试台：这既提供了逼真的测试条件，也提供了可以被良好控制的环境条件，在该测试环境下，场景几乎不会变化，因为它们通常侧重于一个测试场景。因此，它非常适合测试组件。

（6）轨道测试：轨道测试提供逼真的测试条件，它具有良好的可变性，但无法控制测试过程的环境条件。轨道测试非常适合组件或系统的验证，是驾驶模拟器或虚拟实验室的一个很好的补充环境。

（7）开放式道路：提供超逼真的测试条件，以及大规模的可变场景，但无法控制环境条件。由于测试是在真实的交通中进行的，因此可能会对测试人员或其他道路使用者造成危险。该测试环境适用于具有高可靠性的最终测试系统。

6.4.4 用于技术验证的通用模板

本节提出了用于技术验证的通用模板。它由一个Excel工作表组成，该表专为各种系统组件的测试而设计。

显然，简单的Excel工作表不足以清楚地表述该如何执行测试。因此，必须为每个组件定义一个测试过程，并为负责过程实现的人员提供所有必要的信息。

建议模板分为五个部分，如下所述。

1. 指标、验证程序和工具

（1）指标

在本节中，定义了描述系统特性的性能指标。必须根据系统层次结构中的级别，并参考系统技术或功能规范来定义这些指标，以验证系统的有效性。

（2）验证程序

对于每个指标，都必须定义一个测量过程。在相同条件下，这个测量过程应易于应用和复制，如获得具有统计学代表性的数据。该过程必须依赖于各个参照值。这些参照值被认为是被测试组件的"正确"指标。

在人工条件下，该过程可以通过为车辆配备特殊传感器等来实现。

某些环境变量可能会影响系统性能。如果这些变量在规范中被定义，则测量过程应分别在正常条件和不利条件下执行，且在同一时间内只能改变单一条件。

（3）工具

模板中必须说明实现该方法所需的工具，包括：

1）测试设备：模拟器、HL、测试台、测试轨道、校准区域、小型模型。

2）参照物：标准或精确的测量设备（例如，位置、距离、能见度测量）。

3）目标：以形状、反射率、温度等为特征。

2. 结果

本部分将介绍通过应用验证程序获得的结果，这些结果包括范围、准确性和延误时间，将用于与参考规范的预期结果进行比较。

必须限制用于计算准确性的重复试验次数。

如果在说明书中详细描述了测试运行的正常使用条件和不利条件。将会分别提供在这两种条件下运行的结果。

3. 分类比率

对于离散变量[布尔（Boolean）变量或多状态变量]，将在本节中提供如第 6.4.1.2 节所述的比率表（*TP*、*TN*、*FP*、*FN*）。与上一节相比，比率是在所有的混合环境条件下计算的。因此。为满足环境条件的多样性，比率的计算需要在时间间隔足够长的情况下进行。

例如，要测试冰雪感应模块，测量时间应足够长，以满足干燥、潮湿和结冰道路的昼夜情况。

4. 系统限制

在本节中，我们将指出在设备正常工作的条件下，某些变量的使用范围限制（温度、相对湿度、电源范围等）。

本节不涉及特定的指标,而是将整个组件视为一个整体。实际上,如果其中有一个指标表现异常,那么组件整体将会失效。

5. 对规格的反馈(或链接)

如上所述,本节将组件作为一个整体讨论,而不是一个特定的指标。这是为了验证在正常和不利条件下,组件的技术和功能规格是否满足要求。

除了每个规格的 ID 号以及所考虑的每个环境条件以外,字母 Y(是)或 N(否)表示规格是否满足要求。

6.5 新普及技术时代的机遇和挑战

6.5.1 交通领域的普及技术

ITS 在一些文献中被描述为一把"伞",因为它覆盖了各种信息通信技术(ICT)系统和各种运输基础设施的多种组合,以提供"智能"服务。ITS 的智能要素本质上是一种能力。这种能力在应对当前运行条件变化时能够协助运输系统的某些部分进行运营或战略上的决策。虽然部分城市路网覆盖了智能交通系统(ITS),但它在高速路上的应用似乎更为广泛。一些文献将此 ITS 称为谨慎的隐形中介(不明显的服务或公众未察觉到的服务),因为它们的作用是为交通控制中心提供数据,而交通控制中心可能位于较远的地方,因此对出行的公众来说是不可见的。ICT 连接的基础设施包括高架吊杆、路边车辆管理系统(VMS)、速度指示器、交通信号、感应线圈、自动车牌识别系统、摄像头、中央控制室、路边监控站等。ITS 方案的典型示例如下。

(1)在 VMS 中,各类交通消息显示在龙门架上方或路侧屏上,例如前往主要目的地的估计行程时间、事件信息或拥堵相关信息。

(2)通过安装在车内的电子标签收费,包括道路使用费和停车费。

(3)利用龙门架将车辆进行车道编组,引导到合适的车道上,以避免车辆在最后时刻变道或在路口附近进行危险操作。

这些可以归类为已经建立起来的 FB-ITS。因为检测和通信的主要频道位于交通系统中的固定位置上,车辆在系统中移动时产生的数据又会被基础设施检测到。这些例子在运输系统中有不同的运作目标(如通知出行者、拥堵收费和提高运作效率),因此,评估这些例子的影响时,应包括不同的影响范围,并提供特定的指标和数据。

这些FB-ITS形成了一套支持新技术的基础设施体系，这些基础设施既可以补充现有的ITS，也可以提供替代的运输服务和功能。有些较小规模、较普及的新技术可能拥有联网功能，但不具备运输基础设施的基本功能。例如（但不限于）智能手机、平板电脑、笔记本电脑、蓝牙、智能卡、电子标签（条形码）、射频识别（RFID）和加速器。这些技术通常会收集大量微观层面的数据，反映出行个体在出行前、出行中、出行后（或与出行无关）的选择、偏好和活动。支持Web2.0的技术与那些涉及单向被动数据流技术（如刷卡出入的智能卡）有很大差别。目前社交媒体（如Twitter、Facebook和Instagram）和一些定制应用程序（Apps）都涉及支持Web2.0的相关技术，这些专门为交通运输设计的定制软件无论是否具有与运输相关的功能（如出行者信息），都能够反映用户的出行模式（如健康/运动程序）。从这些新技术中获取的数据和信息对运输系统的战术、运营和战略方向所做出的贡献，以及对FB-ITS评估所做出的贡献不在本章的讨论范围之内，但读者可以查阅文献获取相关信息。

除了数据对ITS评估的贡献外，伴随着新技术的出现，尤其针对运输的新一轮政策和干预措施也在制订中。与FB-ITS一样，大量可用的技术配置和功能意味着这些措施的重点和范围存在相当大的差异。大致分类如下。

（1）更明智的出行选择：提供出行信息、个性化出行规划[例如，在希腊、德国和西班牙的My-Way项目、IndiMark和Travelsmart、Personal Journey Plans（个人出行计划）]。

（2）采购、金融折扣和交易：公共交通折扣卡套餐、停车和收费套餐（例如，英国曼彻斯特的M-ticket）。

（3）NMS：用激励措施来改变出行行为。包括"峰值规避"奖励、反馈和自我监控，以及一些其他的奖励（例如荷兰、英国和瑞典的SUNSET项目）。如果这些激励伴随着个体的移动性分析（跟踪与追踪功能，指示个体在行程中移动的位置），则这些措施称为NMS。

（4）SI方案：包括步行巴士、汽车共享倡议、通过社交网络进行出行者与出行者之间的反馈、通过社交网络或专用网站（公众参与方案）共享信息[例如，比利时、法国、瑞典、印度、墨西哥、美国和其他地方的"绿色通行"（Commute Greener）网]。

在实践中，这些类别之间存在相当大的重叠部分。许多应用程序提供了多种功能，这些功能类型之间具有软区别，例如，社会共享方案也可以作为出行行为改变的积极激励措施，因为个体在同伴的支持下会更愿意去尝试各种新模式。提供动态的出行信息也可被视为一种改变出行行为的措施。为了考虑评估这些方案影响的方法，我们将在本章的其余部分中重点介绍两个案例：NMS 和 SI 方案。

在运输行业，NMS 和基于 SI 的方案正变得越来越普遍。然而，对这类方案的影响评估，还缺乏一套实践标准和方法，而这些方法有助于从业人员、决策者和学者对运输行业方案进行评估和设计。对这类新技术方案的准确评估，将帮助从业人员和决策者在运输行业和跨政策部门制订和实施这些方案和政策，以改善经济发展和公共卫生，减小拥堵影响、碳排放和其他污染物排放。

6.5.2 技术驱动的 NMS 评估

本节将重点讨论支持 ICT 的新出行方案（New Mobility Schemes，NMS）所需的评估框架范围。首先，概述了 NMS 的一些主要特征和组成部分，并确定了说明性示例。随后，讨论了它们所带来的评估挑战，并提出了评估方法的主要内容。

6.5.2.1 NMS 的组成

NMS 的目标是利用普及的个人设备和交互软件应用程序，鼓励用户重新考虑他们的交通出行选择。NMS 的总体目标广泛涉及覆盖运输系统的长期可持续性、本地网络的效率或战术道路/路线管理。NMS 的基本组成部分包括支持 ICT 的技术组件、数据库、信息源以及一个由运输和其他利益相关方（负责提供运输服务、激励奖励、旅行时间表等）组成的联合体。NMS 的基本技术组成如下。

（1）基于软件应用程序（App）的方案，个体将软件下载到个人设备上，如智能手机或平板电脑。该软件的主题可以是出行信息/出行助理、奖励方案、游戏购物设施、活动挑战等。它还可以支持 SI 计划的社交媒体或社交网络功能。

（2）具有"运营控制面板"的应用程序。可设计运输相关信息、挑战、激励政策和/或奖励，并直接向用户发布。

（3）移动监测设施，通过使用个人设备的感应功能可以（在获得许可的情况下）检测个体的出行选择和移动。这些出行选择可以转换为整个行程和移动配置文件，由控制面板操作员匿名化、存储和访问，用以实现通信个性化并影响未来的交通选择、逐步形成可持续的模式。

负责提供运输服务、奖励、出行时间表和其他服务的利益相关方联盟是该计划的一个关键要素，因为仅靠技术和软件是无法实现 ITS 的。这些运输服务的独特之处在于，它们是"基于位置的"，通常根据个体情况（例如过去的出行选择、家庭位置或其他特征）量身定制。因此，需要一个控制面板操作员定期发布信息。一个"帮助台"来处理使用者的问题，以及一个可持续的业务模式来提供动态的出行信息、激励和奖励。就如管理高速公路需要交通控制中心进行整体协调，NMS 也需要一个中央协调中心来实现功能并保证有效性。

6.5.2.2 评估 NMS 的挑战

为了解评估 NMS 成功可能的挑战性，我们应该清楚这类方案的影响是个体在微观层面上的选择和变化积累的结果。如果只是在宏观层面对交通运输网络进行一段时间的观察，不太可能直观得到方案带来的变化和影响。这是因为各类干扰或交通指标（例如路段行驶时间）的变化太大，个体出行者层面所发生的变化无法被察觉到。

因此，影响评估应基于检测和监测个体（自愿参与）在行程时间、出行方式和路线方面的选择之间的变化。这些个体变化可扩大至人口规模，用于估计（通过建模）整个方案的总影响，例如减少的车辆千米数、增加的公共交通载客量、更改的路线或其他与方案有关的改变。

在所提出的方案可以成功实现之前还存在更多的挑战，因为对特定的优惠、挑战或奖励的响应时间可能会比预期的要晚，或者对这些优惠、挑战或奖励的响应，可能会对距离实施地区较远的路网或运输系统产生影响。例如，如果个体非常习惯驾驶私家车出行或负责开车接送家庭成员，那么打折的公交或火车票可能不会立即得到响应。鼓励个体因为拥堵问题、事故甚至污染地点而避开特定路线或路段的信息激励，可能会导致个体选择在其他的路线上改道绕行。因此，影响评估的挑战在空间和时间上都是复杂的。

评估 NMS 的实施效果还涉及让一批不同的利益相关者承担远超出交通运输指标范围的成本与收益，而非让传统上参与交通基础设施计划的人承担。例如，为本地休闲或娱乐活动提供折扣机票等优惠措施的第三方供应商，会长期受益于再次购买他们服务的回头客（尽管他们并不在计划中）的隐性增长。

最后的要求可以作为评估方法的决定因素——虽然 NMS 可以预见广泛影响的潜在

存在，但是如何在实践中衡量这些影响且获取必要数据仍然是具有挑战性的。

6.5.3 技术驱动的 SI 方案评估

本节的目的是概述一个评估框架，该框架将克服运输行业评估基于社会创新（Social Innovation，SI）方案时所固有的一些挑战。首先给出 SI 方案的定义，并确定一些案例。随后，确定了在评估这些类型的方案时面临的挑战，并提出了评估方法。

6.5.3.1 交通行业中 SI 的定义

SI 的定义在不同的研究领域有所不同，许多术语可以互换使用，例如，"社会企业家（Social Entrepreneurship）""社会企业（Social Enterprise）""共享价值创造（Shared Value Creation）"和"共享经济（Sharing Economy）"，这些现象导致了 SI 的脱节和研究不足。围绕 SI 的讨论一般强调三个要素：第一个要素是"寻找解决方案"，第二个要素是对社会有益或满足社会需要，第三个要素是指社会组织。一些文献将 SI 定义为"以满足社会需求为目标而开展的创新活动和服务"，同样，2008 年 Stanford SOCIAL INNOVATION Review（斯坦福 SI 中心）也提出以下定义："一种比现有社会问题的解决方案更有效、更高效、更可持续、更公正的新解决方案，它所创造的价值主要应用于整个社会而非个体"。

运输行业的 SI 方案意味着对"共享过的经济"或"共享中的经济"方案的关注。这主要是因为这些形式的"协作消费"被定义为强调"获取"或"共享"而不是"拥有"的经济模式。在运输行业有许多这类方案的例子，例如：

（1）汽车共享：Zipcar，COMMUNAUTO，CityCarShare，eGOCarShare。

（2）点对点（P2P）汽车共享：Getaround，Relay rides，GoMore。

（3）拼车：Carma（之前为 Avego），Nuride，Carticipate，Piggyback，EnergeticX，Commutr，Zimride，Ville Fluide，GoLoCo，Car2gether，Flinc，Carriva，Covoiurage，Uber。

（4）共享单车：Publibike，Citibikes。

（5）其他信息交换方案：Hollerback，Walkit.com，Waze，Harassmap.com。

（6）其他性能共享方案：Strava，mapmyrun。

这些方案有的由大型企业（有时是跨国企业）拥有和管理，有些则由小规模企业或非营利组织拥有和管理。其他不太正式的方案,更可能是小规模的或由社区建立和运行的,包括 Bike Buddy 系统、为弱势出行者提供的 Travel buddy 方案和 Walking School Buses。新普及的技术带来了新的通信方式和社会组织形式,这种组织形式的范围和多样性正在迅速发展(例如,UBER 引起了人们对创新商业模式的兴趣)。

6.5.3.2 评估交通运输中 SI 方案的挑战

在普及技术中,SI 方案的评估面临许多挑战。第一个挑战是解决如何处理"时间"的问题。即找到评估基于 SI 方案的恰当时间。这个问题可以被部分解决,具体取决于如何启动 SI 方案。如果它从地方当局或类似的组织开始,那么很可能有一个明确的开始日期,从而确定评估日期。如果 SI 方案是自由发展的,这种情况下开始时间难以确定,评估时间的确定更是难上加难。

类似地,随着这些基于 SI 方案的成长和成熟,人们期望它们可以发生改变和发展(这是可能实现的)。这再次加大了确定评估日期的难度。显然,人们可以争辩说,适当的评估日期可以基于"曝光"来确定。若要采用上述方法,则在基于 SI 的方案中所涉及的个体将会需要"曝光"的定义以及决定其参与程度。在基于 SI 的方案中,个体可以是长期参与者,也可以是"潜水的人"或未积极参与该计划的人。

这就带来了与基于 SI 方案相关的第二组挑战,即如何采集每个个体的参与类型以及部分个体的总和如何创造社会价值。如上文所述,一些参与者可能仅仅通过观察其他人的参与(例如对共享单车方案表现出的利他感)获得"价值",或者他们使用其他人生成的信息,例如用户在没有直接参与或提供相关信息的情况下,仍然可以获取 Waze 的拥堵估计信息。因此,评估的挑战在于采集方案"创造的价值"和参与者的参与情况。

另一个挑战是如何采集基于 SI 方案中参与者的作用。这些参与者可以是影响者、推动者、早期采用者和"潜水的人"。这是因为个体参与者的实际活动以及他们之间的关系可能是基于 SI 方案能否成功的决定因素。面临的挑战在于如何确定那些最具影响力的参与者,他们通过自己的行动或与社交媒体的接触影响他人加入某个方案或参与特定活动,从而产生"雪球"效应,例如,使拼车成为开车上班的可行选择。确定参与个体的特定组合以及在特定时间内具体行为的影响程度也颇具挑战,此外,还需确定所有基于 SI 方案(尤其是属于"共享经济"的方案)的"临界人数"。例如,纽约的共享单车方案似乎低估了偶尔使用或一次性使用车辆的用户群体(如游客)数量。

在运输行业中最受关注的基于 SI 方案的增长和多样性的技术发展是：基于位置的服务（Location Based Services，LBS）、社交媒体的使用和建立信任的战略。后一项的发展是"共享经济"方案和政策发展（如"移动即服务，MaaS"）的整体关键。在评估基于 SI 的方案时，最大挑战之一是对"信任"的衡量。

6.6 对自动驾驶功能评估的回顾、评估的挑战

6.6.1 评估自动驾驶功能的方法和途径

6.6.1.1 技术性能评估

技术评估的典型目标是传感器、通信系统、数据质量以及整体功能和子功能（成功率、故障率等）。

6.6.1.2 HMI 评估

驾驶模拟器和测试轨道是评估车载 HMI 质量（包括可用性、工作量、可接受性和可理解性）的一般测试环境。HMI 在自动驾驶中的一个重要特点是，它能够在驾驶员接管车辆之前，充分了解当前车辆操作以及驾驶情况的复杂性。这种理解通常被称为"情景感知"，这引出了一个问题：情景的哪些方面是至关重要的。这些方面会因驾驶情景而异——道路类型、交通状况、天气、路面状况，甚至出行类型（例如通勤还是长途旅行）。

6.6.1.3 用户接受度和自动驾驶使用情况评估

用户接受度研究将采用传统的调查、访谈和焦点小组讨论等方法。自动驾驶功能的使用也可以通过上述方法进行调查，但考虑隐私的限制，也可以使用相关功能从系统日志中自动收集使用指标。这种日志可用来识别误用和滥用的情况。

6.6.1.4 影响评估

影响评估是自动驾驶最感兴趣的评估域。因为个体出行行为和驾驶员行为的预期变化非常深远。所以目前的理论很可能不再适用。

Smith 列出了一些指标，用于自动驾驶功能的影响评估。

1. 安全

（1）死亡，受伤。

（2）暴露、预防和致死率。

2. 车辆机动性

（1）车辆车头间距。

（2）可接受间距。

（3）车道保持功能的性能。

3. 区域流动性

（1）路段和交叉口性能（速度/流量、通行能力）。

（2）走廊上平均行程时间和 95% 的行程时间。

4. 能源/环境

（1）尾气排放：温室气体、其他污染物。

（2）每车—距离、每人—距离和每人的能源消耗。

（3）公路运输化石能源（汽油、柴油、压缩天然气、液化天然气）总消耗。

（4）燃料支出。

5. 可达性

（1）主要活动（就业、医疗等）x 分钟内的人口百分比。

（2）共享车辆的平均等待时间。

（3）有效的系统容量。

6. 交通运输承统使用情况

（1）总行程、出行距离和时间。

（2）平均行程持续时间、速度。

（3）各种拥堵指数。

（4）每户出行次数。

（5）车辆占用率。

7. 土地利用

（1）住房和交通负担能力指数。

（2）混合土地利用。

8. 数据源

（1）自动驾驶数据。

（2）测试轨迹研究。

（3）模拟研究。

（4）自动车辆系统的测试。

（5）路上或路侧传感器。

（6）车辆探测器。

（7）事故数据。

（8）能源和排放建模。

6.6.1.5 社会经济评估

社会经济评估也很令人感兴趣，特别是关于时间的价值，在运输投资效益方面，时间通常是一个相当主导的因素，但是自动驾驶可以允许驾驶员和乘员更有效地利用时间，这将在时间成本计算上引起重大变化。此外，车辆所有权和出行即服务（MaaS）、拼车服务和汽车共享服务的变化也将引起社会经济评估模式的重大变化。由于新的利益相关者将随着自动驾驶进入交通领域，也有必要比现在更多地关注利益相关者的收益和成本的分配。

6.6.2 自动驾驶环境下的影响评估和社会经济评估面临的挑战

自动驾驶的出现也为影响评估和社会经济评估带来一些明显的挑战。本节的目的是列举要面临的一些挑战，但并不打算全面介绍所出现的问题。

高度自动化使驾驶员不再完全参与驾驶任务成为可能，这会产生重要结果。首先，驾驶员的概念将随着驾驶员任务的演变而发生显著变化。这意味着，驾驶员行为理论及其对道路安全、交通流量、整体移动性以及整个运输系统的影响需要更新甚至重新起草。这将需要在基础研究方面做出大量努力。通过模拟器、自然驾驶测试、其他现场测试和试点测试来利用和分析驾驶员在自动驾驶中的行为。其次，在车上的时间可以用来做其他的事情，例如检查、规划和监察各种与业务有关的私人问题。或只是放松一下。自动驾驶解放出来的时间意味着生产力得到巨大的提高，是人类历史上不断创新的重要推动力。时间节约在运输相关投资的成本－效益分析表中，往往是决定性因素之一。因此，时间节约的潜力是巨大的。随着效益成本分析在新古典主义经济学中找到了自己的出处，假定节省下来的生产资源至少在相同的生产率条件下可以得到再利用。那么如何利用空闲的时间变得比以往任何时候都更为重要。但是，即使是一次"非生产性"的突破（按照经济学教科书的逻辑来看）也可能成为出行后提高生产率的基础。从更长远的评估角度来看，随着自动化车辆的普及和相关时间的节省，出行 1h 所需的单位成本,将如人们所希望的那样大幅下降。

与协作式智能交通系统（ITS）领域一样,自动驾驶也带来了跨部门合作的挑战。一个行业或公共机构不能再自行组织其供应链。根据在价值网络中履行的特定角色和职责,投入和产出之间存在相互依赖性。例如,谁将支付改善道路的车道标线的费用,谁来赚取收益？当合作伙伴从中得到"好处"时,他们将为这种合作做出贡献。除了定义和同意价值网络中的作用和职责外,自动驾驶的发展还面临将成本和收益分配给贡献和受益的参与者的挑战。虽然从社会角度进行的经典成本—收益分析遵循了既定的概念,但侧重于成本和效益影响的分析并不常见。与社会规划者的观点相比,这种分析需要深入了解数据和信息对于参与协作的利益相关者的价值。必须探讨这种办法的局限性,并至少可以根据参与者的偏好对这种局限性加以克服。除了更复杂的成本效益评估之外,评估本身的数据输入也增加了复杂性。应在带有可能性的范围内提供敏感参数,而不是使用固定值或中心值。当然,它将扩大结果的带宽,但在理想情况下,它也将提供结果最有可能的估算范围,这将提高结果的可靠性。

上述因素都指向更复杂和更耗时的分析。尽管评估过程高度自动化,但安排输入数据仍需要人力、技能和时间。当承认事前评估和事后评估是项目或测试的一部分,并且资源有限（就可用资金和时间而言）时,这可能是在经济评估本身实现经济性的一种方法。这将指向评估中涉及的更多的经验法则元素。

6.7 本章小结

本章在阐述智能交通系统效果评价目的、意义的基础上,提出了 ITS 评价框架和方法,重点介绍了 ITS 评估影响,车载系统性能的技术评估,新普及技术时代的机遇和挑战。然后简述了对自动驾驶功能评估的回顾、评估的挑战。

思 考 题

1. ITS 评价的目的和意义分别是什么？
2. ITS 技术评价的基本前提条件、原则和评价对象分别是什么？
3. 评估自动驾驶功能的方法和途径有哪些？
4. 简述新普及技术时代的机遇和挑战。

第7章 智能交通控制系统应用案例

7.1 新加坡智能交通系统建设案例

新加坡地处东南亚,经济发达、人口众多。为了解决交通问题,新加坡研发了全球首套有效降低交通拥挤的智能交通系统——电子道路收费(ERP)系统,并建成高速路监控信息系统(EMAS)等一系列完善的智能交通应用系统,保障了城市交通的安全通畅。

7.1.1 建设背景

7.1.1.1 新加坡简介

新加坡是一个现代而又整洁的花园城市,集国家、城市、岛屿于一身,总面积约710km^2,人口约540万人,是人口密度世界第二的国家。作为亚洲最富活力的经济体之一,新加坡凭借其稳定廉洁的政治环境、优越便捷的地理位置、透明从商的经商环境、卓越领先的科技实力,正日益成为东南亚乃至亚洲地区国际化程度最高,商业资讯发达,商业信息汇合、交融、分散传播、国际企业合作的宽广平台,其亚洲资讯中心作用日益凸显。

7.1.1.2 路网发展状况

新加坡作为偏居亚洲一隅的城邦小国,却以其健全发达的交通路网和前瞻性的交通规划管理,为高密度的人流与车辆提供优质的服务。其中,富有成效的开发和运用智能交通系统(ITMS)是新加坡在城市交通发展规划和实践中引人注目的一环,新加坡孤悬在马来半岛的末端,交通体系由外部枢纽与城市交通衔接。其中,外部交通主要靠高速公路支撑,在高速公路方面,新加坡 EMAS 系统非常出名;城市交通分为公共交通和私人交通。公共交通优先发展是新加坡公共交通政策的核心,政府始终认为公共交通是城市效率的重要组成部分。据统计,新加坡日公交出行580万人次左右,早高峰期间所承担客流占机动化出行总量的60%以上。

新加坡公共交通系统由轨道交通（包括地铁和轻轨，简称MRT和LRT），公共汽车（新加坡称巴士），出租车等组成，其最重要的特征便是一体化，将几种公共交通方式在物理上和运营上统一为一个网络系统。MRT提供骨干线服务，覆盖全国主要的城镇中心和市中心，连接了新加坡所有的商业中心，服务于中长距离的出行，承担了连接各中心和地区间客流走廊上的大部分客流，日平均客运量强度超过1.5万人/km，LRT是MRT的补充和拓展，用于连接MRT站点与主要居住区和商业区。巴士公交系统用于填补公共交通与私人交通之间的空白，共有线路300多条；出租车则作为补充，服务于时间紧急或者高消费人员的出行，形成多模式的公交系统。

7.1.1.3 信息化和信息产业发展

1999年国际社区论坛（International Community Forum，ICF）将第一届的智能城市冠军头衔颁发给了新加坡，肯定了它在1998年开始的Singapore One项目。该项目的目标是提供每个市民和企业高速的网络连接，消除信息孤岛，同时推动网络经济（Online Economy）的发展。

然而，交通问题也是新加坡人和其他生活在大城市的人共同的切肤之痛。拥堵这一具枷锁牢牢地锁住了每天的生活。随着经济的发展，城市交通量必然还将持续增加，尽管政府修建了大量的交通设施，但是交通拥挤状况仍然十分严重。

7.1.2 新加坡智能交通概况

新加坡综合化公共交通系统的成功首先要归功于周密的城市规划和决策者的交通政策。城市决策者最初就确立了城市未来发展的模式，即多城镇中心的模式。新加坡政府建立了17个新城镇，新城镇又分为城镇、社区、邻里三个等级结构，然后采用一个综合的，由轨道交通和巴士交通组合的公交网络将各城镇中心与市中心衔接起来轨道交通站点设置在城镇的中心商业区，且巴士站点与轨道交通站点一体化设计，积极贯彻公共交通与土地利用协调发展的理念。同时，为了使每个邻里和社区都有相当的可达性，PTC提出每400m至少有一公交站点、每3000～3500个居住单元要有巴士干线服务等规定，根据土地利用和社区发展的目标，保障相应的公共交通服务的供给。高服务水平的交通系统的产生不仅依赖于合理的规划方案和适当的交通需求控制，同时也离不开动态的交通组织、管理技术和策略。新加坡凭借其前瞻性的交通规划理念，以及在地理、经济、技术等方面得天独厚的条件，在ITS的发展方面已经走在了世界的前列。以下简单介绍新加坡智能交通系统应用与发展现状。

7.1.2.1 综合交通管理系统

综合交通管理系统是一个以交通信息中心为轴，连接公共汽车系统、出租车系统城市捷运系统、城市轻轨系统、城市高速路监控信息系统、车速信息系统、电子收费系统、道路信息管理系统、优化交通信号系统、电子通信系统、车内导航系统等综合性集成系统。ITMS 使道路、使用者和交通系统之间紧密、活跃和稳定的相互信息传递与处理成为可能，从而为出行者和其他道路使用者提供了实时、适当的交通信息，使其能够对交通路线、交通模式和交通时间做出充分、及时的判断。综合交通管理系统不是一项一劳永逸的工程，该系统将不断吸纳、整合最新的智能交通技术而持续发展。

7.1.2.2 城市高速路监控信息系统

EMAS 于 1998 年开始实施，是一个智能化的事故监控管理系统。该系统在高速路边用电子公告板的形式为用户提供及时的交通状况信息以避免用户进入过分繁忙或有事故发生的路段。EMAS 系统能实现对事故的及早发现和快速疏通，为用户提供安全舒适地出行。以新加坡一条城市高速路 CTE 为例：EMAS 系统在全长 13.6km 的高速路上使用两类摄像机进行 24h 监控，共有 35 个探测摄像机和 12 个监视摄像机与 EMAS 系统控制中心相连。安装在街灯柱上的探测摄像机在有事故发生或交通滞缓迹象时向控制中心的工作人员发出警示，工作人员立即使用安装在高楼或街灯柱上的监视摄像机进行确认，事故信息随即通过布置在高速路边的电子公告板传递给驾车者，同时也通报交警及交通媒体等相关部门。

7.1.2.3 车速信息系统

Traffic Scan 通过安装在出租汽车上的全球定位系统（GPS）接收器获取不同道路上的平均行驶速度及其当前出租车所在的位置，以此了解区域内的整体交通状况。新加坡的出租汽车公司均使用该系统辅助出租车预订业务。道路使用者可以通过互联网查询 Traffic Scan 的网站获取该系统所提供的信息。该网站支持三种方式的查询：使用街道名称、使用事先定义的区域名以及使用慢速移动交通状态。系统将不同行驶速度的范围用不同的颜色显示在电子地图上，同时电台也利用 Traffic scan 所提供的信息实时通报新加坡全岛的交通状况。

7.1.2.4 数控出租车调度系统

数控出租车调度系统是基于卫星的出租车自动定位和调度系统，该系统充分利用了全球定位系统、计算机辅助调度、交互语音响应（IVR）、公共移动数据网（PMDN）等技术的优势。这个用户系统允许用户使用 IVR、计算机拨入（PCD ial-in）、布局合理的出租车预订终端，以及传真和电话等多种方式预订出租车服务。该系统通过 GPS 定位距离用户最近的空车，随即把预订服务的详细资料通过公共移动数据网传递给该车驾驶员，一旦预订服务被驾驶员所确认，调度系统自动将出租车的车牌号和所需等待时间通知用户。如果用户使用前三种方式来预订服务，那么整个过程将是没有人为因素干扰的全自动过程，这样就大大缩短了出租车预订、空车调度和用户等候的时间。

7.1.2.5 出行者信息服务系统

出行者信息服务系统的目标是为出行者提供准确实时的地铁、轻轨和公共汽车等公共交通的服务信息。该系统的核心是通过电子出行指南（e Guide）来收集各种公共交通设施的静态和动态的服务信息，并且在每个公共汽车站或地铁轻轨站的电子公告板上显示车辆到达和离开的时间，出行者也可以通过电话服务来获取这些信息。ITS 系统还提供地铁、轻轨和公共汽车的基于最少周转、最低票价或最快抵达的交通路线以及相应票价。该系统的应用使得整个公共交通更加准时可靠，减少了出行者等车的焦躁情绪，同时出行者还可以根据 ITS 系统所提供的信息来事先计划他们的出行路线和方式并且减少出行时间。

7.1.2.6 车辆优先权系统

该系统又分为两个子系统：公路干线车辆优先权系统和高速路紧急车辆优先权系统。为了在最短的时间内到达事故发生地，紧急车辆通常高速行驶，甚至穿越处于红灯状态的交叉口，这样给其本身的其他道路使用者都带来了不同程度的危险。公路干线车辆优先权系统通过分布的车辆监测器或使用基于 GPS 的车辆自动判别定位系统给予紧急车辆和公共汽车更多的绿灯时间（或更少的红灯时间），使紧急车辆和公共汽车能更快地通过信号交叉口。在城市高速路上，车辆优先权系统通过 EMAS 电子公告板预先向驾车者提供警示信息，使他们有足够的反应时间来准备给紧急车辆让出车道，提高了救护车和消防车等紧急车辆的通行速度。车辆优先权系统使公共汽车能给乘客提供更快、更为舒适连贯的服务，促进了出行者对公共汽车的使用，从而推动了公共交通的发展。同时，该系统还提高了普通车辆和紧急车辆在高速路上的行车安全性，并缩短了紧急车辆对其任务的反应时间。

7.1.2.7 无线交通计数器系统

无线交通计数器系统在新加坡全国范围内提供实时在线的交通流量、行驶速度和车种分类等交通信息。每个无线交通计数器都安装有无线调制解调器和太阳能电源，收集的交通数据由无线调制解调器反馈到中心处理器上进行分析并存储。有了无线交通计数器系统所提供的情报，就可以根据需要直接获得并处理最新的交通数据。

7.1.2.8 路口监测系统

路口监测系统通过安装在主要交通路口的远程智能摄像机监控路口的运行情况，一旦有事故发生，交通控制中心可以及时采取措施调整交通流量，如改变该路口的信号灯配时，以疏导交通。

7.1.2.9 优化交通信号系统

优化交通信号系统是一个交通信号系统，它通过计算控制全新加坡所有的信号设备以优化交通流。

最终，所有的子系统由 ITMS 通过交通信息中心连接在一起，实现数据采集，信息发布以及策略实施一体化，基本实现了对新加坡城市现代化交通系统的智能管理和调控，保证了快速、安全、舒适、方便的交通服务水平。现代的交通运输业因智能交通系统的应用与发展正迈向新纪元。在当前整个世界向信息化社会过渡的过程中，ITS 是充分利用和共享信息，使道路交通实现"货畅其流，人便其行"的关键技术。

7.1.3 电子道路收费系统

新加坡是世界上第一个在城区建立电子道路收费系统（Electronic Road Pricing System，ERP 系统）的国家，该系统于 1998 年 9 月正式投入使用。目前 ERP 系统已经取代了 1975 年开始使用的区域通行券系统（ALS）和 20 世纪 90 年代初在三条主要高速公路上使用的道路收费系统（RPS）。ERP 源于 20 世纪 70 年代开始的车辆拥堵费征收措施，当时为人工收费。1998 年，新加坡推出了 ERP 系统，其电子收费闸门设置在限制路段入口处，一旦用户在规定时段进入市中心商业区，ERP 收费处会在用户通过时，根据车辆种类自动从安装于车辆内的缴费卡中扣除应付费用。实施 ERP 的前提是在车辆上安装计费系统，目前在新加坡的机动车中，大多安装了这种计费系统。通过实行车辆配额系统和拥车证制度，有效地控制了大城市车辆数量的增加。更值得一提的是，新加坡是全球第一个通过 ERP 系统来降低高峰时段交通拥挤的城市。新加坡的每辆车上都安装一个带现金卡的车载单元：OBU，每个 OBU 号与车辆的车牌号对应。OBU 上有一个槽用来从现金卡上支付费用。而现金卡与储蓄卡类似，可以在当地银行充值。现金卡插入 OBU 后，每次通过需要交费的路段，路段上的扫描装置会与 OBU 设备对话，并根据车型分类，从当地控制器上的费用表中寻找并确定合适的费用，然后减去相应的 ERP 费用值。

新加坡对 ERP 系统还有收费费率的调整。调整 ERP 费率可以使交通既不拥挤，又不致出现道路空置造成资源闲置的状态。通过使用 OBU 系统对高速公路上的车辆进行跟踪，新加坡道路管理部门可以测算出高速公路上车辆的平均时速，当平均时速低于 45km 时，说明高速公路上的车辆过多，不希望其他车辆再进入高速公路，所以适当调高收费费率；而当时速提高到 65km 时，就降低收费费率。该费率调整还不断公布于众，以方便驾驶员的监督。

新加坡对高速公路实施自动化收费既保证缴费车辆能够不停车缴费，提高效率，又能使一些不必要走高速的车绕驶，降低道路负载率。图 7-1 为新加坡 ERP 系统示意图。

图 7-1　新加坡 ERP 系统示意图

7.1.3.1　ERP 前端系统

前端系统主要包括：RF 系统、车辆检测系统和摄像机执法系统，其设备主要布置在三排龙门架上，前端系统服务器放置在路侧的机房内。RF 系统。如果是三条机动车道，则由 6 台天线组成，每个天线通信区域为长 3m、宽 2.5m 的椭圆；RF 工作频率为 2360~2397.5MHz，以 2.5MHz 为间隔分为 16 个信道。VPD（车辆检测）系统。采用视频检测技术，通过检测每个点反馈的信号判断出该点是否有车辆存在，综合断面阶段结果识别出车辆存在、位置、宽度，并计算出车头和车尾通过路面标识的时间。ECS（摄像机执法）系统。对非法车辆进行抓拍，自动识别出车牌，最高支持抓拍车速为 180km/h。设备布局：ERP 系统采用三排龙门架布设车道设备，第一排龙门架布设前排交易天线和抓拍摄像机，第二排龙门架布设车辆检测器，第三排龙门架布设后排交易天线。对于正常车辆，车辆进入车道时先与前排天线交易，在很短的时间内完成交易后，车辆进入检测区域，被检测出车辆存在、车辆位置及车型，然后车辆进入后排天线区，完成扣款交易。第二排龙门架只要检测到非法车辆通过，车道系统就立即阻止现场交易，这时会触发摄像机抓拍车辆后牌照，进行后台抓拍处理。

7.1.3.2 ERP 后台系统

整个 ERP 系统的软件架构设计包括前端系统、后台系统和外围系统接口。虚线框中的部分为 ERP 系统的后台系统，包括三个子系统：ERP 应用系统、ERP 管理系统和 ERP 摄像执法监控系统。后台系统接收前端系统发送的交易记录、违章记录和违章图像等数据，并向前端系统定期下发系统参数。后台系统与外围系统的接口有司法机构的违法通知、离线备份和归档数据、NETS（提供支付卡、支付解决方案和支付信息交换的服务）和银行的交易结算、邮局的催缴通知和交易结算、OBU 管理中心的数据交换。

7.1.3.3 ERP 系统发行特点

1. 标签发行

新加坡 ERP 系统的电子标签已经实现了社会化发行，具体管理模式为：陆路交通管理局总负责电子标签的发行和管理，汽车 4S 店和具备安装维修车辆音响设备的公司作为 OBU 发行商，负责发行和安装 OBU；LTA 公司负责发行和安装 OBU 的培训。

OBU 根据车型设计为不同颜色。所有道路使用者都可以根据颜色识别出代表的车型，这起到了为运营公司监督电子标签发行是否正确的作用。OBU 管理中心为每个电子标签都设置了条形码，唯一标示一个电子标签。LTA 公司向 OBU 发行商配送 OBU 号码，不论 ERP 系统发现哪个 OBU 有问题，都可以追溯到该 OBU 的发行商。

2. 卡片充值

可以通过新加坡本地银行对用户卡进行充值，并可以办理与银行卡绑定自动续费业务，如果用户卡已经欠费，银行账户会自动给用户账户续费。

7.1.3.4 停车场管理

ERP 系统的运营公司为每个停车场的出入口建设了 ETC 车道。ETC 车道通过停车场内网连接到停车场管理系统，实时记录车辆入口信息、进行出口缴费。由于 ERP 系统采用基于双片式的电子标签，即双界面 IC 卡电子标签，因此停车场缴费的结算流程为：实时在 IC 卡中扣费，批量向后台系统发送扣费交易信息，后台系统根据 IC 卡绑定的信用卡账户找到对应的发卡机构（如 NETS 和银行），然后通过发卡机构结算。运营公司向停车场提供的佣金方式有：年付费、月付费、销售额比例和固定费用加成。用户在停车场的费用计算方式有：固定费用、计时收费、月票、分时月票、封顶和分时段计费等。

7.1.3.5 ERP 系统应用效益

受 ERP 管制的时段的高速路车流量降低 15%；车速从 35km/h 提高至 55km/h；高峰期（7：30～9：30）进入管制区车辆减少 16%；管制时间启动前（7：00～7：30），进入管制区车辆增加 10.6%；较之人工收费方式，95% 的车辆付费降低；绕过管制区道路的交通量增加；减少纸张作业，节约人工成本；可以灵活调整费率；每三个月进行一次评估。

新加坡 ERP 系统之所以能够成功运营，并一直起到调节拥堵区域交通的作用，有很多值得借鉴的成功经验。(1) 政府大力支持。(2) 充分的测试。系统自开始测试招标历经了 7 年，系统的建设实施一年，并制订全面细致的测试计划和务实的项目实施时间表，整个系统的测试时间充足，确保了最终系统的可靠、稳定。(3) 严格的执法监管。新加坡的执法力度非常大，为了保证系统的顺利实施，新加坡当局出台了一系列的配合措施。(4) 有效的用户宣传。在系统运行前一年，新加坡政府开始组织对 ERP 系统的全面宣传教育，使得公众对什么是 ERP 和如何使用 ERP 有了充分的了解。(5) 灵活的定价策略。LTA 公司每三个月做一次全面的评估，对高峰时段平均车速小于预期的路段提高费率，同时适当降低平均车速远大于预期的路段费率，通过长期多次的调整，基本达到控制调节路段流量分配的效果。(6) 必要的用户反馈。LTA 公司很注意用户的反馈和投诉，并且适时做了很多人性化的改进，包括：提前 5min 发布新时段的费率；在龙门架上增加 ERP 显示板遮挡前端设备等。

7.2 北京智能交通系统建设案例

7.2.1 北京奥运智能交通系统的应用

为了 2008 年北京奥运会的成功举行，确保在奥运会期间提供良好的交通组织与安全保障，北京交通管理部门开展了一系列智能交通工程的建设与应用，建成了高效的奥运交通指挥调度管理系统，交通管理的信息化和智能化得到了全面的提高，有效改善了北京的交通状况，减少了交通堵塞和环境污染，为奥运会的成功举办做出了巨大的贡献。总体而言，北京智能交通系统重点建设了先进的交通管理与控制系统、先进的出行者信息系统、先进的车辆检测与执法系统。从具体应用领域来看，北京的智能交通管理系统已经建成智能化区域交通信号控制系统、交通综合监测系统交通信息诱导系统、数字化交通执法信息系统、应急指挥调度集成系统等。应对"首堵"的交通难问题，北京市积极倡导公共交通出行理念，通过政策优惠与公交运营环境优化、公交智能化管理相结合的方式励公交优先。

7.2.1.1 先进的交通管理与控制

1. 交通指挥调度集成系统

为了保障北京奥运会期间交通顺畅，北京市交通管理部门首先成立了奥运交通指挥中心，建立了具有指挥调度、交通控制、信息服务和应急指挥的指挥系统。后来，北京市交通管理部门又在这一系统的基础上建立了由奥运指挥中心、仰山桥交通勤务指挥中心和 38 个场馆群交通指挥所组成的奥运交通三级交通指挥体系，能够全面地指挥北京市的社会交通和奥运交通。这一高科技的管理系统的应用，显著改善了北京市的交通状况，确保了奥运会期间交通的安全快捷、和谐运行。

2. 智能化的交通信号控制系统

为了更好地管理和引导交通，北京市交通管理部门针对北京市的路网情况和交通特点，开发建成了一套智能化的交通信号控制系统。这一系统可以根据实时交通量的变化做出相应的反应，对车辆的分布和流通进行优化控制，大大地提高了路网的综合通行能力。据相关部门测算，这一系统使得路网综合通行能力提高 15% 以上。

此外，在占据城市交通重要地位的快速路和公共交通方面，北京市交通管理部门也分别采取了相应的智能控制措施。在快速路的出入口，根据交通流量的变化进行适时的开启和关闭，从而控制快速路上的交通流量，保证主路的顺畅；在路侧的可变情报板上向驾驶员提供可选择的行驶路线，以及提醒进出口车辆注意，减少可能发生的交通事故。而在公交优先发展战略方面，通过对交叉口的信号灯进行调节，改变等待时间，优先公交车辆和奥运专用车辆的通行，从而鼓励人们选择公共交通出行方式。

7.2.1.2 先进的出行者信息系统

该系统通过多种渠道向交通出行者提供详细的实时信息，以帮助他们选择出行路线、出行时间等，同时希望能够对车辆进行诱导，有效地解决交通拥堵的问题。在北京奥运会期间，布置在全市区主干道的228块可变信息情报板（VMS）及时发布交通信息，另外还有大量的信息通过广播、手机、移动电视和车载导航仪等设备提供给交通参与者。这一系统的应用，为驾驶员合理地进行路径选择提供了巨大的帮助，促进了交通流量的合理分布，减缓了交通堵塞和环境污染，有效地保障了奥运会期间安全、有序、畅通的道路环境。

7.2.1.3 先进的车辆监测与执法系统

为了保证道路安全和处理紧急事件，北京市交通管理部门建设了数字化的综合交通监测系统，利用微波检测、视频检测等各种检测设备对城市快速路和大部分主干道进行监测。该系统不但能够记录道路交通实时状况（流量、流速等），为指挥调度提供信息和依据，还能对数百万辆机动车进行有效的抓拍，以检测违反交通规定、限制措施的车辆，达到保障道路安全和维持交通秩序的目的。

先进的车辆监测系统还可与数字化执法、事故管理等联合应用。数字化执法流程如图7-2所示，与以往传统的人工执法相比，更加科学、规范、合理、高效。它通过与监测系统联合使用，自动监测道路上闯红灯、超速等违规行为，上传到互联网中心，并与北京市43个检测场和执法站信息共享，对违规的车辆进行执法和管理。这一系统的应用使得违规车辆"无处可逃"，有效地规范了行车秩序，减少了交通事故，增强了行车安全。

7.2.2 北京智能交通管理系统建设情况

智能交通管理系统（Advance Traffic Management System，ATMS）将交通出行者和管理者、车、路融为一体，使道路交通智能化，以便有效地利用现有的道路交通资源。

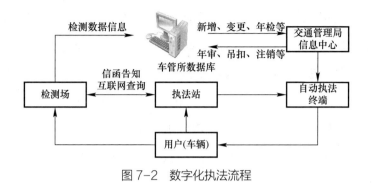

图 7-2 数字化执法流程

ATMS 将采集到的各类动、静态交通信息，经交通管理指挥调度中心分析、处理后，以有线或无线方式，通过各种信息发布媒体传达给三类主体：

（1）出行者，以便合理选择交通出行方式、出行时机和出行路线；

（2）交通管理指挥调度部门，以便进行合理的交通控制、交通疏导和提高对意外事件的快速反应能力；

（3）交通客、货运部门，以便及时掌握本部门的车辆运行状况，合理调度，提高在运车辆使用率。

北京市智能交通管理系统的研究开发与实施应用，效益十分显著，概括起来主要有以下五个方面：

（1）最大限度地提高现有路网通行效率和承载能力。通过交通信号控制系统、交通流检测系统、交通诱导系统等智能交通管理系统，对平交路口和快速路出入口的交通信号进行协调优化控制，动态调整交通流量的时空分布，保障道路运行的畅通和服务水平，最大限度地提高道路网的通行效率。

（2）极大地提高了道路交通的管控能力和意外事件的快速响应处置能力。通过交通监控系统、事件检测系统、单兵定位系统、集群通信系统、快速路控制系统等可及时发现交通意外事件，并有效控制事件的扩展与蔓延，最大限度地减少意外事件对正常交通的影响，避免由此产生的交通拥堵，甚至是可能发生的瞬时交通瘫痪，提高路网的抗风险能力。

（3）极大地提高了交通安全水平和交通事故预防能力。通过违法监测系统、事故信息管理系统、数字化执法系统以及数据挖掘分析系统，对交通事故和各类交通违法行为进行有效的监测与管理，对交通事故和交通违法行为进行精确的成因分析，加大有针对性的事故预防和执法力度，确保道路交通的安全、有序、畅通。

（4）极大地提高了道路交通信息服务能力和交通需求控制能力，实现科学交通管理。通过交通流检测系统、交通违法监测系统、旅行时间检测系统、交通诱导系统以及数字化闭环执法系统，为交通参与者提供全面实时的交通信息服务，满足广大群众出行的需求。同时，通过这些系统还可以实时监测道路的交通流量、行驶的车辆，对交通拥堵地区进行有效的交通需求管理和控制，确保道路始终保持最佳运行状态。在北京奥运环境交通测试期间，对需要限行的132万辆机动车进行了有效的监测和控制，发挥了重要作用，取得了显著的效果。

（5）有利于城市环境的整体改善，提高城市竞争力。通过智能交通管理系统的应用可以最大限度地提高道路的交通通行效率，有效减少因交通拥堵导致的时间延误能源消耗和尾气排放，提高城市竞争力。

北京市智能交通管理系统是解决城市交通问题的重要工具，其构成结构可以概括为："一个中心、三个平台、八大应用系统"，如图7-3所示。这些系统的应用在改善北京交通状况、缓解交通拥堵、提高科学管理水平方面发挥了重要作用。下面简要介绍其中几个关键系统的建设应用情况。

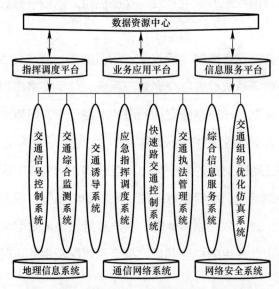

图7-3 北京市智能交通管理系统框架体系

1. 智能化区域交通信号控制系统

北京市共有信号灯控制的路口2550处，目前已实现计算机区域控制的路口1300处，其控制路口分布图如图7-4所示。在区域信号控制系统内可实现信号灯路口的自适应优化协调控制、公交和特种车辆的优先控制，其管理与控制系统界面如图 7-5 所示。

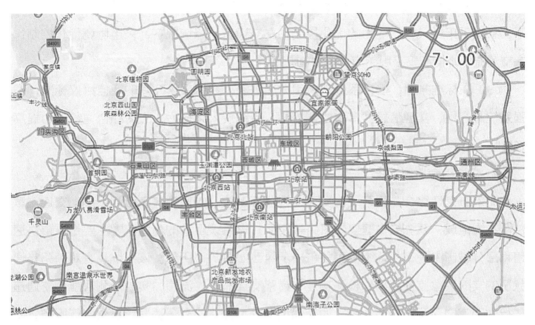

图 7-4　北京市交通信号控制路口分布图

图 7-5　北京市交通信号管理与控制系统界面

北京市智能化区域信号控制系统有以下三个特点：

（1）根据北京的路网结构和交通特点，系统建设采用在计算机管理平台下的多控制系统管理模式；

（2）在控制策略方面，根据北京的路网流量特点，在饱和流量或超饱和流量条件下，系统采用最大通行能力的优化控制；在交通流平峰情况下，采用协调优化控制；在交通流低峰情况下采用感应协调控制；

（3）在标准方面，根据系统规模和扩展需求，系统采用公开的通信协议标准，增强系统兼容性，实现信息共享与协调控制。系统投入运行后，路网综合通行能力提高15%以上。

2. 交通综合监测系统

北京市交通综合监测系统由交通电视监视系统、交通流信息检测系统、交通违章监测系统组成，系统结构框架如图7-6所示。该系统目前的覆盖范围主要是城市快速路和部分城市主干路，系统信息发布显示界面如图7-7所示。该系统具有对道路交通状况的实时图像监控和事件检测功能；道路交通流量、流速的实时检测功能；交通违法行为的实时监测与记录功能，为交通指挥交通控制、交通诱导，公众出行服务、交通执法以及管理决策提供基础信息和数据支持。

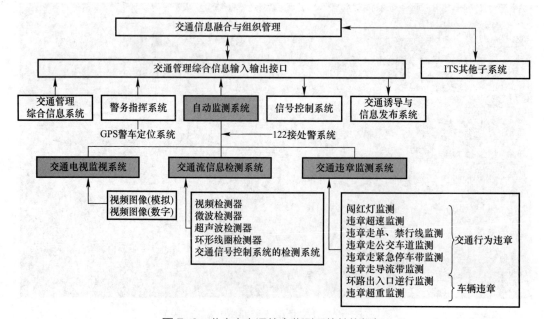

图7-6 北京市交通综合监测系统结构框架

图 7-7 北京市交通综合监测系统信息发布显示界面

3. 交通信息诱导系统

北京市交通信息诱导显示系统由交通预测预报计算机系统和室外大型可变情报信息板系统组成。北京目前已建有 178 块室外信息显示屏，主要分布在快速路和周边道路上。目前系统主要有三种显示形式：① LED 全点阵显示；② 复合嵌入式 LED 显示；③ 嵌入式 LED 显示，如图 7-8 所示。

图 7-8 北京市交通信息诱导显示系统

北京市交通管理系统以实时预测、预报路况信息为主，分别以红、黄、绿三种颜色显示道路的拥堵、缓行和畅通状态，全点阵和复合嵌入式屏还可实时滚动显示交通管制信息。交通预测预报信息还可通过交通广播、互联网、手机、移动电视和车载导航等多种渠道进行信息发布。信息对外发布系统的结构框架如图 7-9 所示。

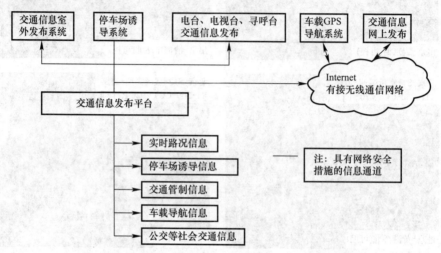

图 7-9 北京市交通管理信息对外发布系统结构框架

4. 数字化交通执法信息系统

数字化交通执法信息系统由数字化现场执法系统和非现场执法系统组成，说明如下：

（1）数字化现场执法系统由无线联网执法终端、移动车载终端和驾驶员 IC 卡管理系统组成，目前有 447 万名驾驶员使用智能化驾驶员 IC 卡。无线执法终端具有 IC 卡处罚、手写录入、照相、录音、打印等功能，路面执法人员通过无线联网执法终端对路面各种违法人员及车辆进行核对、处罚，上传各种执法管理信息，使路面执法管理更加科学、规范、严格、高效。

（2）非现场执法系统通过覆盖市区主要干道的 1100 套违法监测设备，自动记录闯红灯、超速、走公交车道等 9 种交通违法行为，通过智能交通管理宽带通信网络系统与控制中心联网，并与全市 43 个检测点和全市执法站实现信息共享，形成闭环执法管理系统。

数字化交通执法信息系统的应用极大地增强了执法力度，规范了路面行驶秩序有效地预防了交通事故。

5. 应急指挥调度集成系统

应急指挥调度集成系统在地理信息系统基础平台上，综合集成勤务指挥、交通控制、应急保障、数据服务等 22 个应用系统的信息和功能。当遇有交通紧急事件时，系统可按预案快速进行指挥调度。在以事件为中心的半径范围内，可以将图像监控、信号控制、诱导显示屏以及警力资源自动地显示在屏幕上，执行预案确定的控制方案和警力调配，实现全市交通指挥调度的智能化、可视化和扁平化，提高在常态交通下的交通管控能力和突发事件的快速反应处置与协调联动能力。北京市交通指挥调度系统流程图如图 7-10 所示。

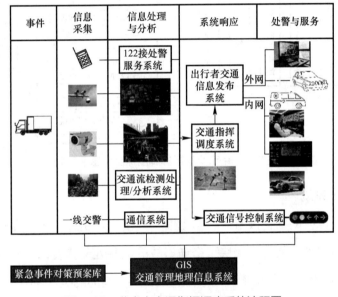

图 7-10 北京市交通指挥调度系统流程图

交通管理应急指挥调度集成系统以交通指挥调度中心为龙头，以其他各应急保障部门之间的协调联动为保障，以完善的勤务管理制度和健全的处置突发、偶发事件工作方案为基础建立起来的交通应急保障系统。建立了科学、完善的指挥网络体系，确保应急信息畅通；完善了警务装备，强化了科技应用，确保应急手段先进；制订了突发事件处置、保障原则和工作方案，规范和完善了应急指挥措施；协调联动，整体防控，实现了应急事件指挥处置工作的高效运转，增强了交通意外应急处置能力、大型活动交通应急能力、重大灾害事件应急能力。北京市交通指挥调度综合信息平台框架如图 7-11 所示。

· 290 ·　智能交通与控制

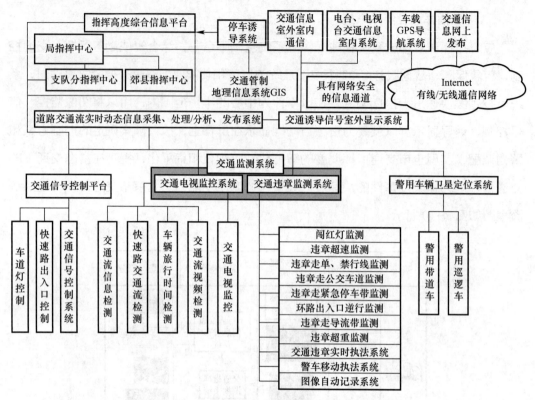

图 7-11　北京市交通指挥调度综合信息平台框架

6. 三台合一系统

系统通过计算机网络将报警信息自动发布到警情发生地管界所在支队，提高了对交通意外事件的接处警能力，加快了交通事故的接警处理速度，在一定程度上减少了道路拥堵事件的发生，为保证道路的安全畅通提供了有力的技术保障。

（1）系统设计目标

应用先进的现代化通信技术、计算机多媒体网络技术，以有线（专用电话网）、指挥调度无线通信系统（800M 集群）为纽带，以计算机信息系统为支撑和核心，以视频监控系统、地理信息系统和卫星定位系统为辅助手段，逐步建成集有线/无线通信指挥调度、计算机辅助决策、集中综合控制等多种系统于一体的现代化，智能化的覆盖全市的交通指挥调度枢纽。

实现计算机网络三级接处警管理。实现与114系统、移动电话系统、电子地图、GPS 信息、车辆信息、视频信息等系统和其他有关信息（如车，驾档）的相关链接和互动；完成对122接处警信息的统计、分析和查询；对系统全程数字录音；并实现后台管理运行维护等功能。122接处警服务系统如图7-12所示。预案化、可视化应急指挥调度功能展示如图7-13所示。交通事件实时监测界面、交通警力分布界面如图7-14、图7-15所示。

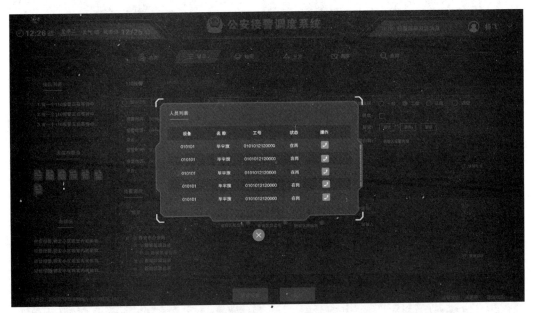

图7-12 北京市122接处警服务系统

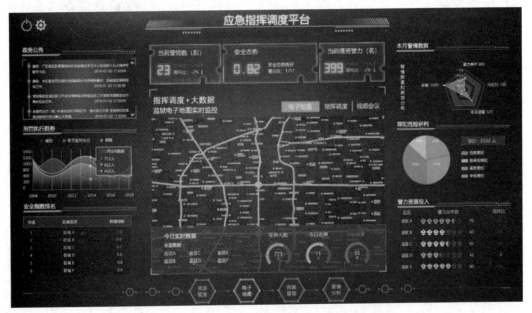

图7-13 预案化、可视化应急指挥调度功能展示

图 7-14　交通事件实时监测界面

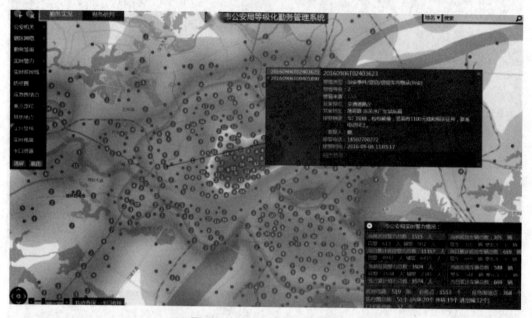

图 7-15　交通警力分布界面

（2）系统实现一系列特殊功能

满足大容量、雪崩式报警调度与处理；综合处警和城市紧急状态的指挥；支持多类信息处理、多系统的集成。

实现面向基层处警单位的充分信息共享与信息交换；实现统一接警、分级处警的多级接处警应用模式；集成其他 ITS 系统，充分的信息融合与数据挖掘；充分考虑未来技术发展，系统具有良好的开放性和可扩展性。

（3）系统建设中所遵循的设计原则

先进性原则；智能性和高效性原则；高可靠性和稳定性原则；一致性和可管理性原则；扩展性和开放性原则；安全性和保密性原则；保护用户投资及效益原则；确保新旧系统平滑过渡原则。

(4)系统所采用的关键技术

基于 J2EE [Java2 平台企业版(Java 2 Platform, Enterprise Edition)] 规范的多层体系结构；采用 XML（可扩展标记语言）标准的数据格式；服务器集群技术；负载均衡技术；基于实时消息通知机制的网络调度（单播、组播、广播）；基于数据挖掘技术的接处警业务数据分析；基于关键业务管理的综合网络管理技术；基于 VoIP 的语音网络和电话网络的集成技术；基于虚拟组织管理（VOM）的 CTI 技术。

7.2.3 北京智能公交系统建设

北京市公交系统最早在 1999 年就建立了公交指挥调度系统，现已完成了北京市公共交通区域运营组织与调度系统的建设。另外，北京市建设了快速公交系统（Bus Rapid Transit，BRT）示范工程，设立了公交专用道，优化了公交线网，提高了公共交通的服务水平。截至 2009 年底，拥有各类运营车 27963 辆，运营线路 882 条，年行驶里程 18.62 亿 km，总客运量 50.37 亿人次。而在 1949 年，北京的公共电汽车只有 164 辆，线路不过 11 条，总长度 76.7km。

公交信息系统主要功能包括：GPS 监控、视频监控、智能调度与应急指挥、信息服务、查询统计、辅助支撑等。

GPS 监控子系统功能包括：实现分线路在电子地图上监控车辆运行位置、速度等状态信息，重点监控选择的线路或车辆，跟踪某辆车的运行轨迹，运行轨迹回放，实时掌握车辆运行时间间隔，每辆车的位置、速度、早晚点情况、开关门状态、上下车客流等，监控某一区域内的车辆运行情况，进出区域内的车辆自动刷新。

视频监控子系统包括：1 个图像信息管理中心（集团公司）、11 个图像信息管理分中心（11 家运营分公司）以及若干个整合进来的已建成场站的视频监控系统（动物园枢纽站、南中轴和安立路 BRT），此外还计划建设 60 个公交场站和 750 个公交中途站的视频监控设备，实现与政府和相关单位的图像资源共享，监控客流量、售检票、车辆进出站、乘客进出站、停车场运行状况以及中途站和停车场的安全状况等。

智能调度与应急指挥子系统包括以下功能：应急预案维护（维护集团公司相关应急预案），应急调度指令下达和监控（总调度中心根据上级应急任务或突发事件下达派车指令，系统将指令传递给分公司相关部门和人员执行，总调度中心可监控执行情况），实时路况信息（汇总车队及相关渠道获得的突发路况信息，为总调度中心应急指挥提供基础信息和辅助支持），应急调度统计（对应急调度情况进行统计）应急指挥车（用于现场图像采集、存储和传输，广播、无线上网收看相关 GPS 定位信息和两路图像监控信息、接收各种报表数据、视频会议、卫星电话、无线对讲、GPS 定位和导航等）以及数字集群等。

信息服务子系统包括：公交调度指挥中心大厅（大屏幕系统、LED 屏）、服务热线（每天接话量达 20000 多个）、公交网站（公交门户网、公交员工网、公交管理）车内显示屏以及车载电视。

查询统计子系统：能够实时查询、统计、分析运营数据。

辅助支撑子系统包括：有线/无线通信、通用地理信息系统（GIS）以及电视、广播等。

北京公交信息系统的部分使用界面如图 7-16～图 7-18 所示。

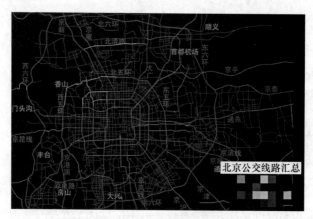

图 7-16 北京公交位置与轨迹监控

图 7-17 重点车辆监控与现状监控

图 7-18　长途车与旅游巴士 GPS 监控

7.3　本 章 小 结

本章主要阐述了 ITS 的应用现状，介绍了新加坡和北京的 ITS 应用案例。

思 考 题

1. 简述你对智能交通未来行业发展的看法。

2. 请你说出自己实际生活中智能交通系统的相关应用，简述此应用对生活有什么影响。

参 考 文 献

[1] 王云鹏，严新平. 智能交通技术概论［M］. 北京：清华大学出版社，2020.

[2] 贾利民，王艳辉，徐杰. 智能运输系统概论［M］. 北京：北京交通大学出版社，清华大学出版社，2019.

[3] 杨兆生，于德新. 智能运输系统概论［M］. 3版. 北京：人民交通出版社，2015.

[4] 于德新. 智能运输系统概论［M］. 4版. 北京：人民交通出版社，2020.

[5] 杨兆升. 城市智能公共交通系统理论与方法［M］. 北京：中国铁道出版社，2004.

[6] 谢侃，谢振东. 城市智能交通集成系统［M］. 北京：人民交通出版社，2019.

[7] 张其善，吴今培，杨东凯. 智能车辆定位导航系统及应用［M］. 北京：科学出版社，2002.

[8] 曲大义，魏金丽，陈秀锋，等. 智能交通系统及其技术应用［M］. 2版. 北京：机械工业出版社，2017.

[9] 甄先通，黄坚，王亮，等. 自动驾驶汽车环境感知［M］. 北京：清华大学出版社，2020.

[10] 冉斌，孙兴焕，何赏璐，等. 智慧高速公路信息采集技术与应用［M］. 北京：人民交通出版社，2016.

[11] 张海波，赵琦，何忠贺，等. 城市智能交通系统工程设计及案例［M］. 北京：机械工业出版社，2020.

[12] 王炜，陈峻，过秀成，等. 交通工程学［M］. 3版. 南京：东南大学出版社，2019.

[13] 田大新，段续庭，周建山. 车载网络技术［M］. 北京：清华大学出版社，2020.

[14] 孙利民，杨卫东，胡淼，等. 车联网技术［M］. 北京：清华大学出版社，2021.

[15] 孙棣华，田川，刘卫宁. 道路交通流协同行驶理论与方法［M］. 北京：科学出

版社，2019.

[16] 李以农，郑玲. 汽车控制理论与应用[M]. 北京：清华大学出版社，2021.

[17] 王东. 机器学习导论[M]. 北京：清华大学出版社，2021.

[18] 李瑞敏，章立辉. 城市交通信号控制[M]. 2版. 北京：清华大学出版社，2021.

[19] 陈卓，等. 智能汽车决战2020[M]. 北京：北京理工大学出版社，2018.

[20] 陆化普，李瑞敏，朱茵. 智能交通系统概论[M]. 北京：中国铁道出版社，2004.

[21] 陆化普. 交通规划理论与方法[M]. 2版. 北京：清华大学出版社，2006.

[22] 中国智能交通协会. 中国智能交通行业发展年鉴（2016）[M]. 北京：电子工业出版社，2017.

[23] 魏民祥，赵万忠. 汽车电子与智能控制基础[M]. 北京：清华大学出版社，2019.

[24] 杨世春，曹耀光，陶吉，等. 自动驾驶汽车决策与控制[M]. 北京：清华大学出版社，2020.

[25] 杨世春，肖赟，夏黎明，等. 自动驾驶汽车平台技术基础[M]. 北京：清华大学出版社，2020.

[26] 节能与新能源汽车技术路线图战略咨询委员会，中国汽车工程学会. 节能与新能源汽车技术路线图[M]. 北京：机械工业出版社，2018.

[27] 卢萌. 智能道路交通系统评价：方法和结果[M]. 北京：机械工业出版社，2021.

[28] 刘智勇. 智能交通控制理论及其应用[M]. 北京：科学出版社，2003.

[29] 陈才君，柳展，钱小鸿，等. 智慧交通[M]. 2版. 北京：清华大学出版社，2015.

[30] 刘志忠，杨平. 汽车智能网联技术概论[M]. 北京：清华大学出版社，2021.

[31] 章国鹏. 信号协调控制下的干线交通安全分析[D]. 成都：西南交通大学，2019.

[32] 陈恒瑞. 面向服务韧性的城市路网交通拥堵防控及修复策略研究[D]. 西安：长安大学，2023.

[33] 郁健. 高速公路天气监测、事件预测及专网系统应用研究[D]. 南京：南京大

学,2019.

[34] 王秋爽. 基于系统动力学的西安市交通运输节能减排策略研究[D]. 西安：长安大学,2023.

[35] 杨文涛. 交叉口交通控制设施关联设置研究[D]. 北京：中国人民公安大学,2023.

[36] 杨啸. 车辆GPS应用现状及发展研究[J]. 中国设备工程,2020(2):198-199.

[37] 杜云,高雪,张延珍,等. 基于SVM的智能交通状况判别方法研究[J]. 智能城市,2023,9(5):36-38.

[38] 李秀珍. 基于随机森林模型的智慧高速公路交通事故预测研究与应用[J]. 山西交通科技,2023(5):103-105.

[39] 闵真. 基于物联网技术的交通信息采集系统[D]. 南昌：南昌大学,2012.

[40] 李瑞敏,唐瑾. 过饱和交叉口交通信号控制动态规划优化模型[J]. 交通运输工程学报,2015,15(6):101-109.

[41] 金治富,翟润平. 过饱和交叉口的动态最优控制策略[J]. 道路交通与安全,2006(3):11-13+16.

[42] 封宗荣. 基于强化学习的智能路网交通信号控制方法研究[D]. 成都：西南交通大学,2022.

[43] 卞宇. 基于博弈论的区域交通信号协调及优化控制研究[D]. 南京：南京邮电大学,2019.

[44] 曲大义,杨建,王进展,等. 基于雷达多目标检测技术的交通信号智能控制系统[J]. 青岛理工大学学报,2017,38(2):1-8.

[45] 陶志祥,马永锋. 省域公路出行者信息系统的构建研究[J]. 公路交通科技(应用技术版),2012,8(10):203-206.

[46] 朱冰,贾士政,赵健,等. 自动驾驶车辆决策与规划研究综述[J]. 中国公路学报,2024,37(1):215-240.

[47] 张孜,黄钦炎,冯川. 广州市城市智能交通大数据体系研究与实践[J]. 大数据,2019,5(4):113-120.

[48] 李克强,王建强,许庆. 智能网联汽车[M]. 北京：清华大学出版社,2022.